高职高专营销类专业能力本位系列教材
编写指导委员会

总 主 编：陈周钦

执行主编：曾艳英　高南林

编 委 会：曾艳英　覃常员　蒋　令　赵柳村

　　　　　黄本新　卢　岩　张　波　陈俊宁

　　　　　陆凯红　汤　俊　高南林

高职高专营销类专业能力本位系列教材

消费心理分析

XIAOFEI XINLI FENXI

主　编：廖晓中

副主编：雷　平　董先剑　李　旭

编　委：邓冬梅　范娜娜　易正伟

暨南大学出版社
JINAN UNIVERSITY PRESS
中国·广州

图书在版编目（CIP）数据

消费心理分析/廖晓中主编.—广州：暨南大学出版社，2009.3（2021.1 重印）
（高职高专营销类专业能力本位系列教材）
ISBN 978 - 7 - 81135 - 163 - 7

Ⅰ. 消…　Ⅱ. 廖…　Ⅲ. 消费心理学—高等学校；技术学校—教材　Ⅳ. F713.55

中国版本图书馆 CIP 数据核字（2009）第 015652 号

消费心理分析
XIAOFEI XINLI FENXI
主　编：廖晓中

出 版 人：张晋升
责任编辑：常进海
责任校对：吴彩珍　史学英

出版发行：暨南大学出版社（510630）
电　　话：总编室（8620）85221601
　　　　　营销部（8620）85225284　85228291　85228292　85226712
传　　真：（8620）85221583（办公室）　85223774（营销部）
网　　址：http：//www.jnupress.com
排　　版：暨南大学出版社照排中心
印　　刷：湛江日报社印刷厂
开　　本：787mm×1092mm　1/16
印　　张：17
字　　数：430 千
版　　次：2009 年 3 月第 1 版
印　　次：2021 年 1 月第 6 次
印　　数：9101—10100 册
定　　价：39.00 元

（暨大版图书如有印装质量问题，请与出版社总编室联系调换）

总　序

"十一五"期间，教育部、财政部决定实施国家示范性高等职业院校建设计划，通过重点建设100所国家示范性高职院校，带动全国高职院校深化改革，提升高等职业教育的整体建设水平。这标志着我国高等职业教育进入了一个追求内涵发展的新历史阶段。这是科学发展观在我国高等教育领域的具体体现，对促进我国高等职业教育更好更快发展具有重大的战略意义。

在人数与规模上，高职教育已占有我国高等教育的半壁江山。经过多年的发展，高职教育已从当初规模化建设转向突出内涵发展，转向深入课程改革与提升学生的核心专业能力培养上来。在当前全国各类学校争创示范院校中，我国高等职业教育正在进行一场颠覆性变革。如何进行内涵建设，提高课程教学质量，是当前所有高职院校面临的一项重要课题。

随着我国生产力水平的不断提高，市场竞争日益激烈，传统的营销方式越来越不能满足经济发展的需要，市场向营销工作提出了更高要求，也向营销人才培养提出了更高要求。2006年以来，广东交通职业技术学院开始在全院各专业中大力推行基于工作过程和岗位能力的课程教学改革。我们通过工学结合基地建设、专家讲座、说课比赛、教学示范、教学观摩、教学评价、教师培训、教案评比等一系列工作，将教学改革逐步推进，并在各专业与各一线教师中深入开展。根据我院"航标灯精神"和"铺路石品格"的人才培养理念，各专业对原有的专业课程体系进行了根本性的改造，并取得了初步的成效。

为了满足实际教学的需要和进一步巩固改革成果，在充分调研与分析的基础上，我们组织近二十所高职学校的百余位专业老师及多名知名企业的专业人士共同编写了这套营销类专业能力本位系列教材。我们力求将知名企业实践与理论有机结合起来，以就业岗位为导向，强调分析企业实际工作过程与岗位关键能力训练。重点结合近年来国内尤其是广东的知名企业营销工作来进行内容提炼与编排。充分听取和吸收企业人员的意见，每一本教材都有企业顾问参与编写或是进行审核。合理补充新知识与新内容，充分体现高职教育特点。每一个案例、技能训练活动、习题等都精亦求精，强调实践性与可操作性。真正把教师备课、授课、辅导答疑、学生考证、企业实际工作内容、岗位能力训练等教学、实训环节有机地结合起来。其编写特色主要体现在以下几个方面：

1．突出能力本位。力求面向专业培养方向和岗位工作要求，不断强调学生岗位业务操作能力和自我学习、思维能力以及创造性解决问题的能力，促进学生就业以及后续发展。

2．内容新颖。借鉴国内外最新教材与成果，案例取材主要为近几年国内尤其是广东省内的知名企业实践经验，内容突出岗位实际操作，融会最新理论与实践成果。

3．合作交流。本系列教材由全国近二十所高职院校近百名专业教师与企业专业人士共同合作编著而成，相互交流学习，集思广益，共同编写，具有较强的实战性与适用性。

4．配套产品丰富。本系列教材除有电子课件外，还有教学用视频、习题、考卷、知名企业一手岗位训练内容等，为一线教师提升教学质量提供方便。

衷心希望这套系列教材能有助于进一步深化高职院校营销类专业教学改革，为新形势下高职营销人才培养做出一份贡献。同时，也希望广大教师与读者多提宝贵意见。

广东交通职业技术学院院长　陈周钦

2009 年 2 月

前　言

消费心理分析是市场营销专业知识体系中的核心学科，在市场营销体系中有着非常重要的作用和地位。

首先，从市场的客观现实看，营销人员采取什么样的营销行为，顾客是否购买和怎样购买等购买决策行为，都是由各自的心理动机决定的，是由其心理动机支配的。所以，市场交易行为归根结底是由人的心理活动及其规律决定的。

其次，从营销行为及过程看，营销的所有行为、过程——从营销观念到营销策略、营销手段，都无不以适应顾客需要、影响作用于顾客心理为出发点和归宿，营销行为是否有效，其核心在于是否能有效影响与作用于顾客的心理，激发其购买动机，进而导致其采取购买行动。

最后，从市场营销专业知识体系结构看，消费心理分析在整个营销专业知识体系中处于核心地位，营销活动的确定都要以顾客心理和营销人员心理的规律为依据，许多营销课程都离不开对心理学的研究。

同时，要成为合格的现代营销人才，也必须具备相应的心理学知识，掌握消费心理分析的原理与方法，才能从更深层次上把握与控制人的心理，并开展与之相适应的营销活动，取得事半功倍的营销成效。不管是营销专业的学生还是营销从业人员，都应把消费心理分析作为必修和核心课程来学习。

消费心理分析的研究对象是：营销情境中营销对象和营销主体的心理与行为及其变化规律。本书是根据高职高专教育营销专业教学特点的要求，经过对内容的选择、重组编写成的。主要遵循"三个中心"：一是以高职高专教育市场营销专业人才培养方案的要求为中心，有针对性地设计教材内容。将消费心理、购买行为和管理心理等有关的营销心理知识进行重组，按高职高专学生未来工作岗位需要组成新的体系。二是以市场营销过程为基础和消费者的购买行为为中心，构建消费心理分析知识体系。主要围绕着消费者的购买行为，研究在市场营销的过程中相关的心理现象及其规律问题，并重点研究顾客在购买情境中的心态。增加了高职高专学生学习的实用性、针对性和有效性。三是以消费者心理为中心，研究消费者与营销人员互动中的心理与行为。较为完整、系统地提供了市场营销专业学生所需的市场营销所涉及的各种心理学知识。

全书的内容结构共分十五章：第一至四章研究消费心理分析及心理学的一般心理现象和心理活动规律；第五至七章研究不同细分市场的消费者常见消费现象的消费心理；第八至十二章研究在市场营销过程中的顾客的心理与行为；第十三至十五章研究营销环境对消费者购买心理与行为的影响以及营销人员自身在营销中的心理与行为要求和技巧。其中，第一章、第二章、第十三章由佛山职业技术学院廖晓中编写，第八章、第九章由番禺职业技术学院雷平编写，第七章由广东交通职业技术学院范娜娜编写，第三章、第四章由广东工贸职业技术学院易正伟编写，第五章、第六章由广东食品药品职业技术学院邓冬梅编写，第十章、第十一章、第十二章由罗定职业技术学院董先剑编写，第十四章、第十五章由松山职业技术学院李旭编写。

为了更好地使用教材，提出如下教学建议：

（1）教师在讲授过程中应该以少而精为宜，课堂上重点讲述一部分疑难问题或重点问题，引导学生如何学习并掌握消费心理分析的精髓，一般讲授最好控制在课堂时间的 1/3，保证有 1/2 ~ 2/3 的时间由学生讨论或训练，让学生有更多时间自主学习，只有这样才能尽可能满足不同学生的口味。

（2）引导学生阅读各种参考资料，教师在教学中结合当地实际适当增加新的参考阅读资料或案例分析资料。通过这些资料，使学生对实际情况有所了解；有利于学生在做练习时借鉴；教师也可借助这些资料安排部分分析或训练项目，使学生联系实际、拓展视野。

（3）加强案例分析，并根据教学实际增加最新案例。案例分析是教学联系实际的特色形式。本教材所选案例，是较为典型的、具有供学生讨论与研究余地的案例。进行案例分析时，既可以采用由学生独立分析，交书面作业的分散方式；又可以采用先分小组讨论，后到课堂上全班讨论的集中形式。教师要把重点放在引导学生寻找正确的分析思路和对关键点的多视角观察上，而不是用自己的观点影响学生。教师对案例分析的总结，也不要对结果或争论下结论，而是对学生的分析进行归纳、拓展和升华。

（4）教师在教学中所起的作用只是引导学生学习，而不是代替学生学习的灌输式教学，在教学中应尽力实现变灌输式为启发式，变单向沟通为双向沟通，讲授与研讨并重的教学模式，以增强教学的实际效果，从而符合高职高专教育特色的要求和学生的实际需要。

（5）建立与高职高专教学相适应的成绩考核体系。要打破"教师讲，学生记；背概念，考条条"的传统教学与考核方式，要体现能力本位、鼓励创新的成绩考核体系，应尽量少考，甚至不考纯概念解释题，多考理解型和应用性题型。特别是应将运用理论分析解决实际问题的能力作为考核的中心内容。要加强平时考核，不搞期末一锤定音的考试。要将课堂讨论、案例分析、实践练习纳入考核范围。

编　者

2009 年 3 月

目　录

第一章 认识消费心理分析

●知识目标

1. 了解消费心理分析的三个发展阶段

2. 掌握研究消费心理分析应遵循的原则和常见的研究方法

●能力目标

能够把各种消费心理分析的方法灵活运用于实际工作和生活中

●教学重点

消费心理分析的主要内容以及应该遵循的原则

有趣的自然实验法

某一地下商场开展一次消费者从众心理实验调查，本实验采取自然实验法，创设商场突发火灾的实验情境，商场的具体布局如下图所示：

突然发生火灾警报，商场内的所有人员都非常惊慌，于是急忙逃离现场。其实事发地点 G 距离出口 C、D 非常近，而距离出口 A、B 则比较远。商场负责安全的保安立即引导众人离开事发现场，而引领路径却是如图中箭头方向所示，商场内所有的消费者中有90% 以上都跟着保安离开事发现场，只有 10% 左右的消费者从附近的出口迅速逃出地下商场。该实验充分论证了消费者的从众心理行为，为营销企业或工业企业开展市场营销活动或促销活动提供有力的决策依据。

问题：实验的结果对我们开展营销活动有何启发？当时那 90% 的消费者的心里在想什么？

商场如战场，企业要想在商场上纵横，就要掌握对手和消费者的心理。如果能在决策前了解对手的心理、把握消费者的心理，就能洞察先机，先发制人。市场之所以启动是因为产品或服务迎合了消费者需求并满足了他们的欲望。企业常犯的一个错误就是只根据自己的主观意愿虚拟出所谓的"消费者"，而不是真正依据对市场的调查与研究确定。这种由错误营销观念所刻画出来的"消费者"不可能存在于现实之中，或者只是极个别的，不可能形成市场。

心理学是一门研究人的心理现象及其规律的科学，它对一切社会实践领域都具有普遍性，而消费心理分析作为一门新兴学科是在普通心理学和市场营销的一般原理的基础上形成的专门研究营销活动中商品经营者和商品购买者心理现象的产生、发展的一般规律，以及买卖双方心理沟通的一般过程的学科，是一门理论与实践相结合的综合性应用学科。

一、消费心理分析的产生与发展

关于消费心理分析的产生与发展，从我国来看，从 20 世纪 80 年代开始才陆续出版一些相关的著作；从国外来看，消费心理分析从开端到成为一门独立的学科，已经有 100 多年的历史，它大体可以分为萌芽草创阶段、显著发展阶段和确立地位阶段三个阶段。

1. 萌芽草创阶段

1901 年 12 月 20 日，美国心理学家斯科特在美国西北大学作报告，提出了广告工作应成为一门科学，心理学可以在其中发挥重要作用的见解，被认为是第一次提出在营销活动中应用心理学的问题。此后斯科特出版了《广告论》一书，被认为是消费心理分析的雏形——广告心理学的诞生。尔后，美国许多心理学家围绕消费者的购买动机和行为的市场学进行研究，大大推动了消费心理分析的发展。特别是 20 世纪 30 年代的经济大萧条时期，经济危机波及全球，产品大量积压，刺激消费成为渡过危机的重要手段。于是，众多学者开始研究营销活动中销售者、生产者与消费者之间的心理活动现象及其规律，并以此引发消费者的购买动机，促进购买。这大大促进了消费心理分析的发展，也使消费心理分析的理论逐渐完善起来。

2. 显著发展阶段

20 世纪 60 年代以后，资本主义社会经历了频繁的经济危机之后，资本家由最初的以赢利为中心逐渐转为以消费者的需求为中心，了解消费者的需求心理，研究消费者的购买动机以及竞争对手为刺激消费者的购买动机而采用的手段。资本家所生产的产品是以消费者的需求为导向的，如果资本家所生产的产品不能满足消费者的需求，就会被竞争日益激烈的市场所淘汰。因此各厂商为了占领市场和争夺市场，不得不把自己的顾客视为"上帝"，为服务好顾客而付出更多的代价。

3. 确立地位阶段

20 世纪 70 年代以后，随着西方各资本主义国家的发展、经济的进一步繁荣，供给市场的产品众多，消费者对商品的选择范围大大增加，普通的服务已经不能有效占领市场，需要有强有力的理论来指导生产、指导如何销售产品等一系列问题。于是在现实需求的推动下，消费心理分析的理论研究也进入了一个迅速发展时期，并逐渐形成广告研究、市场研究、顾客研究等系统。而且，随着高科技产品的不断问世，新产品令消费者目不暇接，给产品的销售工作带来了非常大的难度，企业和推销者为了生存，不得不对消费心理学进行深入的、多角度的研究。于是，消费心理分析也逐渐渗入了经济学、社会学、人体工程学等学科的研究，使得消费心理分析处于不断发展变化之中。

总之，消费心理分析不是凭空产生的，它与国家经济发展水平，特别是市场发育水平平行发展。它是一门动态学科，营销人员应当随着营销工作中遇到的新问题，不断地学习和应用。

二、消费心理分析的主要内容

在消费行为的整个过程中，消费者的心理活动是由哪些因素引起的，是怎样发展的，个性心理特征又是怎样表现的，营销又具有哪些心理现象、心理活动，又是怎样为适应消费者的心理需求而进行销售攻势的，这些都是消费心理分析的研究内容。

1. 研究消费者个性心理特征对购买行为的影响和制约作用

在现实生活中，有的消费者能对商品的社会价值、经济价值、心理价值等几个方面作出比较全面的评估，有的消费者只能作出表层的评论，有的消费者能够对众多商品果断地作出买或不买的决定，有的消费者在琳琅满目的商品海洋里犹豫不决。这说明不同消费者的心理现象存在着明显的差别，这些差别就是消费者的个性心理特征，具体包括以下三个方面的内容：

（1）消费者气质、性格上的差异，使他们分化为具有不同购买心理特征的不同群体。不同气质、性格特征的消费者在购买行为中会表现出不同的心理活动特征。

（2）消费者对商品的评估能力差异。如不同年龄消费者的评估能力的差别，男性与女性消费者的标准差异，对商品的评价是深涉还是浅涉等。

（3）时式商品、新潮商品、商品广告、销售环节与环境、消费流行习俗对消费心理的影响。如质量可靠的产品受到用户信赖，物美价廉的产品受到消费者的青睐，引人入胜的广告激起消费者的购买欲望，不同销售环境给消费者不同的感受，不同的消费习惯与习俗导致消费者对同种商品的不同评价。

2. 研究消费者购买行为的心理过程

任何心理活动都有发生、发展到完成的过程，这是消费心理现象的共性，消费者的心理过程和心理状态的作用是激活消费的目标导向和系统导向，从而使他们采取某些行为或回避某些行为，对它的研究主要包括以下三个方面的内容：

（1）消费者对商品或劳动的认识过程、情绪过程和意志过程以及三个过程的交汇统一。

（2）消费者心理活动的普遍倾向以及产生原因，如消费者普遍存在的求实、从众、随多、求廉、求新等消费倾向的表现范围、时空、程度，受到消费者对商品或服务的感觉、知觉、表象、联想、回忆、思考、情感、注意等心理活动影响。

（3）消费者需求动态及其消费心理变化趋势，如消费者对某种商品的需求发展模式，消费者消费水平的发展阶段对商品的心理需求的变化趋势。

3．研究商品经营者、销售者的心理状态

商品销售是通过营销人员（营业员、推销员以及营销管理人员）的技术性和服务性劳动来实现的，营销者的心理状态直接影响商品的销售活动，因此对营销人员的心理状态的研究尤其重要。具体内容主要有：

（1）研究营销者的心理特点及其心理品质，如营业员的职业心理、接待心理的研究，推销员的推销心理研究等内容。

（2）研究营销者的营销艺术以及素质要求，如商品推销艺术，营业员、推销员、管理人员的素质要求，营业员的接待技巧等。

（3）研究培养营销者的心理品质的方法，如培养良好的心理品质，学习营销理论、营销技巧及其训练等。

4．研究消费心理与市场营销的双向关系

不同的产品市场以不同的消费群为对象，不同的消费者群体对消费品市场也有不同的心理要求，企业的营销策略会影响消费心理的产生和发展；反过来，不同的消费心理特点和心理倾向也对市场提出特定的要求。对它的研究主要包括三方面的内容：

（1）影响消费心理的各种社会因素和自然因素，如收入水平、社会风气、文化程度、性别年龄、气候地域等对消费心理的影响。

（2）各种产品营销战略如何适应消费心理，如产品设计如何适应人体工程要求、生理要求和审美要求。营销组合对消费心理的影响，不同价格策略对消费者的心理影响等。

（3）从心理学的角度开展企业营销中的公共关系活动，如改善购物环境和搞好接待服务以吸引顾客和赢得较多的回头顾客，提高企业形象以适应消费者的心理要求等内容。

三、消费心理的研究方法

消费心理的研究方法是多种多样的，如果研究方法正确则能达到事半功倍的效果，反之则事倍功半，但不管哪种研究方法都必须按照事物的本来面目来反映事物。因此，在研究消费心理时，必须遵循客观性、发展性和联系性原则，采取适当的方法。

消费心理分析的心理学理论基础是普通心理学，因此，要借鉴和采纳普通心理学的一些研究方法来研究在营销活动中存在的心理现象。常用的研究方法有观察法、实验法和调查法。

1．观察法

观察法是在营销活动中，通过消费者的外部表现去了解其心理活动的方法，即是把自己摆在消费者的位置上，根据自身日常消费生活体验，去揣摩消费心理的一种方法。也可用于观察自己，形成自我观察。其优点是比较直观，观察所得的材料一般比较真实、切合实际。这是由于消费者是在没有被施加任何影响的情况下被观察到的，是心理的一种自然流露。

观察法的不足之处是有一定的被动性、片面性和局限性，不能区分所观察到的材料哪些是偶然现象、哪些是规律性的反映，也不能通过观察法推算出顾客进店实现购物的概率。

2. 实验法

实验法是有目的地严格控制或创设一定条件以引起某种心理现象并进行研究的方法，可以分为实验室实验法和自然实验法。

(1) 实验室实验法。

这种方法是指在实验室内借助各种特殊的心理仪器进行研究的方法。也可以在实验室里模拟自然环境条件、工作条件进行研究，它可以严密分析营销活动中心理现象的某些方面，所得结果一般比较准确。对广告心理效果的测定，就可以在实验室内运用录像、图片、文字等广告手段，选取不同时间测试被试者的广告记忆效果。这种方法的缺点是比较机械，只能研究简单的心理现象，对于复杂多样的个性心理特征则无能为力。

(2) 自然实验法。

自然实验法是指在营销环境中，有目的地创造某些条件或变更某些条件，给消费者的心理活动施加一定的刺激或诱导，从中了解消费者心理活动的方法。它具有目的性和主动性的特点，能够按照一定的研究目的获得比较准确的材料，因而它是营销企业在经营活动中最为适用的一种研究方法。

3. 调查法

调查法是指在营销活动中，采取各种形式和手段获得有关材料，间接地了解消费者心理活动的方法。调查法可以根据调查的目的而灵活采用，如了解用户对产品质量的意见，可以运用产品跟踪调查法；了解消费者购买动机，可以召开消费者代表座谈会；了解消费者新年与平时爱好的变化，可以运用现场点数统计法；了解消费者对商品的心理反应和要求可以通过广告征询、设置意见簿等方法。在消费心理研究中，广泛采用的调查法是问卷法，这种方法是向消费者发出意见征询函，由被调查者答卷，回收后进行统计、汇总分析。但是问卷法有一个回收率的问题，为了提高回收率，可以采用赠礼的办法。此外，在研究时要与其他方法结合使用，以便互相验证。

●课堂训练

利用观察法来观察学员们此时心里在想什么，要求观察的同学将自己所观察到的情况说出来，而被观察的同学则必须如实予以对、不恰当或不对的回应。

●案例分析与讨论

2007—2008 年中国消费者的非正常消费

2007—2008 年我国许多消费者受市场经济过热的影响，将多年的积蓄投入房地产市场和股票市场。许多消费者大量购买股票，有的消费者为了获得更多的增值，甚至抵押房产获得贷款购买股票，股市创历史新高，有的商品房价格在一夜之间居然成倍上涨。2008 年上半年开始出现了市场疲软，消费者的观念来了个180度大转弯，许多消费者将维持日常开支以外的节余和投入股市的资金抽回并大部分投入了银行储蓄，导致我国居民存款余额创历史新高。这个非正常的行为，不仅束缚了消费者正常消费的手脚，也制约了我国消费品生产、流通、消费的正常运转，许多生产企业由此陷入困境。到2008年9月底仅珠江三角洲就有近三分之一的企业倒闭，房地产销售量处于历史低位，股票急剧下跌，众多消费者待价而沽，持币观望。

这期间非正常购物的表现形式有：

第一，一些家庭消费支出打破了计划性，没有量入为出；有的家庭甚至借债炒股、炒楼。

第二，一些消费者的购物心理短时期内出现逆向转移。购买心理动机由求稳、求全、求廉、求实发展为随多、投机、争胜、保值、增值，后又发展为求稳、求全、求廉、求实。

第三，一些消费者对物价变动的心理承受能力增强，"买涨不买落"与"买落不买涨"交替出现。

第四，一些消费者的购买行为被社会风气、社会环境、广告宣传、口头传播信息所左右，不是按个人意愿去购买。在高潮时期，保值、攀比、同步心理起了催化作用。市场疲软时期，等待价格低落、观望、仿效心理起了主导作用，表现出你买我买大家都买，一哄而上，你不买我不买大家都不买，待价而沽的状况。

问题：

1. 你同意此例中对消费者非正常消费行为表现形式的分析吗？

2. 运用自我观察法剖析某个时期自己有无非正常消费行为表现。

3. 试就如何引导消费者走出非正常消费行为谈谈你的体会和看法。

●补充阅读资料

自我观察法

自我观察法也叫内省法，就是要求被试者报告其直接感受到的经验或心理过程。这种方法在各种心理学研究中均有重要价值。因为人的心理与其所表现出来的行为往往有不同的关系：有时有什么样的心理就有什么样的行为，有时心理和行为不那么一致，有时则可能完全相反。因为，单靠从外部观察一个人的行为是不够的。借助于自我观察法，特别是在实验条件下，询问被试者的心理活动，可以对从外部观察到的材料进行补充和印证。

但是，科学研究却不能仅靠自我观察法来下结论。因为，首先，人对自己心理活动的观察，总是在这种心理活动停止以后进行回忆的，而回忆往往是不那么准确的。其次，人们对自己的一些体验有时也很难用确切的言语表达出来。第三，自我观察得到的材料，其他人无法客观地加以验证。因此，自我观察法仅是心理学研究的一种辅助型方法，它与其他客观方法并用，才能发挥其应有的作用。

测谎器

测谎器实质是一种"情绪检测器"，测量与情绪状态相联系的某些生理指标。因为人在说谎时往往会感到内疚和焦虑，从而导致心率、血压、呼吸和皮电反应等的变化，这样就可以用测谎器进行检测。

操作测谎器的标准程序是：先在被试者放松时做一个记录，这些记录作为计算随后反应的基准线，然后，测验者提出一系列要求用"是"或"否"回答的问题，鉴定性问题分散在中性问题之中，为了使测量回到常态，问题与问题之间通常有一分钟的时间间隔。测谎器的假设是：由于说谎的被试者对鉴定性问题的生理反应增强从而被揭露出来。

测谎器的运用是有争议的：（1）说谎不一定伴随独特的容易区分开来的生理反应，皮电反应和其他生理反应变化并不必然意味着说谎。例如，一个无辜的担心受到牵连的人也会出现这些生理变化。（2）被试者可以通过把所有问题都和犯罪事实联系起来从而搅乱"基准线"，使得调查者找不到比较的标准。由于许多条件会引起生理反应，特别是皮电反应的变化，因此测谎器的运用必须慎重。在西方，大多数法院不承认测谎器的测试结果。

●课外训练

利用课外时间到商场开展观察活动，并将观察到的现象如实统计并进行分析，如有可能则与商场开展自然实验法来研究消费者的消费心理。

●本章小结

本章主要讨论了消费心理分析的产生与发展，介绍了消费心理分析的研究内容以及研究对象，研究消费心理分析的基本方法以及应该遵循的原则，主要介绍了观察法、实验法和调查法这三种研究消费心理活动规律的方法。

●复习思考题

1. 简述消费心理分析的发展过程。
2. 描述消费心理分析的研究对象。
3. 简述消费心理分析的研究内容。
4. 消费心理分析的研究原则是什么？你是如何理解的？
5. 消费心理分析的研究方法有哪些？

第二章 消费者的个性消费心理分析

●知识目标
1. 理解并掌握顾客的感觉、知觉的基本特征及其在营销活动中的运用
2. 掌握增强记忆的方法、记忆的阶段或过程、想象的种类
3. 掌握有意注意与无意注意的关系以及注意在营销活动中的运用
4. 掌握情绪与情感的种类
5. 掌握气质的类型
6. 掌握顾客的性格、能力差异及其对顾客购买行为的影响

●能力目标
1. 掌握运用感觉与知觉于营销活动中的能力
2. 掌握利用记忆规律提高消费者对产品的记忆的能力
3. 锻炼和提高自己的情商水平
4. 培养良好的性格，善于利用气质优势谋求符合自己需要的事物和行为

●教学重点
1. 感觉与知觉的基本特征及其在营销活动中的运用
2. 记忆的分类和阶段及增强记忆的方法
3. 有意注意与无意注意的关系及其在营销活动中的运用
4. 情绪的分类及其对营销活动的影响
5. 气质、性格类型的分析及其在购买行为中的具体表现

马路售货的议论

某集团公司已经有30多年的历史，生产、销售冰箱、冰柜。由于历史原因，销售科一直设在公司大院外面临街道的一排简易房屋内，除了批发以外，还搞门市销售，每天在路旁便道上摆着各种规格的冰箱和冰柜，树下立着价格牌。

一次，一位消费者走进低矮的销售科办公室，对供销员甲说："听说你们公司的冰箱质量不错，售后服务也很好，本地许多家庭都用你们的产品，可是这么漂亮的产品放在马路边销售，太不雅观，不知者还以为你们公司的产品卖不出去呢。"事后供销员甲把顾客的话在科务会上重复了一遍，引起一番议论。

供销员甲说："这个顾客真多事，我们的产品销售这么红火，产品好就行了，他买冰箱又不是买房子，管我们在哪儿卖呢？"

供销员乙有不同看法："我和这位顾客有同感，我们这么大的企业，多年来一直在这破房子里面卖冰箱，好像鸡窝里蹲着凤凰，影响企业形象，别说顾客到这儿觉得不舒服，我每天上班一进门就提不起精神。好几个顾客曾经问我，这里卖的是不是处理品？真让人感觉窝囊。咱们应该向公司领导建议一下，建一个销售大厅。"

副科长沉思了一会儿说："马路边售货有它的优点，商品暴露，能见度高，老远就能够引人注意，不用花钱就起了广告宣传的作用。顾客的感觉好不好关键在于我们冰箱的质量、外形和价格，常言道'人叫人千声不语，货叫人自然上门'，人们只要记住这里的冰箱价格合理，节省电能，外观漂亮就行，建不建销售厅无所谓。"

销售科长听了大家的发言，最后说："这些年大家在这样差的条件下，为公司作出很大贡献，现在消费者要求高了，没有良好的销售环境，会影响消费者对我们公司的印象，直接影响顾客对我们公司的产品的感觉，长此以往，我们的产品的知名度会降低，销售不容乐观。南方一家产品行销全国的冰箱厂家，顾客进去后感觉像进了三星级饭店，可以想象该企业资金雄厚，欣欣向荣，买这样的企业的产品消费者自然放心。我打算给公司写个报告，从感觉、知觉与认识商品，记忆、注意与商品知名度，想象、情绪、情感与消费者购物等方面，说明购物环境对促进冰箱销售的重要作用，恳请公司领导拨款，装修改造销售科门面。"

问题：

1. 那位顾客的意见对你有何启发？

2. 你同意副科长的意见吗？

3. 你同意销售科科长的意见吗？

4. 你同意供销员乙的意见吗？

5. 请代销售科科长拟一份装修改造销售科门面的申请报告。

第一节 感觉与知觉在营销中的运用

●情景案例

同样的鸡蛋为何有不同的销售结果

从前，有一位赵秀才家境贫穷，和妻子相依为命，自己寒窗苦读，妻子靠织布维持生计。一天，家中无米下锅，妻子吩咐秀才将自家母鸡下的蛋拿到集市上去卖掉，然后买回大米来。过了晌午，秀才提着一个也没有卖出的鸡蛋回到家里说：今天鸡蛋不好卖。妻子非常生气，于是自己提着鸡蛋到集市上去卖，结果很快被抢购一空，然后买回大米回家。秀才非常纳闷：为什么自己一个都卖不出去，而妻子很快就卖出去呢？

问题： 请你解释其中的原因。

一、感 觉

1. 感觉的含义

感觉是人脑对直接作用于感觉器官的客观外界事物的个别属性的反映，是由一种感觉器官的刺激作用引起的主观经验。

任何外界事物都有许多个别属性，如苹果有红色、香气、圆球形、甜味或酸甜味等个别属性。不同的感觉器官能感受不同的个别属性，如用眼睛看颜色，用鼻子闻香味，用舌头尝味道，用手触摸光滑程度等，这些都使我们产生了某种感觉。

感觉的产生是整个分析器作用的结果，分析器有四个组成部分：感觉器官、中枢神经、传入神经和传出神经，这四个部分缺一不可，如缺少任何一个则整个感觉就会不存在或不完整，具体如图 2 - 1 所示。

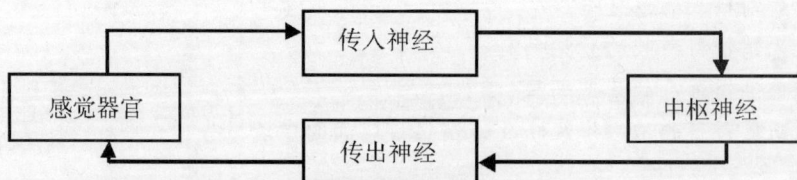

图 2 - 1 感觉的产生

感觉的产生有的是由体外事物刺激产生的，如视觉、触觉、嗅觉；有的是由肌体内部引起的，如平衡觉、运动觉、内脏觉等；有的是通过接触才会产生的，如味觉、痛觉；有的是不通过接触就会产生的，如听觉、嗅觉。

2. 感觉的特点

（1）每种感觉都需要适宜的刺激。

每种感觉只能反映特定性质的刺激，即适宜的刺激方能引起某种感觉，如听觉要通过声音刺激耳朵才产生。

（2）每种感觉都有强度范围要求。

各种感觉器官对刺激强度及其变化的感觉能力千差万别，这种对刺激强度及其变化的感觉能力叫感受性，它用感觉阈限来表示。所谓感觉阈限就是指能引起感觉的刺激强度及其变化的范围或限度，如强度太高（频率高于 2 万 HZ 的声波）或太低（频率低于 1 600HZ 的声波）的声音人是听不见的，说明人的听觉在一定的限度内起作用。心理学中把能够引起感觉的最小刺激强度称为绝对感觉阈限，将这种对最小刺激的感受能力称为绝对感受性。显然绝对感受性和绝对感觉阈限成反比例关系，即能引起感觉的刺激强度越弱，绝对感觉阈限就越大，则人的感觉器官就越灵敏。

（3）任何感觉都具有适应性。

刺激对感受器的持续作用使感受器发生变化，这种作用可能增强，也有可能减弱。例如，从阳光下走进屋内，刚开始什么也看不见，过一会儿就能看清（叫暗适应）；刚到某地方因那里的噪音大而睡不着觉，时间长了却能安然入睡。

（4）感觉之间存在相互作用。

感觉在一定情况下可以出现彼此消长现象，即不同感觉之间存在互相作用。例如，在同样幽静的环境，掉一粒纽扣在地上，夜间能听到，而白天几乎听不见，这是由于视觉加强导致听觉下降所致。盲人的耳朵灵，触觉敏感，也是由于当人的某一器官的刺激减弱了，另外的器官的感受性就会加强；反之对某一器官的刺激减弱则另外的器官的感受性就会加强。如在白天家里很难听到冰箱的电机转动声，而到晚上则成为睡觉的噪音。

1989 年美国一家计算机公司推出了一种新型的盲人个人阅读机，它主要由 4 个部分组成：一个电子装置内有专用的字符识别软件以及一个声音合成器和一个 18 键的键盘；一个平板扫描器，供阅读整页材料用；一个手动扫描器，供阅读某块文本用；一个磁道"跟踪辅助器"，它帮助使用者直线移动手动扫描器，对文本逐行进行扫描。使用平板扫描器或手动扫描器能阅读由激光和一些墨渍印刷机印刷的书籍、杂志和文件——实际上是 6 点到 24 点之间的任何一种字形。

二、知　觉

1. 知觉的概念

知觉是人脑对直接作用于感觉器官的客观事物的整体反映，它与感觉相比，主要的不同之处在于，知觉是关于对象和现象的整体形象的反映。而感觉则是对对象和现象的个别属性的反映。但是知觉是以感觉为基础的，它必须以各种形式的感觉存在为条件，并且与感觉同时存在，但不能视为感觉的简单相加，因为知觉还受以前经验的制约。

过去经验在感知信息中有组织作用。刚果的郢格米（Pygmi）人居住在枝叶茂密的热带森林中，人类学家科林·M.特恩布尔曾经描述过这些人及其生活方式，他们中有些人从来没有离开过森林，没有开阔的视野。当特恩布尔带着一位名叫肯克的人第一次离开居住地大森林来到一片高原时，他看见远处的一群水牛时惊奇地问："那些是什么虫子？"当告诉他是水牛时，他哈哈大笑，说不要说傻话。尽管他不信，但是还是仔细凝视着，说："这是些什么水牛，为什么会这样小？"当越来越近，这些"虫子"变得越来越大时，他感到不可理解，说这些不是真正的水牛。

（引自：C. M. Turnbull，Forest people，Simon & Schuster，Inc. 1961）

知觉是人对感觉信息的解释过程，在知觉一个客体时我们总是根据自己的经验把客体归为某一类，说出它的名称或赋予它某种意义。我们对感觉信息的解释，通常采取假设检验的方式，即从提出假设到检验假设的过程。为了说明这个问题，请看图 2 - 2 约 5 秒钟并背着画出来。

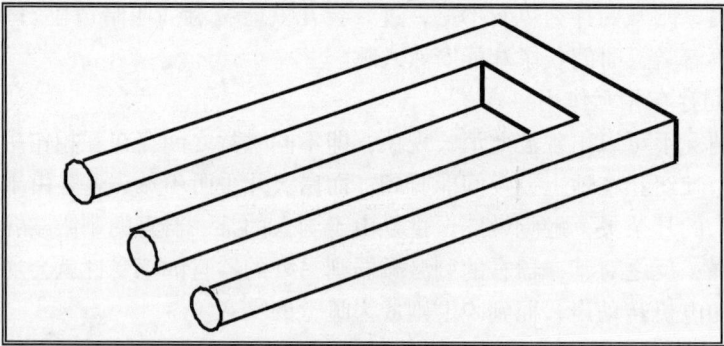

图 2 - 2

知觉的产生以头脑感觉信息为前提，并且与感觉同时进行，但知觉却不是各种感觉的简单总和，因为在知觉中除了包含感觉之外，还包括记忆、思维和语言动作等。知觉属于高于感觉的感性认识阶段。

知觉根据反映事物的特性可以分为空间知觉、时间知觉和运动知觉。根据反映活动中分析器起的优势作用分为视知觉、听知觉、触知觉等。按照知觉的正确性来分可以把不正确的知觉叫作错觉，正确的知觉叫作知觉。

2. 知觉的特征

（1）整体性。

知觉对象都是由许多部分综合组成的，各组成部分也具有各自的特征，但人们不会把对象感知为支离破碎的孤立部分，总是将它们知觉为一个完整的整体，如图 2 - 3 所示是什么图形？

图 2 – 3

（2）理解性。

理解性即人们在感知客观对象时，能够根据以前已经获得的知识和经验去理解它们，它是人在知觉过程中通过思维活动而实现的。如图 2 – 4 所示的图形，你会将其理解为什么呢？

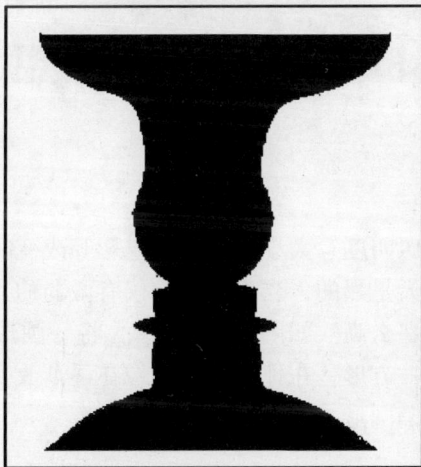

图 2 – 4

（3）选择性。

选择性又称对象性，即人们进行知觉活动时，常常在许多对象中优先把某些对象区分出来进行反映，或者在一个对象的许多特征中优先把某些特征区分出来予以反映。如图 2 – 4 既可以知觉为花瓶，也可以知觉为两个侧面人头投影，因为我们会对该对象进行知觉选择，在不同背景下会知觉为不同的物体。在夜晚天空中有浮云、月亮，有时我们觉得云在动，有时觉得月亮在运动，是由于知觉对象的背景发生变化而引起的。但是就图 2 - 4 来说，大多数人会知觉为花瓶，是由于人为地选择其他背景，由此可以看出所知觉的事物是有主次之分的，把主的部分视为知觉对象，次的部分则视为背景，这可能使人根本没有知觉到或知觉不够突出。因此，可利用知觉的选择性来引起人们的知觉，当然知觉为何具有选择性，是与知觉的理解性密不可分的。请看图 2 - 5 是年轻的少妇还是丑陋的老妇人。

图 2 - 5

（4）恒常性。

这是指当距离、缩影比、照明度、大小、形状、色彩等改变时，知觉对象的大小、形状和颜色相对不变。如一块煤在白天是黑的，当天黑时，仅有微弱的光时还是黑的；一个人从你面前一直远去，你会认为他还是那么高。如图 2 - 6 所示，将一圆形石英钟面对你，接着慢慢转动，逐渐成为椭圆，最后成为一方形，在你眼中，图像在逐渐改变，但你总将其知觉为圆形石英钟，绝对不会知觉为方形或椭圆形。

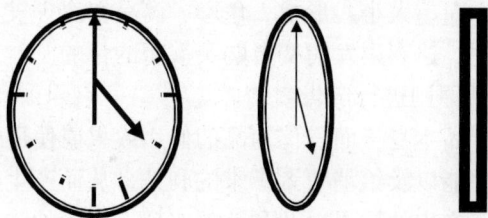

图 2 - 6

总之，知觉的四个基本特征都必须经过人们的思维活动才能得以体现，即必须在理解的基础上才能体现知觉的四个基本特征。

三、感觉与知觉在营销活动中的运用

1. 感觉在营销活动中的运用

（1）使消费者获得对商品良好的第一印象。

感觉是一切复杂心理活动的基础，消费者只有在感觉的基础上才有可能获得对商品的全面认识。第一印象的好坏往往直接影响消费者是否购买某种商品，各种营销手段只有给消费者良好的第一印象，才能发挥其作用。

（2）给消费者以适当刺激。

应根据不同消费者的感受性不同、不同商品给消费者的感觉差异采取有针对性的营销活动，根据感觉阈限确定营销活动对消费者的刺激强度与水平。例如，有的消费者感觉灵敏，感受性高，因此在进行广告宣传或营销活动时，可以不必加大刺激强度；而对于感受性低的消费者，如老年人对声音的感受性低，则在宣传时必须加大刺激强度。有的商品价格的变动，对消费者来说非常敏感，降价能促进产品的大量销售；而有的则对消费者的态度与购买行为没有多大影响。商家在实施降价活动过程中，降价幅度过小，刺激强度不够，消费者不会踊跃购买；降价幅度过大又会导致消费者怀疑商品质量，反而不敢购买，所以对消费者的刺激强度一定要适宜。

（3）利用感觉引发消费者良好的情绪状态。

商店营业环境的布置，商品陈列的造型和颜色搭配、灯光和自然光的采用、营业员的仪表仪容等给消费者造成的感觉直接影响消费者的情绪，而消费者不同的情绪状态将直接影响到其对商品的购买情况。

2. 知觉在营销活动中的运用

（1）利用知觉帮助消费者确定购买目标。

消费者进入商场都带有一定的购买目的，利用知觉的选择性原则，能够从琳琅满目的商品中优先选择自己所要购买的目标商品，而对自己不需要的商品往往将其作为知觉对象的背景或根本注意不到，或者感知得比较模糊。

（2）利用错觉诱发消费者的购买欲望。

消费者在购买商品过程中由于知觉对象受背景或参照物的干扰，也有可能受过去经验的影响，会对商品的线条长度、方向、大小、形状、色彩、商品档次等发生错觉，商店可以利用这些错觉对商品进行艺术化处理，达到诱发消费者购买欲望的目的。

（3）利用整体性与理解性原则进行广告宣传。

即在广告活动中不宣传产品本身，而宣传商品的使用效果或使用情景及意境，使消费者通过理解或判断产品的质量与性能以及给消费者带来的利益，从而产生购买行为。例如，广告中的美女模糊技巧，小件商品广告中的效果以及利益的突现，画面的神秘离奇，广告版面的支离破碎等，这些都是利用这个原则开展的系列广告活动。在实际营销活动中，利用这个原则的频率和范围有进一步扩大的趋势。

（4）营业员利用错觉心理推销商品。

营业员利用错觉心理向不同的消费者推销与之相适应的商品，如向身材比较矮胖的顾客推荐深色带有竖条纹的服装，对于脸形大而圆的顾客则不能推荐圆领口带圆形图案的服装。

第二节　表象规律在营销中的运用

●情景案例

你的短时记忆如何

下面列出 3 行数字，每行 12 个。你任意选一行，在 1 分钟内读完（平均每 5 秒钟读一个），然后把记住的数字写出来（可以颠倒位置）。

73	49	64	83	41	27	62	29	38	93	74	97
57	29	32	47	94	86	14	67	75	28	49	35
36	45	73	29	87	28	43	62	75	59	93	67

结果评价：

在短时记忆阶段，人脑能够同时容纳 5~9 个数字，如果你能把一行 12 个数字都正确地记下来，说明你记忆力惊人。如果能记下 8~9 个可以得优，如果只记下 4~7 个，那只算一般，如果小于 4 个则说明你记忆力很不理想，需要好好锻炼。

心理学把客观事物作用于人脑后，人脑产生某一形象的过程叫表象，它可分为记忆表象和想象表象。只有通过记忆表象才会有想象的表象出现和存在，即想象是在记忆的基础上产生的。

一、记忆

记忆是过去经验在人脑中的反映，或者说是人脑对过去经验中发生过的事物的反映。记忆首先是记，接着再是忆，在人们的日常生活工作中，凡是感知过的事物、思考过的问题、体验过的情绪、演练过的动作都可以成为记忆的内容。

记忆包括识记、保持、回忆和认知四个环节。

（1）识记：是人们为了获取客观事物的深刻印象而反复进行感觉、知觉的过程。

（2）保持：是巩固已识记的知识和经验的过程，也就是使识记材料较长时间保持在脑海中。

（3）回忆：是在不同情况下，恢复过去经验的过程，也就是过去曾反映过的事物不在眼前，但能把对它的反映重现出来。

（4）认知：是过去感知过的事物重新出现时，能够感到听过、见过或经历过。

这四个过程紧密联系又互相制约，没有识记就谈不上对经验的保持，没有识记和保持不可能对经历过的事物有回忆和认知。它们的相互关系是：识记和保持是回忆和认知的基础；回忆和认知既是识记和保持的结果，也是巩固和强化识记与保持的催化剂。

按照记忆的内容不同，记忆可以分为感知形象记忆、语词概念记忆、情绪记忆和运动记忆，如去过某个地方能够想起该地方的形象是感知形象记忆，对术语的记忆是语词记忆，对热烈气氛的记忆属于情绪记忆。

按照记忆的阶段不同，记忆可以分为感觉记忆、短时记忆和长时记忆三个阶段，其关系如图 2 - 7 所示。

1. 感觉记忆

感觉记忆又叫瞬时记忆，材料保持时间为 0.25 ~ 2 秒，特点是容量小、时间短，瞬间即逝。10 秒钟的解说词单字大约只有 80 个，只能使消费者处于感觉记忆阶段，效果不会理想。

2. 短时记忆

短时记忆中材料保持的时间为 5 ~ 20 秒，最长不超过 1 分钟，感觉记忆中的材料如果受到主体的注意，就进入短时记忆阶段。

3. 长时记忆

长时记忆指 1 分钟以上直至多年甚至保持终生的记忆，长时记忆是对短时记忆加工复述的结果。有时富有感情的事物或强烈、意外的刺激信息也能一次形成，多次重复有利于长时记忆，增强广告效果可以利用多次重复来达到。

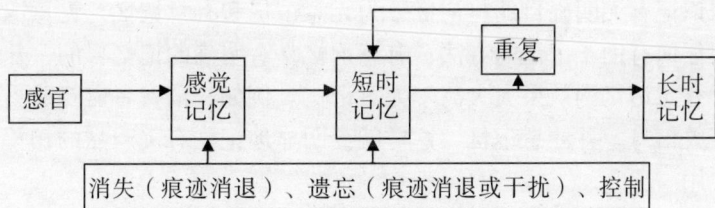

图 2 - 7　记忆的三个阶段

二、想象

想象是指用过去感知的材料来创造新形象，或者说想象是头脑改造记忆中的表象而创造新形象的过程，是想象出来的表象。由此可以知道想象活动要具备三个条件：

（1）必须要有过去已经感知过的经验，这种经验不一定是想象者个人的经历，也可以是前人或他人积累的经验。

（2）想象必须依赖于人脑的创造性，需要对表象进行加工，而不是简单的表象。

（3）想象是个新的形象，是主体没有直接感知过的事物。

想象与思维的不同主要在于，想象活动的结果是以具体形象的表象形式表现出来的，思维的结果是以抽象概念形式表现出来的，它们都是比较高级的认识活动，想象活动过程中必须要有思维活动的参加。

想象按有无目的分可以分为无意想象和有意想象。

无意想象是没有特定的目的，不自觉的想象，也叫不随意想象，是想象中最初级的形式。

有意想象是带有一定的目的性和自觉性的想象，又叫随意想象，可以分为再造性想象和创造性想象。

所谓再造性想象就是根据语言文字的描绘（如图样、图解、符号记录等）或客观存在的条件在头脑中形成有关事物的形象，如看过《西游记》图书文本后会想象出唐僧、孙悟空、猪八戒等形象。

创造性想象有两个方面的含义：一是指新形象不是主体自己独立创造出来的，而是根据别人的描绘形成的；二是新形象是经过主体大脑加工而成的，是以现成的描述而独立地创造出新形象，如鲁迅笔下的阿Q形象。

幻想属于创造性想象的特殊形式，是一种指向未来、与个人愿望相联系的想象，如神话、童话故事中的形象，科学幻想中的形象，宗教迷信中的形象等。符合事物发展规律的幻想即为理想，它能激发人向往未来，克服前进道路上的困难；与事物发展规律相违背的幻想属于空想，它是有害的，使人们脱离现实，丧失生活的动力。

三、记忆规律和想象规律在营销中的运用

1. 记忆规律在营销中的运用

（1）明确的目的有助于记忆。

心理学中根据识记有无明确目的将记忆分为无意记忆和有意记忆。无意记忆是事前没有确定的目的，也不用任何有助于记忆的方法；有意记忆是有明确的记忆目的，并运用一定方法的记忆。研究表明，有意记忆的效果大大高于无意记忆。例如，消费者需要购买某种产品，那么他就会多方收集有关信息，并注意记忆，这样就会明显地记住有关产品的相关市场信息，以供自己购买决策时使用。

（2）理解有助于记忆。

理解是识记材料的重要条件，建立在理解基础上的意义识记，有助于识记材料的全面性、

准确性和巩固性，其效果优于建立在单纯机械识记基础上的机械记忆。例如，在商业广告中，有的广告把消费者所熟知的事物与自己的广告有效结合起来，潜移默化地提高了消费者的记忆效果。

（3）活动对记忆的影响。

当识记材料成为人们活动的对象或结果时，由于学习者积极参加活动，记忆效果会明显地提高。在营销活动中让消费者试穿衣服，家用电器当场实际操作，产品现场示范使用等方法都是非常有效的增强消费者记忆的方法。

（4）不同系列位置对记忆的影响。

识记对象在材料中的系列位置不同，人们记忆的情况也不一样。一般来说，材料的首尾容易记住，中间部分容易遗忘。许多企业为了争取一个好的电视广告播放时间花费巨额资金也在所不惜，如中央电视台黄金时间年广告费达3亿元人民币，百度搜索引擎的花钱买排名等就是出于这种原因。

（5）重复有助于材料的记忆。

研究表明，人们遗忘信息的速度有其规律性，与时间有密切关系，先快后慢，当人们对材料达到能背诵的程度后，过一个小时仍能记住的材料仅剩44%，一天后只剩1/3。因此多次重复有助于强化记忆。消费者的购买决策与行为总是建立在对产品的了解基础之上，而有关产品的信息则主要通过广告来传递，所以目前电视台、报纸、杂志广告都通过不断地重现相同内容的广告来达到让消费者记住自己产品的目的。

（6）提问。

对各部分内容分段提出问题，通常将各段的标题改为适当的问句就可以了。如将感觉记忆标题改为"什么是感觉记忆"或"感觉记忆有哪些特点"。商业广告经常利用提问的方式促使消费者记住广告产品的相关信息。

2. 想象规律在营销中的运用

想象在人们的生活实践中具有巨大的作用：

（1）想象对认识具有补充作用。

当人们对认识对象的客观信息不足或很难直接感知认识对象的时候，想象可以弥补对对象认识的不足。简短的电视广告传递丰富的广告信息，表面上看广告的各个片段毫无连续性可言，由于利用消费者的想象能力弥补了不足，消费者可以通过想象来判断产品的使用效果和使用情景。

（2）想象具有超前认识的作用。

想象不同于表象，表象是现实事物的形象的重现，而想象则蕴涵着许多潜在的可能性，其中有些可能性在现实中尚未实现。符合客观规律的想象，是一种超前反映现实的形式。科学家、文学家的创造性想象是超前认识，在日常生活中运用超前认识的作用的例子也是屡见不鲜的，如导游在游客到达某个景点之前往往通过语言的描述、讲故事等手段激发游客对旅游景点的超前想象，提高游客对旅游点的认同感。

（3）想象具有满足需要的作用。

人类从事各种活动在于满足自身的需要，但是现实却不一定能满足人的全部需要，通过想象可以满足现实中不能获得满足的需要。

总之，想象使我们的认识不仅可以驰骋于有限的现实世界，也可以驰骋于神奇的幻境世界；不仅可以回忆年代久远的过去，而且可以展望引人入胜的未来；不仅可以认识世界，而且可以创造世界。科学家的假说、工程师的设计、作家的人物塑造、艺术家的艺术造型、工人的技术革新等无一不是想象的结晶。

第三节 注意规律在营销中的运用

●情景案例

你善于集中自己的注意力吗？

下面编排了 50 个数字，请你在这些数字中按照顺序找出 3 个连续的数字（如 10、11、12 或 42、43、44 等），并大声读出。

34	19	42	54	45
26	16	39	28	57
40	35	14	56	30
12	29	44	51	23
50	43	36	24	11
37	20	55	32	47
25	41	17	53	38
13	22	48	10	58
52	18	21	31	46
27	49	33	15	59

一、注意概述

注意是人们的心理活动对外界一定事物的指向和集中，人只要处于清醒状态，就有注意活动的发生。注意与人的一切心理活动密不可分，它随着人们的认识、情感、意志等心理活动过程而表现出来。注意有两个基本特征，即指向性和集中性。指向性特征显示人的认识活动有选择性，每一瞬间的心理活动都是有选择性地指向一定的对象，同时离开其余的对象。集中性特征就是把心理活动贯注于某一事物，并离开一切与注意对象无关的东西，并对局外干扰进行抑制，集中全部精力去得到注意对象的鲜明清晰的反映。注意具有选择、保持、对活动进行监督和调节的功能。

根据产生和保持注意有无目的和意志努力的程度，可以分为有意注意和无意注意。无意注意并不是没有注意，而是事先没有预定目的，也不需要做意志努力，不自主地指向某一对象的注意，因此又叫不随意注意或被动注意。产生无意注意的原因有两个方面：一方面是刺激物本身的特点，即强烈、鲜明、新奇、变化等；另一方面是与人们的生活、学习、工作、社会实践有直接关系，并能引起兴趣的事物。有意注意是指自觉的、有预定的目的、必要时还需要做一定的意志努力的注意，又叫随意注意或主动注意。但有意注意与无意注意又有相互联系、相互影响、互相转换的关系，即有意注意与无意注意相互交替使人不易疲劳，从而提高工作效率。

二、注意的特征

1. 注意的范围

注意的范围又称注意的广度，是指一个人在同一时间内能够清楚地观察到的对象的数量。一般来说，刺激物数量越多，呈现速度越快，判断的错误就越多，而且越倾向于低估，这种倾向对于视觉刺激物来说更加明显。注意的范围受到知觉对象的特点、知觉者的活动任务和知识经验这两个方面因素的影响。

2. 注意的稳定性

注意的稳定性是指注意保持在某一对象或某一活动上的时间持久特性，要使注意持久地集中在一个对象上是非常困难的，往往会发生注意的起伏（或注意的动摇），在不同的刺激下注意起伏周期的持续时间是不同的。人对声音刺激起伏的周期最长，其次是视觉刺激，最后是触觉刺激。一般来说，注意周期性的短暂变化并不影响许多活动的效率，注意的起伏周期一般为2~3秒至12秒（见图2-8）。

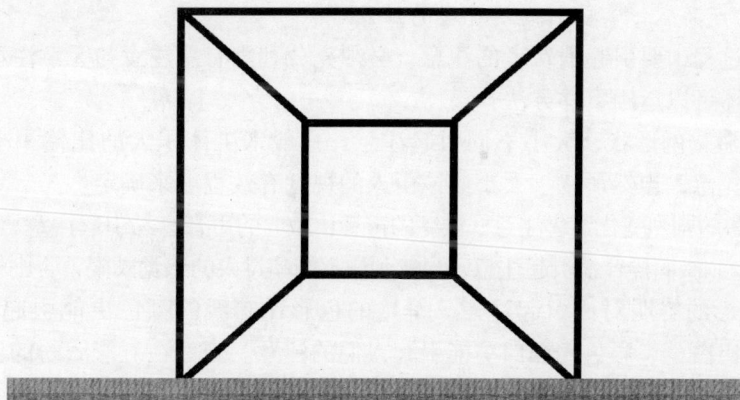

图2-8　知觉在遇到两可图形时注意的起伏

3. 注意的分配

注意的分配是指人们在进行两种或多种活动时把注意指向不同对象的现象。注意的分配是有条件的，同时进行的几种活动的复杂程度、熟悉程度和自动化程度都会影响注意的分配，同时进行的活动越复杂、不熟悉、不习惯，注意分配就越困难，反之则容易一些。因为人们总是先注意一个刺激，经过短暂的时间间隔后再注意另一个刺激，它们之间不断交替转换，在转换过程中对几种活动的复杂程度、熟悉程度和自动化程度的要求造成注意分配是有难度的。

小游戏：请完成以下规定动作：

（1）一只手画圆，另一只手画方。

（2）一只手画画，另一只手写字。

（3）一只手写一首诗歌，同时口中背自己熟悉的另一首诗歌。

（4）一只手画椭圆，另一只手画圆。

看一看你的两只手是否协调，并解释原因。

4. 注意的转移

注意的转移是指人们有意地把注意从一个对象转移到另一个对象上，或从一种活动转移到另一种活动上。注意转移的快慢和难易，一方面依赖于原来注意的强度，原来注意强度越大，注意转换就越困难、越缓慢，反之就比较容易；另一方面还依赖于新注意对象的特点，新注意对象越符合人的需要和兴趣，注意的转移就越容易，反之就越困难。

三、注意规律在营销活动中的运用

1. 注意转换规律在零售企业的运用

利用注意的转换规律使购买环境便于消费者选购商品并较长时间停留在商场中，集休息、购物、娱乐于一体，避免商品陈列的单一化，功能的简单化，满足消费者多个方面的需求。

2. 利用注意功能以及有意注意与无意注意的转换激发消费需求

3. 企业及其产品宣传需要引起消费者的注意

企业在宣传过程中要引起消费者的注意，必须充分利用有意注意与无意注意的关系来达到宣传的目的，具体可以运用下述方法：

（1）利用刺激物的形状、大小不同引起注意。一般来讲体积大的比体积小的刺激物更加能够引起人们的注意，当然形状、大小应该由人的视觉有效程度来确定。

（2）利用刺激的剧烈变化引起注意。洪亮的声音比微弱的声音容易引起注意，或者在强烈的刺激情况下突然减少刺激同样容易引起注意，当然刺激不能超过人的感觉阈限，否则将走向反面。

（3）利用色彩的鲜明对比引起注意。鲜艳的色彩比暗淡的颜色更能引起消费者的注意，一般来说，黑色比白色、彩色比黑白更能引起人们的注意。当然在五彩缤纷的世界里，黑白可能更能引起消费者的注意。

（4）利用位置的不同引起注意。商品陈列在举目可望位置，报纸的上边、左边比下边、右边，杂志的封面卷首、卷尾比其他页面更容易引起消费者的注意。

（5）利用动静变化引起注意。运动的物体比静止的物体更能引起注意。

（6）利用与众不同引起注意。特殊的色彩、图案、结构、字体、感觉等更容易引起消费者的注意。

4. 利用注意的分配与转移规律提高销售服务效能

优秀的营业员在为前来购买的消费提供服务过程中可以同时对多位顾客提供优质的销售服务，这其中就是利用注意的分配和转移规律。因为顾客在购买产品过程中需要对产品进行判断分析和鉴别，在这当中消费者不希望有人打扰，营业员只要将消费者的注意力诱导到对产品的比较和鉴别中就可以了，然后营业员就可以将精力投入到对其他消费者提供销售服务上，并同时诱导其他消费者同样进行产品的分析与鉴别。这样，营业员就可以在多个消费者之间间断地提供销售服务而顾客并不会注意到，从而达到提高销售效果的目的。

5. 利用消费者注意的稳定性陈列商品

消费者在选购商品过程中如果较长时间看到某一商品就会出现注意的不稳定，这样就会导致消费者将注意力转移到其他商品上，所以陈列商品过程中一种产品不能陈列太多地方，也不能太单一，避免因为消费者注意的不稳定性造成该类产品没有被消费者注意到而错过销售的机会。

第四节　情绪在营销活动中的运用

●情景案例

无辜的受害者

某大公司老总看到本公司迟到或早退的人特别多，就召开全体员工大会，宣布公司将对迟到或早退的员工实施经济惩罚，每迟到或早退一次将罚款200元，并且开会选举了监督检查人员，这些人员都是公司颇有知名度的公正人士。第二天，公司老总提前半小时从家里出发，看哪些员工来得晚些，不料在半路老总的车出了交通事故，等交通事故处理完后，回到公司，发现自己是公司唯一一个迟到的员工，老总按照规定交了罚款后回到自己的岗位开始工作。这时秘书拿着一份准备发出的文件进来请老总批示，老总看后非常生气："你怎么搞的，这么点事情都做不好，连标点符号都用不正确，马上回去给我改正，否则你明天就不要上班了！"秘书非常吃惊，但没有办法，只能按照老总的要求修改。秘书晚上下班回家，心爱的儿子见到妈妈就扑上前要求买棒棒糖给他吃，秘书很生气，狠狠地打儿子，弄得儿子号啕大哭，丈夫觉得很奇怪，就问："你今天怎么了，一回家就打孩子？"秘书没好气地说："都是你惯的，成天要这要那，看你把孩子惯成什么样子！你还好意思说！"

问题：你是怎样看待这件事情的？它给我们什么启示？

一、情绪概述

情绪和情感是人的需要是否得到满足时所产生的一种对客观事物的态度和内心体验。它总是或隐或现地有行为表现，并总是由某种刺激所引起的，它以需要为基础，根据需要是否获得满足，情绪具有肯定和否定性质。凡是能满足已激起的需要的事物，便能引起肯定的情绪，如满意、愉快、喜爱、赞叹等；相反，凡是不能满足已激起的需要或可能妨碍这种需要得到满足的事物，便引起否定的情绪，如不满意、苦闷、哀伤、憎恨等。

在心理学中除情绪概念以外，还有"情感"一词，但它与情绪有一定的差别。一般来说，情感就是情的感受方面，即情绪过程的主观体验，而情绪就是指情的各个方面，如主观体验、行为表现和生理机制等，它既包含与生理需要相联系的低级情绪，也包含与社会需要相联系的高级情绪即情感。

一般来说，生活中情感多用于与社会需要相联系的方面，而情绪则用于表示个人生理需要得到满足的程度。

由于情绪的强度、紧张度、快感度和复杂度的不同，不同学者从不同角度对情绪进行研究，对于情绪的研究从人类社会初期到现在从未间断。情绪按照表现程度不同可以分为情调、心境、激情、应激和情操。

1. 情调

情调是一种伴随感觉而产生的情感，其产生的原因是：首先，与刺激物有关，刺激物的性质不同所产生的情调也不同，如不同的颜色使人产生不同的情调，环境的幽静程度不同也会产生不同的情调。其次，还与刺激物的强度变化有关，如温暖的感觉令人愉快，但太冷或太热则使人不快，光线过强使人不舒服。最后，情调的产生更与人的生活经历、需要的特点有关，与人的年龄大小、所受的教育程度、需要的特点、风俗等也有必然联系。

2. 心境

心境是一种比较微弱、持久且具有渲染性的情绪。心境的显著特点是不具有特定的对象性，即不针对任何特定事物，是一种渲染性的情绪状态。

心境有积极和消极之分，积极的心境可以使人振奋乐观，朝气蓬勃，即使遇到困难、打击也不会灰心丧气；消极的心境使人颓丧悲观，同样的工作他会感到枯燥无味。

3. 激情

激情是一种持续时间短、表现剧烈、失去自我控制力的情绪，它是短暂的、爆发式的。如果说情绪是心理的波浪，那么激情就是暴风骤雨。激情状态下自我卷入的程度很深，失去了心理的平衡，伴随有明显的生理和身体方面的变化。激情的状态不同，自我控制力丧失的程度也不相同。

激情有积极的和消极的两种，凡是能激发人积极向上的符合社会要求的激情就是积极的激情，凡是对人有害的不符合社会要求的激情就是消极的激情。

4. 应激

应激是由出乎意料的紧张状态所引起的情绪状态，在不寻常的紧张情况下人体把各种资源（首先是内分泌系统）都动员起来，以应付紧张的局面，这时所产生的复杂的生理和心理反应都属于应激状态。危机状态下的应激反应会导致适应性的疾病，如神经功能症、癔症等，同时也会降低有机体的自动免疫系统的工作效率，减弱有机体的抗病能力。

5. 情操

情操是人对具有一定文化价值的东西（如道德、学问、艺术等）所怀有的复杂情感，包括道德感、理智感、美感等。受个人的生活经验、教育水平、社会生活条件等因素的制约，人们的情操有很大的差异。

二、情绪在营销活动中的运用

1. 利用情调规律提高销售效果

企业在开展营销活动过程中，将销售现场装修得各具特色，夏天的卖场采用清凉的色调装修，冬天则采用橙红色进行装修，高档产品采用暗黑色的装修，儿童用品采用卡通形式的装修，灯光布局由表及里逐渐增强，高档产品采取特殊照明手段等，其根本目的就是满足具有不同情调的消费者的消费需求。

2. 利用心境规律感染消费者

在销售活动过程中，企业的销售人员通过饱满的精神、灿烂的微笑、利索的动作、周到细致的服务等感染消费者，转变消费者对产品及其销售的态度。如播放愉快而优雅的音乐使消费者愉悦开朗。

3. 利用激情规律激发购买欲望

企业营销人员善于通过激情的语言感染消费者，企业在开展促销活动过程中，促销人员往往利用充满激情的语言，吸引消费者的注意和兴趣，将消费者的注意力和兴趣转移到促销产品上来，从而达到提高销售的目的。

4. 利用应激规律诱导消费者产生某种购买行为

企业在产品销售活动中利用消费者应激心理现象诱导消费者采取某种消费行为。例如，高露洁牙膏广告中说口腔中90%的细菌不在牙齿上而在舌头上，用高露洁就可以解决这个问题，就是利用这种规律达到促进销售的目的。

5. 利用情操规律诱导消费者对产品的偏好

人是社会化的生物，人所有的行为都受社会道德、社会伦理和社会美学标准的影响，企业营销人员利用这种规律可以有效地将消费者诱导到不同细分市场之中，实现差别定价。

第五节　气质在营销活动中的运用

●情景案例

有四位青年气喘吁吁地跑到剧场门口，未经验票就想冲进去，被验票员挡住了。那位急性子青年便跟验票员争执起来，说剧场开演的时间刚到，自己没有迟到，企图推开验票员冲到自己的座位上去；那位机灵的小伙子，立刻明白人家不会放自己进去，争吵没有什么用，便起身通过楼厅跑到楼上去了；那位不动声色的青年，看到验票员不让进场，他便想："第一场大概不会精彩，我还是去小卖部等一会儿，到幕间休息再进去吧！"那位行动缓慢的青年则长叹一声："今天真不走运，偶尔来剧场看一场戏，也这样倒霉。"他闷闷不乐地离开了剧场。

问题：为何这四位青年面对同一件事情会有迥然不同的行为方式？

一、气质概述

气质这一概念与我们平常所说的"脾气"、"性情"相似，它是个人生来就具有的心理活动特征，是决定一个人心理活动的全部动力，并为个体所独有的心理特征。例如，某人参加考试每次都忐忑不安、心率加快，参加赛跑则极易抢跑，等人则左顾右盼，虽然有很大差异性，但都有相同的动力特点。因为气质是人典型的、稳定的心理特点，主要是由先天决定的。

一个人的气质主要表现出人的心理过程两个方面的特点：一是心理过程的动力性，二是心理过程的指向性，也即情绪的稳定性。根据内倾与外倾两个方面，气质可以分为胆汁质、多血质、黏液质和抑郁质。

对于气质的分类有多种流派和学说，如气质的体液说、气质的体型说、气质的血型说、气质的活动特性说、气质的激素说和高级神经活动类型说等。

1. 气质的体液说

公元前 5 世纪，古希腊哲学家希波克拉底提出把气质理解为解剖生理的特点就是心理的个别特点，他认为人体内有四种液体，即血液、黏液、黄胆汁和黑胆汁，根据这四种体液所占的优势将气质分为胆汁质、多血质、黏液质和抑郁质，具体如表 2-1 所示。

表2-1 气质的类型

气质类型	体内占优势的体液
多血质	血液
黏液质	黏液
胆汁质	黄胆汁
抑郁质	黑胆汁

这种以体液构成比例说划分气质的依据是缺乏生理科学基础的，但是在现实生活中确实能够找到这四种气质类型的行为表现，因此该学说一直沿用至今。

2. 血型说

人的血型有A型、B型、AB型和O型等，有的人认为人的气质是由不同的血型决定的，这方面的理论日本学者研究的最多，但这种理论缺乏有力的科学依据，没有被广泛接受。

根据血型将气质分为四种，其表现如表2-2所示。

表2-2 血型的气质分类

血型气质	行为倾向
A型气质	温和、老实稳重、多疑、害羞、依赖他人、受斥责就丧气
B型气质	感觉灵敏、恬静、不害羞、喜社交、好管事
AB型气质	上述两者混合
O型气质	意志坚强、好胜、霸道、不听指挥、喜欢指使别人、有胆识、不愿吃亏

3. 高级神经活动类型说

前苏联生理学家巴甫洛夫在研究心理活动基础时，发现并证明了人的行为受神经系统决定和控制，并提出大脑皮质的神经过程（兴奋和抑制）具有三个基本特性：强度、均衡性和灵活性。

根据神经过程的强度、均衡性和灵活性，巴甫洛夫把动物和人类的高级神经活动类型分为四种，如表2-3所示。但神经类型与气质类型并不一定完全吻合，原因在于气质心理特征是以神经类型为基础的，它不仅与大脑皮质的活动有关，而且还与皮质下的活动以及内分泌腺的活动有关。

表2-3 神经类型的分类

神经类型	强度	均衡性	灵活性	气质类型
兴奋型	强	不均衡	灵活	胆汁质
活泼型	强	均衡	灵活	多血质
安静型	强	均衡	惰性	黏液质
抑制型	弱	不均衡	惰性	抑郁质

关于气质的类型研究表明，在现实生活中，绝对属于某种气质类型的人并不多，绝大多数人是以一种或某两种气质为主兼有其他气质特征的混合型气质。另外，每一种气质都有其优势和不足之处，并无好坏之分，应依据工作的性质来决定需要哪种气质的人，如让胆汁质的人去站柜台则容易与顾客发生冲突，但从事挑战性工作则极易成功。一个人的气质并不决定一个人成才的方向和成就的高低，因此，每种气质的人都应善于发挥自己的优势，善于识别交往对象的气质特征，利用对方气质特征的积极方面，控制转化其消极方面，就能有所成就或完成自己的目标和任务。

二、气质在营销活动中的运用

1. 消费者的购买行为气质表现

气质是典型而稳定的个性心理特征，必然会影响消费者的购买行为，并在其购买行为中表现出来。营销人员可以针对不同气质消费者的购买行为表现采取有针对性的营销手段和方法。

（1）胆汁质消费者：攻击性强，易兴奋，不易约束，不可抑制，反应速度快，精力旺盛，耐受性和外倾性较明显，属于兴奋型。

（2）多血质消费者：活泼好动，反应灵活，好交际，富于表现力和感染力，见异思迁，精力分散，兴趣广泛，反应性和外倾性明显，属于活泼型。

（3）黏液质消费者：安静、坚定、迟缓、有节制、不好交际，善于忍耐，情绪稳定，沉着冷静，心理状态少表现，耐受性和内倾性明显，属于安静型。

（4）抑郁质消费者：胆小畏缩，消极防御，反应强，兴奋速度慢，主观体验深刻，遇事敏感，易激动和消沉，感受性和内倾性明显，属于抑制型。

2. 营销人员的营销行为气质表现

根据大量观察，营销人员的气质特征和相应的营销行为大体有以下几类：

（1）急躁型：具有明显的胆汁质气质特征，优点是工作富有朝气，动作敏捷，善于随机应变，不足之处就是心境变化剧烈，服务态度时好时差，往往因急于成交而与顾客争吵和顶撞。

（2）活泼型：具有明显的多血质外向气质特征，优点是容易与顾客接近，沟通快，动作干脆利索，服务面广，容易促成交易，不足之处就是注意力容易转移，兴趣易变，缺乏坚持性和持久性。

（3）温顺型：具有多血质内向气质特征，优点是热情而不冲动，情绪稳定，能顺从顾客意见，满足顾客挑选商品的要求，不足之处就是售货动作不迅速，处理问题不够大胆。

（4）冷静型：具有明显的黏液气质特征，优点是接待顾客沉着冷静，注意力稳定，介绍商品客观，服务细致，不足之处就是缺乏朝气，表情略微冷淡，与顾客保持一定距离。

（5）沉默型：具有明显的抑郁气质特征，优点是工作情绪稳定如一，工作认真，埋头苦干，不足之处就是与顾客沟通较慢，不善于宣传推销商品，也不爱回答顾客所提问题。

以上多种气质的销售人员在实际销售活动过程中，受到表扬的多是温顺型和冷静型营销人员，受到批评最多的是急躁型营销人员，褒贬兼有的是活泼型营销人员，而沉默型营销人员则很少受到表扬。

3. 利用气质提高营销效果

消费者不同的气质类型有不同的购买行为，而营销人员不同的气质类型又具有不同的销售行为表现，在交易活动过程中双方又不可避免会发生接触，产生交易纠纷和摩擦。如何解决双方的摩擦和矛盾从而提高服务质量呢？企业不可能要求消费者适应企业的营销人员，况且对于企业来说消费者是不可控的，而可以控制的就是营销人员及其服务行为。因此要提高营销效果，企业可以通过以下办法来实施：

（1）把握新招收职工的气质类型。

尽管劳动合同法以及相关法规规定禁止歧视性用工条件，这种规定固然没有错误，但许多企业对于相应岗位不得不提出职责要求。例如，要求性格开朗，表达能力强，仅限男性或女性等，即使企业不提出相应的歧视性条件也会在招工过程中通过面试、口试、笔试等形式考察对象的气质、性格等，然后根据岗位以及工种需要择优录取，把最符合本工作岗位的人员招收进来。

（2）对现有营销人员进行心理训练。

对急躁型营销人员进行自我控制训练，对沉默型营销人员进行待人接物训练，使他从性格上适应销售工作需要，对活泼型营销人员进行注意力和耐性训练，对冷静型营销人员进行微笑训练等。

（3）根据营销人员的气质类型安排适当的工作岗位。

对于经过训练不能胜任的营销人员可以更换工作岗位，安排其到符合该人员气质的岗位上去。例如，将急躁型营销人员安排到安全保卫、展销会等处工作，对于沉默型的人员则安排到仓库管理岗位和流通加工岗位。要在营销队伍内部塑造高效团队，则必须将不同气质类型的人员进行优化组合，扬长避短才能达到提高营销效果的目的。

第六节　性格的消费心理分析

●情景案例

某大学一间宿舍里住着两个性格完全不同的女大学生。A同学有什么喜怒哀乐，心里藏不住，一定要讲出来或在行动上表现出来才感到舒服，她在宿舍里喜欢开玩笑，去食堂打饭菜时边走边哼着小调，有了喜事心花怒放，在大庭广众之下哈哈大笑，同学们称她为"大喇叭"；B同学有什么喜怒哀乐，心里藏得住，在行动上也很难看得出来，她父亲身患癌症多年，家庭经济十分困难，但她从不叫苦，父亲去世时，她把悲伤咽下去，许多同学都不知道，同学们称她为"小茶壶"。

问题：这两位同学为什么会有这样大的差异？

一、性格的概念

性格是个性中最主要的心理特征，是指人们在对待客观事物的态度和社会行为方式中表现出来的稳定倾向。

一个人对某些客观事物的态度和反应如果在生活中成为经验，得到巩固，就会成为其在特定场合中习惯的行为方式，并由此构成其性格特征。同时，人的认识、情绪、意志等心理过程的不同特点，也是构成人们不同性格的重要因素。

性格能够表现出一个人独特的稳定的个性特征，所以一个人在某场合下偶尔一时的情境性表现不能说明他的性格特征，只有那些经常、稳定表现的行为方式，才能代表他的本质性格特征。

总之，作为性格的态度和行为方式，总是比较稳固的、习惯性的，甚至在不同的场合都会表现出来。

性格与气质都是描述个人典型行为的概念，这两个概念既有区别又有密切联系，其区别主要表现在以下三个方面：

（1）从起源看，气质是先天的，主要体现为神经类型的自然表现；性格是后天的，在个体生命开始时并没有性格，它是人与社会环境相互作用下的产物，反映了人的社会性。

（2）从可塑性看，气质变化较慢，可塑性较小，即使可能改变也不容易；性格的可塑性大，环境对性格的塑造作用明显，即使形成稳定的性格，也容易改变，如遇重大打击或挫折就会改变性格。

（3）从互相影响所反映的侧面来看，气质所指的典型行为是它的动力特征，而与行为内容无关，它无好坏之分；性格主要是指行为的内容，它表现为个体与社会环境的关系，因而它有好坏善恶之分。

性格与气质又密切联系、互相制约，先从气质对性格形成的影响来看：第一，气质会影响个人性格的形成，因为性格特征直接依赖于教育和社会相互作用的性质和方法，而气质特征表现又会有不同性质的教育和社会环境的相互作用与之相适应。第二，气质可以按照自己的动力方式渲染性格特征，从而使性格特征具有独特的色彩，如同样乐于助人的人，多血质的人情感明显表露于外，而黏液质的人则可能动作沉着而不敏捷，情感不表露于外。第三，气质还会影响性格特征的形成或改造的速度，如要形成自制力，对于胆汁质的人来说需要极大的努力和自我克制，而对于抑郁质的人来说则很容易做到。

再从性格对气质的影响来看，性格也可以在一定程度上掩盖或改变气质，使它服从于生活实践的要求。

在现实生活中，我们很难把性格和气质这两类心理特征严格区分开来，主要原因在于，人的发展是生物个体因素与社会因素相互作用的结果。

二、性格的类型

性格的类型是指一类人身上所共有的性格特征的独特结合，由于性格现象的复杂性，因此在心理学中还没有一个公认的、有充分科学根据的性格分类原则。下面是四种典型的分类方法：

1. 以心理机能来确定性格类型

依据智力、情绪、意志三种心理机能所占的优势来确定性格类型，将性格分为理智型、情绪型、意志型和中间混合型。理智型者依冷静的思考来行事，以理智来支配自己的行动；情绪型者不善于思考，凭感情办事；意志型者目标明确，行为互动，追求对将来的憧憬。

2. 以某种或某些典型的性格特征来确定性格类型

根据个体竞争性不同分为优越型和自卑型。

根据人们在时间匆忙感、紧迫感及好胜心等特点上的差异不同分为 A 型性格和 B 型性格。A 型性格者表现为时间感强，总想把工作日程安排得越满越好，总闲不住，信不过他人，总想自己动手，看见别人工作做得慢或不够好就抢过来自己做，争强好胜，效率高，易激动，缺乏耐性等；B 型性格者表现为悠然自得，不爱紧张，一般无时间紧迫感，不喜欢争强好胜，有耐性，能容忍等。

3. 以心理活动的倾向性来分

瑞士著名心理学家荣格把人的性格分为外倾型和内倾型，他认为：外倾型的人以环境为出发点，凡事但求适应环境；内倾型的人以自我为出发点，凡事但求尽在自我。两种性格类型的心理特点如表 2-4 所示。

表 2-4　两种性格类型的心理特点

性格类型	心理特点
外倾型	心理活动倾向于外部、活泼、开朗，容易流露自己的感情，待人接物决断快，但比较轻率，独立性强，缺乏自我分析和自我批评，不拘泥于一般小事，喜同他人交际等
内倾型	心理活动倾向于内部，感情比较深沉，待人接物比较小心谨慎，常重复思考且过分担心，缺乏决断力，但对事物总锲而不舍，能自我分析和自我批评，不喜欢交际等

这种分类方法比较简单实用，现实生活中也存在介乎两种气质之间的人。据测试，真正内倾和外倾的人各居人数分布的两个极端，人数较少，绝大多数人介于内倾与外倾两种极端气质之间，如用曲线表示则存一个正态分布形式。

4. 以人类的生活方式来确定性格类型

人类的生活方式可归类为以下 13 种：中庸型，达观型，慈爱型，享乐型，合作型，努力型，多彩型，安乐型，接受型，克己型，冥想型，行动型和服务型，性格是在人的生活实践中形成的，从人们喜爱的生活方式来区分性格类型或许是一种有益的探讨。

三、性格形成的影响因素

1. 生物学因素

气质的差异特别是父母或其他哺育者的行为反应，会影响家庭环境，婴儿在这种相互作用的性质不同的环境中生活，其性格形成自然会受到很大影响。

身高、体重、体型和外貌等生理上的特点对性格的形成也有影响，因为这些特点，有的符合文化的社会价值，有的则不符合，并经常受到人们的品评，无疑会影响一个人性格的形成。

生理成熟的早晚对性格的形成也有影响，一般研究表明，早熟者的特征是爱社交、关心遵守社会常规和社会准则，给人以好的印象，社会化程度高；晚熟者则不大遵守社会常规和社会准则，一意孤行，似乎他的言行依靠外在社会不如靠他自己的态度和情感。

2. 家庭的因素

家庭是社会的细胞，是儿童最早接触的社会环境，家庭的各种因素都会对人的性格形成起到非常重要的作用。例如，家庭收入水平，家长的职业，家庭结构的健全程度，家庭的气氛，父母的教养态度，家庭子女的多少，儿童在家庭中的作用等，其中父母的教养态度对儿童的性格形成具有深刻的影响。日本心理学家摩武俊对这方面的研究成果作了概括，如表2-5所示。

表2-5 父母的态度与儿童的性格

父母的态度	儿童的性格
支配	服从、无主动性、消极、依赖、温和
照管过甚	幼稚、依赖、神经质、被动、胆怯
保护	缺乏社会性、深思、亲切、非神经质、情绪安定
溺爱	任性、反抗、幼稚、神经质
顺应	无责任心、不服从、攻击、粗暴
忽视	冷酷、攻击、情绪不安、创造力强、社交
拒绝	神经质、反社会、粗暴、企图引人注意、冷淡
残酷	执拗、冷酷、神经质、逃避、独立
民主	独立、爽直、协作、亲切、社交
专制	依赖、反抗、情绪不安、自我、大胆

在研究父母的教养态度与儿童性格发展关系时要注意以下三点：第一，要弄清父母所起的作用及父母教养态度的一致性程度；第二，要弄清亲子之间是如何相互作用的，儿童对父母的教养意图怎样理解，儿童又是如何反过来影响父母的新行为的；第三，除了考虑亲子关系外，还要考虑家庭其他因素，如家庭气氛对儿童性格的影响。

3. 学校教育因素

学校教育对儿童性格的形成具有重要作用，课堂教学是学校教学的主要环节，可以训练学生习惯于系统的、有明确目的的学习；克服学习中的困难，培养坚定、顽强等性格的意志特征。体育课不仅使学生掌握运动技能，也能培养学生的意志力，培养学生的勇敢精神。校风、班风、学风、教师的言行也影响学生的性格形成。

4．文化、社会因素

不同的文化和社会背景、经济地位，不同的时代、不同的民族、不同的社会生活条件和自然环境等都会影响人们性格的形成。

必须指出，影响一个人性格形成的因素是多方面的。即使在同样的社会背景下，某种性格特征的形成，其影响因素也是很复杂的。因此一个人的性格特征实际上就是他的生活经历的一种反映，是他生活历史的记录。一般来说，人的性格到了中学时期即青年期就已经初步稳定，但由于人们生活实践的变化以及主体的主观努力，在青年期以后还可能发生某些大的变化。

四、消费者购买行为中的性格表现

在营销活动过程中，消费者的性格特点决定着他们各自的购买行为态度和行为方式，具体表现有：

1．外倾型性格消费者

这类消费者言语表情反应外倾，易受到广告宣传、他人购买行为、营销人员的诉求的影响，热情活跃，乐于与营销人员进行信息交流。

2．内倾型性格消费者

这类消费者沉默少语，动作反应迟缓，内心活动丰富而不露声色，面部表情如一。

3．理智型性格消费者

这类消费者善于权衡商品的各种利弊因素，通过周密思考理智地作出购买与否的决定。

4．情绪型性格消费者

这类消费者购买行为带有浓厚的感情色彩，易受到销售现场各种因素的影响，有时情感反应强烈。

5．意志型性格消费者

这类消费者购买目标明确，积极主动，按照自己的意图购买商品，购买决定果敢、迅速。

第七节 能力在营销中的运用

●情景案例

小王在大学期间是学生会主席，学生活动的组织工作做得非常出色，是学校公认的组织能力、活动能力和语言表达能力非常强的学生，在学校组织的辩论赛中多次获得最佳辩手称号，可谓风光无限。大学毕业后，小王到一家颇具规模的汽车销售公司（4S店）销售高档汽车，工作不到3个月就被公司解聘了。他感到不可思议，因为他的销售业绩虽然不是最优秀的，但是比另外几个一起去的大学生要好得多，于是他去找公司经理理论，公司经理说："你的能力我不否认，但是你把我的客户和员工都得罪了，我以后还怎样做生意？你还是另谋高就吧！"小王非常生气地向朋友诉苦并说："现在的企业怎么就这么嫉贤妒能，那个经理怕我将来超过他，所以就先炒掉我，真是小肚鸡肠的人，我以后绝对不跟这样的人共事，此处不留爷自有留爷处！"

问题： 你应该怎样看待公司经理的话？如何向小王解释其中的原因？

一、能力概述

能力是人顺利地完成某种活动所必须具备的心理特征，一个人的能力总是和某种活动相联系并表现在活动中。只有从一个人所从事的某种活动中才能看出他是否具有某种能力，能力影响活动的效率，能力的大小只有在活动中才能比较，如甲乙两人的绘画能力比较，要通过甲乙两人的色彩鉴别、空间比例关系估计、画得逼真的程度来比较。但是人在活动中表现出来的心理特征并不都是能力，如在绘画时表现出来的脾气急躁、性格开朗、内向沉默，它不是绘画时所必需的，但有可能影响人顺利完成绘画活动，并且即使它是某一活动所必需的某一心理特征，也不能称它为能力。如绘画中的注意分配能力、色彩鉴别能力等心理特征并不是绘画能力，完成绘画这项活动要各种心理特征的有机组合方能成功，但各种不同心理特征的有机组合会形成不同的能力，多种能力的有机组合叫作才能。

能力是保证活动取得成功的必要条件，但不是唯一条件，活动能否顺利地进行，能否取得成功往往还与人的个性特点、知识技能、工作态度、物质条件、健康状况以及人际关系等因素有关。但是在各种条件相同的情况下，能力强的人比能力弱的人更容易使活动顺利进行，更容易取得成功。

1. **按照不同的倾向分：一般能力和特殊能力**

一般能力是在许多基本活动中都表现出来的，且各种活动都必须具备的能力，如观察能力、记忆能力、思维能力、想象能力等，一般能力的综合称为智力。

特殊能力是在某种专业活动中表现出来的能力，如数学能力、音乐能力、绘画能力、机械操作能力等，这些能力是完成相应的活动必须具备的。

一般能力和特殊能力是辩证统一的关系。一方面，一般能力的特别发展，可能成为特殊能力；另一方面，特殊能力得到发展的同时，也发展了一般能力。如记忆力是一般能力，但记忆力超群则成为特殊能力。

2. **按创造性程度分：模仿能力和创造能力**

模仿就是仿效，模仿能力就是仿照他人的言行举止去做，以便使自己的行为方式与被模仿者相同的能力，如能迅速掌握所学知识，按照所提供方式进行活动。

创造力是指产生既是首创又是适宜的产物的能力，在创造能力中，创造性思维和创造想象起着十分重要的作用，人的创造总是先模仿后创造，因此两种能力是有密切联系的。

3. **按能力的优势程度分：优势能力和非优势能力**

一个人通常有多种能力，并形成一个能力系统，通常有一种或两种能力占优势，其他的能力都从属于它。优势能力在一个人的生活实践中占主导地位，其他能力起增强优势能力的作用。如不少人都能顺利地完成同样的活动，但是完成这种活动的能力组成因素所处的地位可能不同，有的因素在一些人身上是优势能力，但在另一些人身上是非优势能力。如数学能力的基本组成部分是运算能力、逻辑推理能力、空间想象能力，有的人空间想象能力占优势，可能逻辑推理能力差些，有的人逻辑推理能力占优势而空间想象能力差些，但他们都能正确迅速地运算，在这种情况下，优势能力在完成某种活动时可以补偿非优势能力的不足。

二、影响能力形成和发展的因素

1. **遗传因素和环境因素在能力发展中的作用**

智力是心理特质，它本身不能遗传，遗传对能力的影响主要表现在身体素质上，如感官的特征、发音器官的特征、四肢和运动器官的特征、脑的形态和结构特征等。

身体素质是能力形成和发展的自然前提，没有了这个自然前提，任何能力都无从产生。如双目失明的人无法形成绘画能力，天生聋哑的人无法形成音乐能力。身体素质对能力发展的影响是不可忽视的，但身体素质却不等同于能力本身，具有相同身体素质的人，可以发展出不同的能力，而具有良好身体素质的人如果得不到应有的培养和训练，能力也不可能形成。因此能力的形成不取决于遗传，但良好的遗传素质却是能力形成和发展的一个必要条件和重要条件。

环境对能力形成的作用是不可低估的，现代科学证明，胎教有利于婴儿出生后的智力发育，丰富的环境刺激同样有助于人们智力的发育。有目的有计划地进行能力教育对人们能力的提高起到主导作用，良好的教育是能力发展的决定条件。

总之，遗传素质为能力的发展提供了可能性，而环境和教育则有可能把这种可能性变为能力发展的现实性。

2. **实践活动和个性品质在能力发展中的作用**

人的能力是在实践活动中形成和发展起来的，离开了实践活动，即使有良好的素质和良好的环境及教育，能力也难以形成和发展。不参加实践活动，就谈不上能力的形成和发展。

在实践活动中优良的个性品质对能力的形成和发展具有重要意义，如勤奋、谦虚和坚强的毅力等都有助于能力的形成和发展。

三、能力在营销活动中的运用

1. 利用消费者购买能力的差异开展营销活动

在购买活动过程中，消费者只需要具备正常的注意能力、记忆能力、思维能力、比较能力和决策能力就足以完成一般产品的购买，但对于某些特殊商品，则需要具有鉴别能力和检验能力。在市场竞争激烈和企业产品差异化突出的今天，尤其需要消费者具备某些特殊的能力。

消费者的购买行为过程，能反映出消费者能力的差异，如果消费者识别能力、评价能力、决策能力以及语言能力较强则能独立地迅速作出购买决定，营销人员只要讲明产品的相关用途、优势等，这类消费者就会根据自己的判断和营销人员的介绍作出购买决定。如果消费者决策能力较差、分析能力较弱则在购买中表现为优柔寡断、拿不定主意、不知是否购买，这时就需要营销人员帮助顾客决策和分析，为顾客购买提供决策参考，采取建议成交手法促成交易。因此，作为营销人员，要根据消费者能力的不同采取与之相适应的销售手法和服务技巧，达到达成交易的目的。

2. 提高营销人员的营销能力

一个合格的营销人员需要掌握和具备对本行业有益处的相应的心理品质，即营销能力。营业人员需要较强的劳动能力、操作能力、计算能力和陈列商品的能力，同时还需要具备良好的视听能力、注意的分配能力、集中能力、较好的记忆能力、推理判断能力和语言表达能力等。推销业务人员需要具备良好的分析判断能力、较好的语言表达能力、良好的沟通协调能力、获得信任的能力、记忆能力、决策能力、说服能力、身体语言的运用能力、包容能力等。因此，作为合格的营销人员要根据自己所从事的工作的性质不同锻炼和提高自己相应的营销能力，充分发挥自己的优势能力，弥补弱势能力，避免出现因为弱势能力导致自己销售效果大打折扣的问题。

● 课堂训练

1. 对学生的气质、性格、能力进行测定。
2. 在学生中进行感觉、知觉、记忆、情绪试验。
3. 在学生中开展记忆单词、短语或文章等游戏活动。
4. 以发挥学生无穷的想象力为主题设计创造性思维和想象试验活动。
5. 让学生分析自己属于哪种性格或气质类型，并说明原因。

● 案例分析与讨论

小李应该去哪家饭店吃饭

2008 年我国取消"五一"长假，增加了清明、端午、中秋三个传统节日的小长假，"五一"只放假一天形成一个小长假,这几个小长假带来了各个地方游客的本地游热情,"十一"长假就成为众多工薪阶层长途旅游的不二选择。小李是某上市公司的进出口部经理,他和几个同事及要好的朋友约定"十一"自驾车游桂林。这天他和8个好朋友开着3辆小车从广州出发,路线是"广三高速——怀集——贺州——阳朔——桂林",在行进途中不知不觉到了中午12点,决定找一个饭店吃饭并作稍事休息后再出发。一路上大家一起找合适的饭店,但他们发现路上许多饭店都人满为患,他们没有办法,只有继续寻找合适饭店,最后终于找到连排在一起的3家饭店。车刚刚停下,众多的服务人员纷纷介绍自己饭店如何如何的好或方便或快捷。细心的小李观察了这三家饭店:一家就餐人数很多,基本没有位置;一家环境不错,但基本没有顾客;一家环境,一般有少数人正在就餐。小李他们无所适从,不知去哪家好。

问题:假如你是小李,你应该选哪家饭店?

谁偷走了中国儿童的想象力

幻想空间曾是爱迪生、爱因斯坦、比尔·盖茨的少年乐园。在发达国家,想象力作为发明创造的基础,被认为是21世纪竞争力的一种。但在我国,想象力丰富往往被斥为"异想天开"而遭到冷眼。

在现实生活中,中国儿童的想象力被严重幽闭。

目前,应试教育仍是阻碍我国儿童想象力和幻想力发展的主要因素。专家认为,在这种教育模式下,想象和幻想教育没有被放在应有的位置上,统一的教育方式、统一的标准答案正束缚着学生的想象力。

更多的专家认为,中国儿童的想象力受到压制,除了教育体制的问题外,更多的还是社会和文化问题。在古代,中国曾出现过想象力繁荣的局面。《庄子》、《西游记》、《聊斋志异》和唐诗宋词都是极具想象力的伟大作品。其实,古代科举考试给考生带来的心理压力并不比今天的高考小,但是,那些大诗人、大词人,往往也正是因为考场官场失意,才游走江湖,写出了传诵千古的名篇。而对于如今的中国儿童来说,逃避的余地是没有的。

对于今天的儿童来说,在城市、学校和家之间,是无数高楼,没有江河湖海,只有受污染的天空。在班级里,你不管是第一名还是最后一名,你的名字和成绩注定了要被贴在墙上,公之于众,让你无处藏身。分数是衡量你的价值的唯一标准,因此你必须被排名,这决定了你以后在社会上的排名。

在家中,你面对你的父母,他们把一切希望都寄托于你,而你不幸又是他们的独生子女,压力更是不堪负荷!

你也许会逃到游戏机房去,对不起,许多人都下令不准你玩。上网?上聊天室?更不行。各种各样的防火墙早就做好了。出走?不少学生是这样做的,但尽管出走到天涯海角,终被派出所发现,被遣送回去。当和尚当尼姑行吗?寺庙里如今也要看职称和文凭!你是佛学院的毕业生吗?旅游?这是知识经济的时代,游山玩水也是受教育。何况,是个景点就猛宰人,又没有一叶不要钱的扁舟。万幸之中考上了大学又怎么样呢?大学学费,10年间涨了10多倍。好不容易要毕业了,然而,又将面对巨大的求职压力。现在,连硕士生有的单位都嫌其学历低。何况还有1千多万下岗失业大军。不走后门,不找关系,你就没有办法生存。连逃避,你也要请客送礼。这是中国社会的全面紧张,而并非是学习的压力。这是生存的全面压力。

问题：你认为怎样才能解决这个问题？目前我们应该怎样来补救？

顾客意见征求函

在中国质量万里行活动中，不少制造、销售伪劣商品的工商企业被曝光，顾客感到由衷的高兴。3 月 15 日，正值世界消费者权益日，某大型商场零售企业为了改善服务态度、提高服务质量，向顾客发出意见征询函，调查内容是"如果你去商店退换商品，售货员不予退换怎么办"，要求被调查者写出自己遇到这种事情是怎么做的。其中有这样四种的答案：

（1）耐心诉说。尽自己最大努力，慢慢解释退换商品的原因，直至得到解决。

（2）自认倒霉。向商店申诉也没有用，商品质量不好又不是商店生产的，自己吃点亏，下回长经验。缺少退换的勇气和信心。

（3）灵活变通。找好说话的其他售货员申诉，找营业组长或值班经理求情，只要有一个人同意退换就可望解决。

（4）据理力争。决不求情，脸红脖子粗地与售货员争到底，不行就向报纸投稿曝光，再不解决就向工商局或消费者协会投诉。

问题：

1. 以上四种答案各反映出不同顾客的哪些气质特征？

2. 这个调查内容能否反映出消费者个性心理特征的本质？

3. 请你写出其他可能的答案。

优秀销售人员需要哪些能力

（1）分析能力。销售人员要具备对市场机会的敏锐分析能力，学会发现市场机会，在与竞争产品的战斗中脱颖而出。

（2）适应能力。从企业的内部环境来说，营销人员首先要能够适应公司，适应公司的企业文化、运营理念、营销方针、人文环境等。从企业的外部环境来讲，营销人员还应能适应市场的需要、适应经销商的发展需求、适应当地的风土人情等。销售人员只有适应了营销职业、营销生活、企业的内外部环境，才能给自己准确定位，找到适合自己发展的方向。

（3）学习能力。销售人员要更快地成长，就必须具备学习的能力，包括学习国家的方针政策、相关的经济法规，从"战略"方面武装自己。更要学习经营管理学、营销学、心理学、公关学等知识，完善自己的知识结构，达到从专才、通才到复合型人才的转变。

（4）领悟能力。任何一个具有一定市场营销实战经验的人，都知道"悟性"的重要性。优秀的销售人员能够洞察机会、分析问题，从而利用机会，为销量"锦上添花"；或是把问题变成提升销量的机会。而较差的销售人员面对问题时则不知所措，让机会从身边白白溜走。

（5）应变能力。时代和市场永远在变，销售人员的思路和方法必须跟着变。

（6）创新能力。市场形势千变万化，而营销模式却日趋雷同，销售人员要想在市场上立于不败之地，就必须具有创新能力，使自己的产品、渠道、思路、策略等能够个性张扬，脱颖而出。

问题：你认为优秀销售人员除了上述能力外还需要哪些能力？

●补充阅读资料

企业是这样评价销售人员的销售能力的，你该如何应对

在公司所有工作中，销售人员的工作可谓最复杂。这也许是因为客户在购买公司的产品前，首先购买的是销售人员的服务；还可能是因为销售方法在过去10年里从广告到咨询服务都发生了巨大变化；也可能是因为好的销售人员需要掌握很多相反甚至自相矛盾的技能，如听说能力、产品知识和人的品味、销售策略和市场渗入策略、具有说服力但又不使用花招的沟通能力、既有取得较好个人业绩的欲望又有服务客户的强烈意识、富于弹性又讲原则、做事积极主动又善于和他人合作等。下面一些问题可以评估应聘者在这方面的能力。

(1) 请讲讲你遇到的最困难的销售经历，你是怎样劝说客户购买你的产品的？

(2) 人们购买产品的主要原因是什么？

(3) 关于我们的产品生产线和我们的客户群体，你了解多少？

(4) 关于销售，你最喜欢和最不喜欢的分别是什么？为什么？

(5) 若受到奖励，你有什么感想？

(6) 你最典型的一个工作日是怎样安排的？

(7) 为取得成功，一个好的销售人员应该具备哪些方面的素质？你为什么认为这些素质是十分重要的？

(8) 电话推销和面对面的推销有什么区别？为使电话推销成功，需要什么样的特殊技能和技巧？

(9) 你是用什么方法来发展并维持业已存在的客户的？

(10) 若你要给新员工上一堂销售课程，你在课堂上要讲些什么？为什么？

(11) 请讲一下你在工作中所使用的最典型的销售方法和技巧。

(12) 若公司给你定的销售任务很大，完成任务的时间又很短，你用什么办法以确保达到销售任务？

(13) 你是否有超额完成销售目标的时候，你是怎样取得这样的业绩的？

(14) 一般而言，从和客户接触到最终销售的完成需要多长时间？这个时间周期怎样才能缩短？

(15) 你怎样才能把一个偶然购买你产品的人变成经常购买的人？

(16) 当你接管了一个新的行销区或一个新的客户群时，怎样才能使这些人成为你的固定客户？

(17) 在打推销电话时，要提前做哪些准备？

(18) 你怎样处理与销售活动无关的书面工作？

(19) 请向大家推销一下某支铅笔。

(20) 你认为电话推销最重要的特点是什么？为什么？

(21) 和已存在的老客户打交道，以及和新客户打交道，你更喜欢哪种？为什么？

(22) 如果某位客户一直在购买和你公司的产品相似但价格更低的产品，你该怎样说服这个客户购买你的产品？

各人种颜色喜爱度的差异

喜爱度顺序 人种	1	2	3	4	5	6	7
白人	紫	绿	红	橙	蓝	黄	白
黑人	紫	橙	绿＝蓝		红	黄	白
美洲印第安人	红	紫	蓝	绿	橙	黄	白
菲律宾人	红	紫	绿＝黄＝白			橙	蓝
日本人	红＝紫		绿	蓝	黄	橙	白
墨西哥人	红＝绿		青	蓝	白	橙	黄
中国人	绿	白	蓝	红	黄	橙	紫

●课外训练

观察路边、商场或报刊、电视等媒体上面的广告，并将其尽量完整地描述出来，与其他学员的观察进行对比，分析广告应该怎样才能引起消费者的充分注意，并有效地使消费者记住广告内容。

●本章小结

通过对本章的学习，使学生了解和掌握营销心理学的基础理论知识，知道营销活动过程中的感觉、知觉、想象、记忆、注意等心理活动过程规律和心理活动现象，了解消费者常见的个性心理特征，如兴趣、情绪与情感、气质、能力和性格等及其在消费行为中的表现等。

●复习思考题

1. 感觉、知觉的本质区别是什么？简要叙述感觉与知觉的特征。
2. 感觉在消费者购买过程中有何作用？
3. 知觉的特征在市场营销中有哪些应用价值？
4. 举例说明成功的广告怎样引起消费者的注意。
5. 简要叙述各种气质类型学说的基本观点。
6. 简述高级神经活动类型与气质的对应关系。
7. 简述想象活动必须具备的条件以及想象的分类比较。
8. 记忆的分类和增强记忆的方法有哪些？
9. 分析性格与气质的关系。
10. 分析性格的类型与性格形成的影响因素。
11. 能力的分类以及能力分析。

第三章 消费者的心理需要与动机分析

●知识目标

1. 掌握消费者的需要的分类和基本特征，理解消费需要的作用和研究方法
2. 掌握并理解常见的消费者的购买动机类型和功能作用，理解动机作用的机理
3. 理解购买动机的可诱导性的机理，掌握购买动机诱导的方法，掌握并理解购买动机的研究方法

●能力目标

1. 能够分析消费者的消费需要，并利用消费需要的特性开展相应的营销活动
2. 利用购买动机的可诱导性和特性，诱导消费者产生符合企业需要的购买行为

●教学重点

1. 消费需要的分类和基本特征
2. 常见的消费者购买动机的类型
3. 消费者购买动机与购买行为的作用机理
4. 购买动机的诱导方法研究
5. 消费者购买动机的研究方法与技巧

他们到底要什么

1986 年，迪娜·爱尔文（Tina lrwin）创立了友谊卡片公司（Friendship Cards），她打算利用自己的商品设计专长来制造和销售贺卡。当然，她还希望开创更美好的未来。时至今日，迪娜的公司仅拥有 12 名员工，但年均利润已超过 10 万美元。

1993 年 3 月，迪娜决定让员工共享公司的成功。她宣布在即将来临的 6、7、8 三个月中，友谊卡片公司星期五也成为休息日。这样，所有员工将有三天的周末时间，而与此同时，他们仍得到与五天工作制一样的薪水。

在实施三天周末制一个月后，一位迪娜最信赖的员工向她坦白，他宁愿得到加薪而不是额外的休息时间，而且他相信不少员工与他的想法相同。迪娜十分惊讶。她的大多数员工不到30岁，而年均收入为35 000美元，这已超过本镇从事相似工作的员工收入的20%。对于她自己来说，如果年收入已达35 000美元，再让她在钱和休闲时间之间进行选择的话，她毫无疑问将选择后者，她以为她的员工也会如此。不过迪娜十分开明，在接下来的大会上她召集了所有员工，问他们："你们是希望得到夏季的四天工作制呢，还是希望得到4 000美元的奖金？多少人赞成继续实行四天工作制？"6只手举了起来。"多少人更愿意得到奖金？"另外的6只手举了起来。

问题：请问他们有什么样的心理需要和动机才会出现上述一幕？假如你遇到这样的情况你会怎样选择？

第一节　消费者消费需要分析

●情景案例

小猴进城

小猴想进城，可没人拉车。他想呀想，终于想出了一个好主意。他在车上系了三个绳套：一个长，一个短，一个不长也不短。他叫来了小老鼠，让他闭上眼，拉长套；又叫来小狗，让他闭上眼，拉短套；再叫来小猫，在小猫背上系了一块肉骨头，让小猫闭上眼，拉不长不短的绳套。小猴爬上车，让大家一齐睁开眼。

小老鼠看见身后有猫，吓得拉着长套拼命跑；小猫看见前面有只老鼠，拉着套使劲地追；小狗看见猫背上的肉骨头，馋得直往前撺。

小猴快快活活地坐在车里，不一会儿就进了城。

看过这个寓言故事，我们不能不为小猴的聪明拍手称绝。

聪明的小猴想到了小猫、小狗需要的差别，分别为他们准备了不同的食物。试想，如果没有小老鼠、肉骨头作诱饵，小猫、小狗会听小猴的高谈阔论和大道理吗？如果小猴为大家准备的都是肉骨头，那小猫是否还会使劲拉车呢？

同样，作为营销人员，要调动消费者购买产品或服务的积极性，最重要的是要分析消费者的不同需要，通过对需要的激发产生对产品或服务的需求和动机，最终产生购买行为，促使消费者从对产品的需要、需求、动机、决策到购买。

问题： 这个案例给我们什么启示？营销人员应如何利用消费者需要的差异性和多样性？

一、消费需要概述

消费是人们利用某种物品的使用价值或某种劳务来满足某种需要的活动。人的消费活动是由消费需要引起和决定的，消费需要是消费的先导，是消费活动的内在原因和根本动力，需要与刺激都是动机产生的条件，而需要是最基础的。

需要是有机体内部的某种缺乏或不平衡状态，它表现出有机体的生存和发展对客观条件的依赖性，它的产生是基于有机体内部生理上或心理上的某种缺乏或不平衡状态，一旦这种状态消除，需要也就得到满足，同时又会有新的某种缺乏或不平衡状态而产生新的需要。

消费需要就是消费者对以商品和劳务形式存在的消费品的需要和欲望，它是客观存在的，并随着社会生产力的不断进步和提高、提供给市场的产品的不断丰富而逐渐发生变化和提高。

美国心理学家马斯洛经过20多年的研究，于1943年和1954年先后发表了《人类动机的理论》、《动机和人》等著作，提出了著名的需要层次理论。马斯洛认为，人的行为是由动机驱使的，而动机又是需要所引起的。人的各种需要，按其对个体的重要程度可以分为五个基本层次，即生理需要、安全需要、社交需要、尊重需要和自我实现的需要。

马斯洛认为，人类的五种基本需要是相互联系，逐渐发展的。前两种需要是低层次的基本需要，后三种需要是高层次的发展需要。人类的需要是一个由低级向高级发展的阶梯，只有当低层次需要得到基本得到满足以后，才会产生并开始追求新的高一层次的需要。一个人生理上的迫切需要得到满足，就会去寻求保障他的安全，只有当基本的安全需要满足以后，社交需要才会成为主要的推动力，以此类推。马斯洛的需要层次论可用图3-1表示。

马斯洛认为，人们一般是按照上述阶梯形状从低级到高级地追求各种需要的满足，但并不是说不同级别的需要不能在同一时间发挥作用。相反，各种需要相互影响，可以同时作用，不过在一定的时期内，总有某一级别的需要位居优势，成为人的行为的主要推动力。而优势需要的形成亦不是在低层次需要必须达到完全满足以后才出现，而是在低层次需要获得基本满足或部分满足后，就会有另一种需要产生。

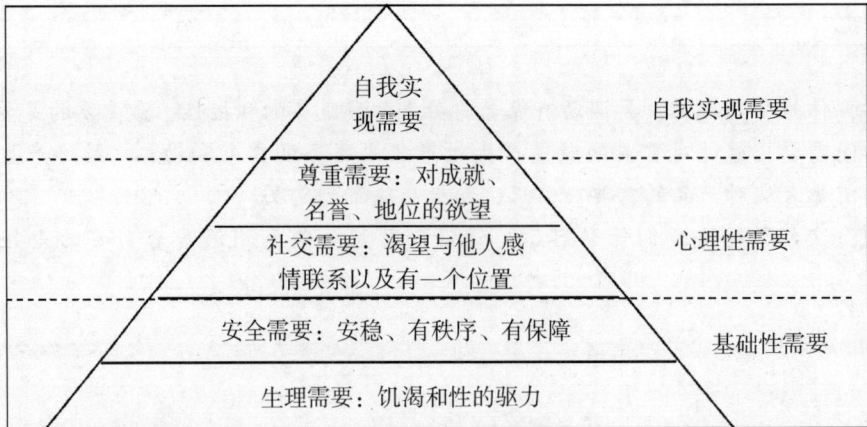

图 3 - 1　马斯洛的需要层次论

马斯洛把人类千差万别的需要归结为上述五个层次，并进行了具体分析，指出了各层次之间的相互关系和有机联系，强调了满足人的基本需要的重要性等，这在一定程度上揭示了人类需要的发展规律。因此，它对于学习和研究营销心理学，具有重要的借鉴价值。但是，马斯洛在分析人的需要时脱离社会条件和其他因素对个体需要的制约，把人的需要看作是自然的秉赋，看作是一种机械的上升运动，忽视了社会经济、文化因素对人们需要的影响和制约，忽视了人的主观能动性，忽视了在一定条件下改变需要层次关系的可能性，忽视了需要的横向发展。因此，马斯洛的需要层次理论与人们需要的实际是不完全相符的。借鉴马斯洛的需要层次理论，必须与我国的国情和具体实际结合起来。

二、消费需要对消费者心理的影响

消费需要在消费者的购买心理活动过程中产生重要的影响，具体表现为：

1. 消费需要能影响消费者的购买情绪

人们一旦产生某种消费需要，就要求获得满足。而消费者的消费需要能否被满足、满足的程度以及满足的方式与手段，直接影响人的情绪变化，如高兴、满意、不高兴、愤怒等。

2. 消费需要有助于消费者意志的发展

消费者为了满足需要，有时要付出巨大的意志努力，克服各种各样的困难。因此，在为满足需要而进行努力的同时，人的意志也得到了锻炼。

3. 消费需要对消费者的认识与活动也有重要影响

在满足消费需要的过程中，消费者对所遇到的各种事物进行分析、研究，探寻各种可行的途径、方法。因此，消费需要是人们认识客观事物并从事实践活动的内在动力，消费者通过消费需要调节自身的行为并制约认识与活动的倾向。

4. 消费需要是消费者兴趣产生的前提和基础

只有当消费者对某个事物产生需要时，才有可能产生兴趣，如果没有需要就不可能对该事物产生兴趣，同时兴趣的产生又有利于需要的强化。

三、消费需要的特征在营销中的运用

1. 利用消费需要的多样性开展丰富多彩的营销活动

由于消费者的需要具有多样性，所以为了满足不同消费者的心理需要，必须开展各种针对其消费需要的营销活动，以满足其消费需要。企业要通过不断地研发新产品，经常性开展促销活动，采取有效的营销组合策略，建立全方位的、宽渠道的销售网络等来满足消费者多样化的需要。

2. 利用消费需要的发展性加快产品更新换代速度

消费者的需要随着社会的发展在不断地发展变化，这要求企业为了适应消费者需要的变化而及时地开发出消费者需要的产品，加快产品更新换代的速度，引导消费潮流，因为当消费者的一种需要得到满足后就会产生新的消费需要。

3. 利用消费需要的层次性合理定位产品

按照消费需要层次论，消费者的需要总是由低层次向高层次方向发展，不同层次的消费者的消费需要不同，所以企业可以通过对自己产品进行合理的定位来满足不同层次的消费者的消费需要。例如，将产品进行高、中、低档的定位并在不同的场所销售，对产品采取不同层次的包装以满足不同消费者的需要，针对不同市场的产品采取差别定价方法等。

4. 利用消费需要的伸缩性刺激消费者的需要

因为消费者的消费需要具有很强的伸缩性，消费者的需要程度容易受销售现场情景的影响，企业应通过各种促销活动激发消费者的消费需要并使其产生购买行为，使得消费者扩大对产品的消费需要，从而达到扩大产品销售的目的。

5. 利用消费需要的替代性和互补性扩大产品销售

企业在开展营销活动的过程中可以开发可替代性的产品来替代原有产品以达到抢占市场的目的，如吉列系列电动剃须刀的产品开发；也可以利用产品的可替代性进入某一成熟行业取得一席之地，如蒙牛的营销策略。因此企业通过开发替代性的、可满足消费者消费需要的产品来刺激消费需求往往可以达到事半功倍的营销效果。

企业还可利用产品的互补性原理，借用销售处于旺市的产品来扩大自己产品的销售，通过挖掘自己产品与旺销产品的内在联系来达到促进自己产品的销量的目的。

第二节　消费者的购买动机分析

●情景案例

他们为什么不买

摩根·琼斯是一位推销计时设备的推销员，几家大工厂都很信赖他推销的产品，并争相向他订货，同时对他提出的意见也很尊重。为了更好地发展与这些企业的良好关系，他准备向这些工厂的职员办公室推销一种特殊的工作计时钟，他按照常规向他们详细地讲述了这种计时钟的各种优点和用途：便于有效地进行统一管理；可以帮助他们合理地安排时间；可以为他们提供分析工作效率的数据资料；可以按工作时间长短为他们准确计算工资提供依据。

但是他的推销工作却遇到了极大的阻力，办公室的员工几乎一致提出："在办公室安装这种钟控制时间是没有必要的。"管理层也很同意，琼斯很不理解。

问题：请你为他解释其中的原因。

一、动机概述

动机是指引起和维持个体活动并使之向一定目标和方向进行的内在心理动力，是引起行为发生、造成行为结果的原因。它是一种人体中内在的、主动的力量，是个体由某种需要所引起的心理冲动。人只要处于清醒状态，其从事的任何活动就都要受一定动机支配。但是同一活动可以由不同动机引起，同一动机可以造成不同的行为，并且引起某一行为的动机是多个动机相互作用、相互制约的结果，这里需要注意：

（1）动机虽然是引起行为的内在原因和动力，但同样的动机却可以产生不同的行为。而同样的行为又可由不同的动机所引起。动机与行为的联系如图3-2所示。

```
动机1                              行为1
动机2 ——— 行为           动机 ——— 行为2
动机3                              行为3
```

图3-2　动机与行为的联系

这种情况在现实消费活动中屡见不鲜。例如，同样是出于解渴的动机，有的人可能选择喝茶，有的人可能购买可口可乐或其他饮料，还有的人可能购买冰棍、鸭梨等。又如，同样是买一辆新车，这种消费行为可能出自多种动机：节省交通时间，显示身份、地位，满足虚荣心等。

（2）引起某一行为的动机往往并不是单一的而是混合的，甚至可能是相互矛盾的。在这种情况下，可能发生动机冲突。现实生活中，每个人都同时具有多种动机。有些动机强烈、持久，是主导动机；有些动机微弱而不稳定，是非主导动机。一般来说，人的行为都是由其主导动机决定的。

心理学认为动机在激励人的活动方面具有下列几方面的作用：

1. 始发作用（激发作用）

动机是人们行为的根本动力，它具有引发个体活动的作用。动机能够引起行为，驱使消费者产生某种行动。消费者的购买行为就是受其购买动机的驱使而进行的。

2. 导向（或选择）作用

动机不仅能引起行为，而且还能使行为指向一定的方向。动机不同，活动不同，它所追求的目标也不同，个体消费者可以同时有多种动机。但这些动机中，有些目标一致，有些相互冲突。如果不能同时满足，它们之间就会发生竞争，竞争的结果是某种最强烈的动机使行为在一定范围内，向着特定的方向，选择性地决定目标，即首先满足人们最强烈、最迫切的需要。当强度高的动机得到满足后，其他与其竞争的动机便由弱变强，成为行为的决定因素。如图 3-3 所示。

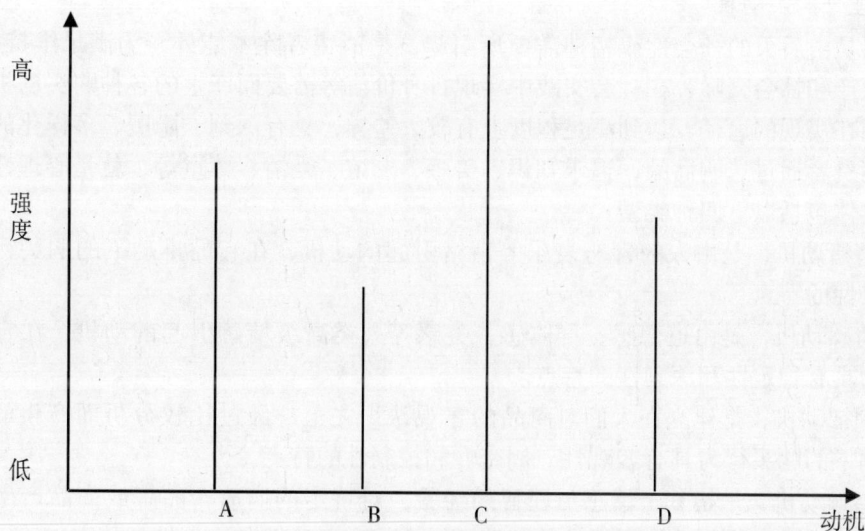

图 3-3　动机的强度

3. 维持作用

动机的实现往往要有一定的时间过程。在这个过程中，动机可以贯穿于某一具体行动的始终，不断激励人们直至动机实现。

4. 强化作用

即由某种动机引发的行动结果对该行为的再生具有加强或减弱的作用。满足动机的结果能够保持和巩固行为的,叫作"正强化";反之,减弱和消退行为的,叫作"负强化"。

在商品经营中,良好的营销信誉和优秀的产品质量,往往会使消费者产生惠顾动机,强化光顾和购买行为。反之,则会导致消费者的不满,从而拒绝光顾和购买。

5. 中止作用

当某种动机得到满意的结果,如消费者在某方面的需要获得满足之后,便会中止有关的具体行动。但在通常情况下,一个动机获得了满足,另一个动机又继之而起,发动新的行为过程。

二、消费者的购买动机分析

消费者的购买动机,与消费者的需要一样,也是复杂多样的,可以从不同的角度,用不同的方式对其进行分类。

用概括的方法将消费者的购买动机分为四大类:

1. 生理性购买动机

这主要是由先天的生理因素所引起,是指消费者作为生物意义上的人,为满足维持、保护、延续、发展自身生命等需要而产生的各种购买动机。在这类动机驱使下的消费者行为个体之间差异较小,具有明显、简单、重复的特点,比较容易实现。市场上常见支付能力低的消费者群,其购买一般都投向基本生活资料,优先满足生理上的需要。

2. 心理性购买动机

这主要是由后天的社会性或精神需要所引起,是消费者除本能外,为满足维持社会生活,进行社会生产和社会交际,在社会实践中实现自身价值等需要而产生的各种购买动机。这类动机个体之间在实现的途径、达到满足程度上有较大差异,具有深刻、隐匿、多样化的特点。市场上常见消费者通过选购商品,追求知识、美感、友谊、爱情、尊重等,就是心理性购买动机的体现。具体包括以下四种类型:

(1) 情绪动机,是由人的喜怒哀乐等情绪引起的动机,在它的推动下的购买行为具有冲动性、即景性的特点。

(2) 情感动机,是由道德感、群体感、美感等人类高级情感引起的动机,在它的推动下的购买行为具有稳定性和深刻性的特点。

(3) 理智动机,是建立在人们对商品的客观认识之上,经过比较分析而产生的动机,这类动机推动下的购买行为具有客观性、周密性和控制性的特点。

(4) 惠顾动机,是指基于情感与理智的经验,对特定的商店、品牌或商品产生特殊的信任和偏好,使消费者重复地、习惯地前往购买,它具有经验性和重复性的特点。

3. 社会性动机

这是由社会因素引起的动机,主要受社会文化、社会风俗、社会阶层和社会群体等因素的影响,它是后天形成的动机。

4. 个体心理动机

个人因素是引起消费者不同的个体性购买动机的根源,是由消费者的个体素质引起的行为动机。例如，性别、年龄、性格、气质、兴趣、爱好、能力、修养、文化等方面。个体心理动机比前三种动机更加具有差异性，其购买行为具有稳固性和普遍性的特点。

消费者的购买动机是个体内在的和心理的过程。据统计，消费者具体的心理动机多达600种以上，分别属于政治的、经济的、艺术的、宗教的、道德的、生物的、生理的、社会学的等各个方面，现在仅列举常见的几种如下：

1. 求实购买动机

这是以注重商品和劳务的实际使用价值为主要特征的购买动机。具有这种动机的消费者在购买商品或劳务时，特别重视商品的实际效用和功能质量，讲求经济实惠、经久耐用，而不大追求商品外观、造型、色彩或者商标的名气和包装等。目前，随着人们消费水平的逐步提高，人们的消费习惯、消费方式有了变化，但求实购买动机仍然普遍存在。产生这种购买动机的原因主要有两方面：一是受经济条件的限制；二是受传统消费观念和消费习惯的影响，崇尚节俭、精打细算、讲求实用、鄙视奢华，从而也促成求实动机的产生。此外，求实购买动机还受人们所购商品的影响。一般来说，购买基本生活资料时，其实用性要求较高；而购买享受资料时，则对其实用性要求较低，求实动机表现得不突出。

2. 求新购买动机

这是以注重商品和劳务的新颖、奇特、时尚为主要特征的购买动机，具有这种动机的消费者在购买商品时，特别重视商品的外观、造型、式样、色彩、包装等，追求新奇、时髦和与众不同；对陈旧、落后的商品不愿购买。具有这种动机的人，大都思想解放，富于幻想，接受新思想快，一般在城市消费者和青年当中较多。他们受广告宣传和社会环境的影响，是时装、新式家具及各种新式商品的主要购买者。

3. 求美购买动机

这是以注重商品的欣赏价值和艺术价值为主要特征的购买动机。具有这种动机的消费者在购买商品时，特别重视商品对人体的美化作用、对环境的装饰作用、对其身份的表现作用，以及对人的精神生活的陶冶作用，追求商品的美感带来的心理享受。因此，他们对商品的造型、色彩与款式、艺术欣赏价值格外重视，"美"是他们最重要的要求，而对商品的实用性、价格不太看重。在青年人、知识分子阶层、文艺界人士中，具有这种动机的人比较多，他们往往是高级化妆品、首饰、工艺美术品和家庭高级陈设用品的主要购买者。

4. 求廉购买动机

这是以注重商品价格低廉，希望付出较少的货币而获得较多物质利益为主要特征的购买动机。这类消费者对价格特别重视，对价格的变化反应格外敏感，喜欢选购处理价、优惠价、特价、折价的商品。具有这种购买动机的人，以经济收入较低的人为多。这与消费者本身的经济条件有关，但也不是绝对的。

5. 求名购买动机

这是一种以追求名牌商品或仰慕某种传统商品的名望为主要特征的购买动机。这种消费者对商品的商标、品牌特别重视，喜欢选购名牌产品。此外，这种动机在旅游、观光者中表现得比较突出。多数旅游观光者都喜欢在游览名胜古迹的同时选购反映当地风格特点的土特产和风味食品。对于外国游客来讲，具有中国民族特点的工艺品对他们有很强的吸引力，往往能激起他们强烈的购买欲望。

6. 储备购买动机

这是以占有一定量的紧俏商品为主要目的的购买动机。当市场上某种商品供不应求出现脱销或者限量购买时，他们便尽可能地多买多储以备将来消费需要。商品价格的变化，也会促使消费者产生这一动机。

7. 自我表现购买动机

这是一种以显示地位、身份和财富为主要目的的购买动机。这类消费者在选购商品或从事其他消费活动时，不太重视消费支出的实际效用，而格外重视由此而表现出的社会象征意义。具有这类动机的人，在享有一定社会地位的政府和社会各界名流中比较多见。例如，曾经有一位日本朋友来我国旅游，在一家旅游商店看到一幅标价2 000元的画，上面画的是两头毛驴，就毫不犹豫地买了下来。原来，邓小平同志访日时，曾赠送给日本首相一幅画有毛驴的画。这幅画挂在首相家中倍受珍重。因此，日本的一些社会名流到中国旅游观光时也希望买到类似的画。这就是一种以提高自己的社会声誉、地位为主要目的的购买行为。

8. 好胜购买动机

这是一种以争强斗胜或为了与他人攀比并胜过他人为目的的购买动机。这类消费者购买商品往往不是由于迫切需要，而是出于不甘落后、胜过他人的心理。因此，由这种动机引起的消费行为具有冲动性、偶然性、即景性的特点，带有浓厚的感情色彩。

9. 好癖性购买动机

这是一种以满足个人特殊爱好为目的的购买动机。有些人特别偏爱某一类型的商品。例如，有些人喜欢养花、养鱼，有些人喜欢摄影、集邮以及收集一些古玩、字画等。因此，他们会经常购买与其嗜好、兴趣有关的商品。好癖性消费行为一般比较稳定与集中，具有指向性与连续性的特点。

10. 惠顾购买动机

这是一种以表示信任而购买商品为主要特征的购买动机。消费者从经验或印象出发，对某种商品、某个厂家、某家商店、某个售货员等产生特殊的好感，信任备至。具有这种动机的消费者，是企业最忠实的支持者，他们不仅经常光顾，而且会在其他消费者中起宣传、影响作用。企业应当在自己的经营中努力培养消费者的惠顾动机，不断争取更多的固定购买者。

11. 随多心理动机

这是以在购买某些商品方面要求与别人保持同一步调为主要特征的心理动机，其核心是"仿效"和"同步"，购买商品时喜欢购进和使用别人已经拥有的商品，但不能说这类消费者是非常理智成熟的。

12. 求速心理动机

这是以追求购买商品的交易活动迅速完成为主要目的的心理动机，其核心是"简便"和"迅速"，购买商品时目的明确，看到购买目标马上就买，往往不经过仔细挑选和比较。

以上列举的仅是现实生活中常见的一些很有限的消费者购买动机。需要指出的是，消费者仅由一种动机而采取行动的情况在现实生活中为数不多，其购买行动常常是多种动机共同作用的结果。因此，不能孤立地研究和看待上述各种动机。要从总体上把握以下三个问题：

第一，消费者购买动机非常具体、复杂、多样，同一个消费者往往同时存在几种购买心理动机，构成购买动机系统。因此，要注意动机的系统性和相关性。

第二，同一个消费者购买商品时，虽然可能有几种心理动机同时存在，但其中必然有一个起主导作用的动机，因此要注意动机系统的主导性。

第三，消费者的具体购买心理动机受多种因素影响，有时真实动机处于内隐状态，或被假象所掩盖。因此，在研究时要注意动机的真实性。

三、购买动机的可诱导性

现实生活中任何消费活动，总是受一定的购买动机支配，但又往往不是某种单一的动机，而是以不同组合方式交互作用的各种各样的动机体系。在这当中，既有主导性的购买动机，又有辅助性的购买动机；既有明显清晰的购买动机，又有隐蔽模糊的购买动机；既有稳定的、经常的购买动机，又有偶然的、冲动的购买动机；既有普遍性的购买动机，又有个别性的购买动机。所谓诱导，就是营业员针对消费者的购买主导动机指向，运用各种手段和方法向消费者提供商品信息资料，对商品进行说明，使消费者的购买动机得到强化，对该商品产生喜欢倾向，进而采取购买行为的过程。

（1）方向一致的动机总和可以强化购买行为。

多个动机方向一致，能使消费者产生更为强大的、推动其购买商品的心理力量。

（2）相抵触的动机总和作用不平衡，占上风的力群决定购买行为。

所谓相抵触的动机，就是方向相反的驱使力和动因同时作用于消费者。两种动机总和系统互相作用不平衡，在消费者心里产生方向相反的两个力群，占上风的力群决定着消费者购买行为的综合动机。

（3）相抵触的动机总和作用平衡，外力的加入决定购买行为。

相抵触的动机总和作用平衡，即倾向购买的力与阻碍购买的力相互作用达到均衡点，如果由外部加入倾向购买的力，就会强化购买动机，对购买行为往往会产生决定性的影响。例如，一位外宾在一家商店里看见一件工艺品，是一匹马上骑着一个戴官帽的猴子，他很感兴趣。营业员主动介绍说，这叫"马上封侯"，是吉祥物，这位外宾听后立即欣然买下。此时，营业员的一个表情、一个手势、一句话或一个暗示，往往会使顾客下决心购买。因此，营业员必须掌握诉求艺术，在关键时刻给顾客加上倾向购买的力。这种外力的作用，可以强化消费者的购买动机，促使消费者采取购买行为。

四、如何运用诱导促进销售

消费者走进时商店都是带有一定动机和欲望的，但进店的消费者并没有全部实现购买。据日本三越百货商店的调查，进店的顾客只有 20% 发生购买行为。其原因在于，消费者的欲望有两种：一种是"意识的欲望"，即有明确购买目标；另一种是"潜在的欲望"，即虽然需要某种商品，但没有明显意识到，因而没有做购买预定。有潜在欲望的消费者，常常由于外界的刺激而由一个看客变为买主。据美国一家百货公司调查，在顾客的购买行为中，有 28% 来自"意识的欲望"，72% 来自"潜在的欲望"。消费者在商店里完成由潜在欲望到意识欲望的转化，是扩大销售、提高效益的关键。实现这一转化，除了受店堂环境、灯光装饰、商品陈列、商品适销度等因素影响外，很重要的还受营业员的仪表、神态、语言、示范影响，即营业员的诱导，能使消费者的心理力量向购买的方向发展。因此，零售企业要想实现更多的销售，就应该努力在诱导顾客购买动机上下工夫。营销人员运用购买动机的可诱导性，必须掌握科学的诱导方式和方法。具体做法如下：

1. 证明性诱导

主要包括实证诱导、证据诱导和论证诱导。

（1）实证诱导。

即当场提供实物证明的方法。这种方法在我国已逐渐被采用。如玩具当场操作表演，电视机当场收看，鞋子让顾客试穿，面料做成使用状态给顾客看等。

（2）证据诱导。

即向消费者提供间接消费效果证据的方法。有些商品不适于采用实证方法，就可以运用证据方法诱导。证据诱导要使用消费者所熟知的、有感召力的实际消费证据，才能使消费者相信所购商品靠得住。如健身饮料如何向消费者证明其健身功效呢？包装上已有文字说明，营业员就可以向顾客讲，"某某饮料是奥运会中国代表团指定饮料，效果不错"。

（3）论证诱导。

即以口语化的理论说明促进信任的方法。这种方法要求营业员有丰富的商品学知识，对所出售商品的理化成分、生产工艺、性能质量、使用方法有清楚的了解，讲话要确实，切忌信口开河。劝说诱导要恰到好处，简明扼要地向消费者介绍商品；要视消费者的需要进行劝说诱导，方能收到诱导效果。

2. 建议性诱导

它是指在一次诱导成功后，相机向消费者提出购买建议，达到扩大销售的目的。提购买建议一般有下列机会：顾客目光转向其他商品的时候；顾客询问某种商品本店是否有售的时候；顾客提出已购商品的使用、维修问题的时候；顾客向营业员话别的时候。

建议性诱导的内容一般有以下五个方面：

（1）建议购买高档商品。

营业员要在对顾客的购买预算作出判断的前提下提这类建议，以免建议不妥伤了顾客的自尊心。

（2）建议购买替代商品。

提这类建议的条件是消费者欲购买的商品无货，但有在质量、性能、价格上相当的商品，但建议时不要强求顾客购买。

（3）建议购买互补商品。

提这类建议时要注意两项商品的主次之分。

（4）建议购买大包装商品。

同类商品大包装比小包装在费用上较为经济。对于某些可连续使用的消耗性商品，这种建议容易成功。

（5）建议购买新产品。

新产品对于消费者来讲，没有使用经验的参照，购买欲望难以形成。营业员要做好宣传，并保证退换、保修。

进行建议性诱导时，营业员要时刻记住顾客有潜力可挖，消除实现一次销售就等于接待完一位顾客的观念。在行动上要表现出提建议的动机是为顾客着想，措词言简意赅，出语恳切自然，即使销售未获成功，至少会在顾客心中留下良好的印象。

3. 转化性诱导

运用以上两类诱导方式方法时消费者可能会提出问题，甚至针锋相对，使买卖陷入僵局，这时就需要通过转化性诱导缓和气氛，重新引起消费者的兴趣，使无望的购买行为变为现实。常用的转化性诱导有以下几种：

（1）先肯定再陈述。

先肯定顾客言之有理的意见，使顾客得到心理上的满足，然后再婉言陈述自己的意见。这样可以取得较好的诱导效果。

（2）询问法。

即找出顾客不同意见的原因，再以询问的方式，转化对方意见。询问时态度要和气，切忌用质问的口气，以免伤了顾客的自尊。

（3）转移法。

即把顾客不同意见的要点，直接联系到出售商品的特点上去，使顾客的注意力集中到销售商品的特点上。

（4）拖延法。

遇到顾客所提意见难以回答时，不能急于用不充分的理由去诉说，可以先给顾客看商品说明书，用短暂的时间考虑有说服力的回答。

●课堂训练

1. 以你最近一次的购买活动为例，分析自己购买该产品的动机有哪些，并指出哪些动机导致你产生该购买行为，哪些动机阻碍你产生该购买行为。

2. 应用马斯洛的需要层次理论分析你自己以及周围的朋友、同学的各个层次的需要的具体表现。

3. 举例说明自己常见的几种具体的购买动机。

●案例分析与讨论

东京迪斯尼乐园的经营魔法

东京迪斯尼乐园位于日本千叶县浦安市。1983 年开业后，商界许多人认为它将失败。但结果却令人大吃一惊，从开业至 1991 年 5 月，其游客累计为 1 亿多人次。现在该园每年吸引 1 600 多万游客，年营业额 1 470 多亿日元，成为日本企业界的奇迹。

该园的成功，在于运用独特的经营技巧，全方位满足游客的旅游心理动机。为了吸引游客，提高"重游率"，它从规划建设到经营，处处体现出心理诱导策略。

（1）地理位置。该园位于距东京约 10 公里、乘电车 20 分钟便可到达的浦安。

（2）占地面积。该园面积大到让游客无法在一日内游完，但也不过分大，为 46.2 公顷。

（3）景观环境。聘请农学博士专家协助建园，使该园一年四季能呈现不同景观，始终维持花草繁茂的状态。

（4）适应当地气候。该园的商店街建有屋顶，而美国加州、佛罗里达州的迪斯尼乐园却没有，主要原因是日本雨水较多。

（5）商品奇俏。该园游客平均消费远比传统乐园高，主要原因是园内销售的商品均经过仔细挑选，许多商品在外面买不到。

（6）设施常新。该园几乎每年都增添新的游乐设施，1987年建"雷电世界"，1989年修"星际之旅"，1992年推出"米奇胜过滑雪"节目。因此，东京迪斯尼乐园重游率高达85%。

问题：

1. 东京迪斯尼乐园经营的宗旨是什么？
2. 所列六项诱导策略适应游客的哪些旅游动机？
3. 试提出两项以上你所在单位诱导顾客（客户）购买动机的经营策略。

他为什么做得不开心

汤姆是一家软件公司的销售经理，能力强，热爱工作，成绩显著。今年他升任上海总公司的销售经理，薪水也增加了。但是，近期他不但没有工作热情，甚至还有辞职的念头。

为什么升职、加薪反而要辞职呢？经了解，原来引起汤姆不满的原因来自他的上司。他的上司对汤姆到上海工作颇不放心，担心他做不好，总是给他安排一些很简单的工作，并且在汤姆工作时经常干预。汤姆工作能力较强，习惯独立思考问题、解决问题，对上司的频繁干预，他非常不习惯，并逐渐产生不满情绪。

问题：假如你作为他的上司，应该怎样满足其需要？

长筒袜购买动机调查

20世纪60年代中期，日本一所大学与某企业合作，在某女子大学调查购买长筒袜动机因素。调查方法是先请十几名学生前来面谈，详细询问她们购买长筒袜的动机，让她们尽量列出可能的因素，随后根据回答设计调查问卷。调查问卷内容归纳为3类40个项目，各项按随机顺序排列。然后，将问卷发给123名学生进行调查。要求被调查者就每项的重视程度作出回答，分为"非常重视"、"重视"、"稍重视"、"毫不重视"和"不知道"五种程度。问卷收回后进行统计，以"非常重视"为最高分项，依次为5分、4分、3分、2分、1分的评分，计算各项目的平均分数，再根据平均分数确定各项目的排列次序，得出调查统计资料（见下表）。

必须性因素	统计后排序	商品属性因素	统计后排序	影响来源因素	统计后排序
1. 易穿	8	1. 不传染脚病	1	1. 店员推荐	5
2. 穿起来舒适	7	2. 耐穿不易破	2	2. 参考家人意见	4
3. 便于活动	10	3. 价格公道	3	3. 参考朋友意见	1
4. 穿后皮肤的感觉好	6	4. 价格便宜	6	4. 参考前辈意见	7

（续上表）

必须性因素	统计后排序	商品属性因素	统计后排序	影响来源因素	统计后排序
5. 感到清洁	3	5. 价格贵但优点多	7	5. 参考广告	3
6. 穿后腿的肤色好看	2	6. 设计图案好	9	6. 以前的记忆	2
7. 穿后腿的形状好看	7	7. 颜色好	5	7. 听到赞誉	6
8. 大小合适	1	8. 包装纸好看	14	8. 常在商店看到	8
9. 有话梅的感觉	9	9. 名牌	4		
10. 对男性有吸引力	11	10. 品牌熟悉	8		
11. 外界议论	16	11. 附有赠品	15		
12. 显示身份	15	12. 附有奖品	16		
13. 和大家一样	14	13. 可折价	13		
14. 流行	13	14. 购买地点方便	10		
15. 与众不同	12	15. 常在该点购买	12		
16. 易洗	5	16. 在大店或一流商店购买	11		

问题：

1. 你能根据上表制作一份七点等距离的序数量表吗？

2. 根据统计资料对消费者购买动机进行分析。

3. 试就你所推销的某项产品设计一份消费者购买动机因素调查表。

●补充阅读资料

购买动机的调查方法

所谓购买动机，就是为了满足一定需要而引起人们购买行为的愿望或意念。消费者的购买动机，是推动消费者进行购买活动的内部动力。因此，人们的购买动机是与人的需要密切相关的。需要是消费者产生购买行为的原动力，离开需要的动机是不存在的。但是，不是所有的需要都能表现为购买动机，而是要具备一定的条件。这些条件主要表现在以下两个方面：

（1）只有当需要的强度达到一定程度后，才能引起动机，进而引起、推动或阻止人的某种活动。人的需要是多方面的，甚至是无止境的，但由于客观条件的限制，人的各种需要不可能同时全部获得满足。对于消费活动来讲，只有那些强烈的、占主导地位的消费需要才能引发购买动机，促成现实的购买活动。

（2）需要产生以后，还必须有能满足需要的对象和条件，才能产生购买动机。例如，一些消费者想购买一些国外名牌产品，但是如果国家不进口，即在国内市场上根本买不到或者数量极少的情况下，这种愿望就缺乏实现的基础和条件。对于消费者来说，也就不可能产生购买进口商品的动机。在现实的消费活动中，消费需要与购买动机及购买行为是紧密联系在一起的，如下图所示。

```
┌──────┐   ┌──────┐   ┌──────┐   ┌──────┐   ┌──────┐
│ 需    │──▶│ 购买  │──▶│ 购买  │──▶│ 获得  │──▶│ 新的  │
│ 要    │   │ 动机  │   │ 行为  │   │ 满足  │   │ 需要  │
└──────┘   └──────┘   └──────┘   └──────┘   └──────┘
   ▲                                                
   └────────────────────────────────────────────────┘
```

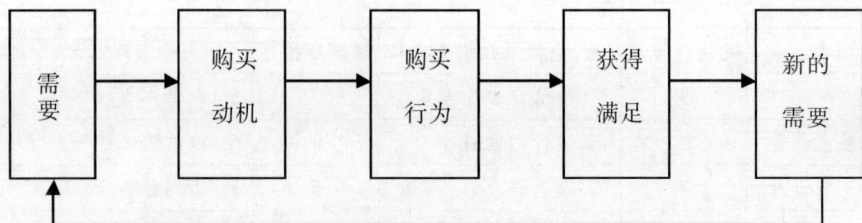

几乎所有的消费者在消费活动中都要经历这样一个需要、动机、行为之间循环往复的过程。因此，研究消费者行为，不能只停留在表面的购买行为上，而应该透过外在行为洞察和揭示其内在动机和根源，因为动机具有内隐性。很多消费行为从表面上看不可思议，但对于消费者来讲也许正好满足其某方面特殊的需要。如果不了解消费者购买行为的动机，那么对于现实生活中的许多消费行为就无法作出正确的解释和说明。

消费者购买行为的产生与维持都靠购买动机，而动机本身是非常复杂和隐蔽的，这就需要研究购买动机的调查方法。消费者购买动机调查，是探讨消费者为什么购买商品的问题，涉及临床心理学、精神分析学、社会心理学等许多理论和技术，比市场调查更为深入。例如，通过市场调查可以知道产品的普及率，但想要知道消费者为什么购买该产品，而不购买其他同类产品，则只能通过动机调查解决。

常用的购买动机调查方法主要有：投射法、推测试验法、语义区别法、集团会见法、行动观察法等。

（一）投射法

也叫投影法，就是给被试对象以意义不明确的刺激，使他脱离自己的主题，在想象和谈论中，使思想和感情投影，从被投影的思想和感情中抓住真实的东西的方法，是根据无意识的动机探询个性深蕴的方法，是越过表面的防御，而探询个性深蕴。这种方法用来研究人们的深层心理活动。

人们常常不愿承认自己的某些愿望，可是却很愿意分析别人的心理活动。在推断他人的动机和态度时，人们会不自觉地表明自己的动机和态度。投射就形象地表明了这种做法。常用的投射方法主要有：

1. 词联想法

也叫语言联想法。这种方法是给被试者许多意义无关的词，让被试者看到这个词后说出最先联想到的词。通过对反应词以及反应时间的分析，了解被试者对刺激词的印象、态度和需要。词联想法包括：

（1）自由联想法。即让被试者自然、任意地说出联想到的词。例如，看到"苹果"一词，被试者首先想到"鸭梨"一词，就让他说出或写出"鸭梨"。

（2）控制联想。即让被试者说出按某种要求联想到的词。例如，看到"冰箱"一词，让被试者说出联想到的商标名称，如"海尔牌"、"科龙牌"。

（3）连续联想。即让被试者说出第一个联想词后，连续说出第二、第三个联想词。例如，看到"电视机"一词后，被试者首先想到"录像机"，接着又想到"东芝"等。

2. 角色扮演法

即不让被试者直接说出自己对某种商品的动机和态度，而通过他对别人对这种商品的动机和态度的描述，间接暴露出自己的真实动机和态度。在美国，运用这种方法的一个典型事例是20世纪50年代有关速溶咖啡的调查。速溶咖啡省时省力，味道也不错，但这一新产品当时销量平平。起初用问卷法调查，结论是消费者不喜欢速溶咖啡的味道，但并没有说出速溶咖啡和新鲜咖啡味道有什么不同。为了找出消费者持否定态度的真实动机，公司变换了调查方法，向被试者展示两张购货单，让其说出购买速溶咖啡和新鲜咖啡的两个家庭主妇的特点。调查结果是，被试者普遍认为购买速溶咖啡者懒惰、不会计划开支，是不称职的家庭主妇。这个结果帮助公司了解了消费者不愿购买速溶咖啡的真实原因。被试者在形容购买速溶咖啡的家庭主妇的特点时，不知不觉地将自己的看法投射了上去。

3. 示意图法

也叫图画解释法，是向被试者出示一张图画，让其写出图中所画人物提出的问题的答案，从中了解被试者的想法。美国学者斯密斯曾用这种方法调查香烟销售情况，示意图上画了一个男子下班回家后，对妻子说："我决定吸烟啦!"就此搜集消费者推测他的妻子对他吸烟的反应。据此，借第三者之口自然说出被试者对吸烟的看法和态度。

4. 造句测验法

也叫文章完成法。这种方法是给被试者一些不完整的句子，让被试者迅速造成完整的句子。例如，给出"假如您头痛，可以买_____"，"男青年买自行车要选_____牌的"等。这种方法对于想要调查的商品和商标，比词联想法能获得更多的信息。

5. TAT（Thematic Apperception Test）法

意为主题统觉测验，也叫绘画解释法。这种方法是让被试者看一些内容模糊、意义模棱两可的图画，让被试者看图编一段故事，并加以解释，依此来掌握消费者的需要动机。由于主题统觉图本身没有特定含义，让消费者把它的"意义"讲出来，往往就会把消费者的性格结构强加在图上，即把"意义"投射到这些图上，就可以根据消费者对图画的解释，判断其内心活动，掌握消费者的潜在需要。不过，实施和解释这个测验，必须有高深的知识和技术。

（二）推测试验法

这种方法是使被试者对具备特定条件的人（如购买彩电的人）的人品、职业、年龄、行动的是非等加以想象和说明，从中了解被试者对特定商品的印象。例如，甲买了一台37英寸彩电，调查甲的朋友乙对彩电的看法，就可让乙对甲的购买行为进行评论。乙可能会说，甲为人沉稳持重，在机关工作收入不高，该品牌彩电质量还可以，但对于年近50岁的甲来说，规格小了点，不如再存点钱买一台51英寸的该品牌彩电，又实用又好看。从乙的这些评论中，可以了解到乙对彩电的印象和需要意向：①该品牌彩电可以接受；②51英寸的彩电摆着气派，看着舒服；③不能因一时手头紧而凑合。

（三）语义区别法

也叫语义分析法。这种方法原是奥斯古德分析语言的语感差异时设计的。用这种方法可以测定被试者对商标、商品和企业的态度。一般用七点等距离的序数量表，这个表上有几组正反意义的形容词，让被试者反复进行概念判断。这种量表既可用于评定商品、商标、广告效果，又可用于对商店、厂家、公司的印象评定，还可用于评定对概念的态度。

制作和使用语义区别量表，其具体步骤如下：

1. 按照评价、潜能、活动三种向量确定相对应的形容词

评价向量是指对事物性质的评价，例如好与坏，美与丑等；潜能向量是指对事物力量的评价，例如大与小，强与弱等；活动向量是指对事物动态的评价，例如快与慢，敏锐与迟钝等。人对事物的态度包含许多方面，最主要的是性质、力量和活动，因此测量态度应包括这三个方面。

2. 绘制七点等距离量表

把表示正向极端的形容词放在左边，负向极端的形容词放在右边，每对形容词之间划七个短横线，例如：

好＿＿＿ ＿＿＿ ＿＿＿ ＿＿＿ ＿＿＿ ＿＿＿ ＿＿＿坏
大＿＿＿ ＿＿＿ ＿＿＿ ＿＿＿ ＿＿＿ ＿＿＿ ＿＿＿小
长＿＿＿ ＿＿＿ ＿＿＿ ＿＿＿ ＿＿＿ ＿＿＿ ＿＿＿短
高＿＿＿ ＿＿＿ ＿＿＿ ＿＿＿ ＿＿＿ ＿＿＿ ＿＿＿低

3. 七个短横线代表态度的倾向和倾向度

例如，在好和差两个极端之间，最左端的横线代表非常好，最右边的横线代表非常差，中间的横线代表不好不差，其他横线依此类推，为了使量表数量化，可以给每条横线规定态度程度分值，如非常好为 +3 分，非常差为 -3 分，不好不差为 0 分。例如：

好　+3　+2　+1　0　-1　-2　-3　坏

4. 实施测量

即让被试者按照他对这一态度对象的印象在七条横线中选择与个人印象相符的横线并做上标记，要求被试者在每组横线上都做，而且只能做一个标记，既不能空也不能重复。

5. 计算整个量表的得分值

按照被试者选定的结果和规定的态度程度分值，计算被试者在整个量表上的得分值，分值高表明消费者对这一态度对象持肯定态度，分值低则表明持否定态度，有时一个语义区别量表同时测量对几种商品的态度印象，可以按照各种商标、商品的选择标记分别连接起来，更为形象直观。

下面是日本东洋人造纤维公司应用语义区别法，得到的消费者对纤维的印象结果。

尼龙的分值为 6，人造纤维的分值为 0，人造丝的分值为 -10。说明消费者对尼龙的印象较好，持肯定态度，对人造纤维印象居中，持既不肯定又不否定的态度，对人造丝印象不佳，持否定态度，从三条曲线可以一目了然地看出消费者对三种产品的态度差别。

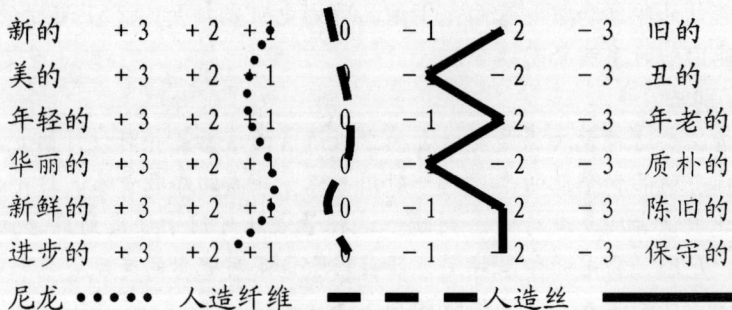

新的	+3	+2	+1	0	-1	-2	-3	旧的
美的	+3	+2	+1	0	-1	-2	-3	丑的
年轻的	+3	+2	+1	0	-1	-2	-3	年老的
华丽的	+3	+2	+1	0	-1	-2	-3	质朴的
新鲜的	+3	+2	+1	0	-1	-2	-3	陈旧的
进步的	+3	+2	+1	0	-1	-2	-3	保守的

尼龙 ●●●●●　人造纤维 ━ ━ ━ ━　人造丝 ━━━━

●课外训练

以小组为单位（每组4～5人），设计一份对你们小组人员都十分熟悉的产品的消费与购买动机调查问卷。

●本章小结

引起消费者购买行为的主要因素是消费者的需要和动机，消费者的需要是多种多样的，不同消费者以及消费者在不同情况下的消费需要是不同的。消费需要按照不同的标准可以分为不同的消费需要类型，消费者的需要是有层次性的，最基本的需要是生理需要，最高层次的需要是自我实现需要。

在一定情况下消费者最需要满足的需要，会引发消费者的购买动机，购买动机是指直接驱使消费者实行某种购买活动的内在动力，消费者的购买动机包括四种基本类型：生理性动机、心理性动机、个体心理动机和社会性动机，在实际生活众消费者的动机是复杂多样的。

消费者的心理动机是可以诱导的，由于购买动机具有较强的隐蔽性，因此在对购买动机进行调查时必须采用特殊的方法。

●复习思考题

1. 什么是消费需要？
2. 消费需要有什么基本特征？
3. 常见的消费者购买动机有哪几种？
4. 如何运用诱导方式强化消费者的购买动机？
5. 简述常用的消费者购买动机调查方法。

第四章 消费者的购买决策与行为分析

●知识目标

1. 掌握消费者购买决策的内容、方式和类型，理解消费者购买决策对购买行为的影响
2. 理解并掌握消费者购买行为的各种理论原理及其观点
3. 理解并掌握消费者各种购买行为的类型
4. 理解并掌握消费者购买行为的程序过程和心理过程以及三个心理过程的相互关系

●能力目标

能够运用购买决策理论进行购买决策，避免在购买活动过程中产生不必要的问题，利用消费者购买行为表现，诱导其产生购买行为，把握顾客购买心理

●教学重点

1. 消费者购买决策的类型和方式
2. 各种消费者购买行为理论
3. 消费者的各种购买行为类型
4. 消费者购买行为的心理过程

一天早上，你看到你的同事手里拿着一款新型的"彩屏手机"，刚好是你喜欢的哪种，你会即时产生许多不同的念头，以下的几种想法，你是哪种呢？为她感到高兴，她的表情使你感到高兴；很想下午就去购买这款手机；因为她在炫耀而产生一种厌恶的感觉；决心不买这款手机，因为你不想与她相同；有点自卑，因为自己还没有能力购买这款手机；对自己的男友不满，因为他没有送给自己这款手机 …… 人类的行为可以简单归纳为刺激与反应的过程，作为最高等生物的人类，具有最复杂的刺激与反应系统。由于人类的行为复杂而且动态，人类行为学很早就成为一门正式的科学。

第一节　消费者的购买决策分析

●情景案例

王先生会选择哪个度假地

王先生打算利用一周的时间外出旅游。现在他已经有了四个可供选择的度假地：A、B、C、D。他说他选择度假地时主要对四种属性感兴趣：购物、历史名胜、饮食与价格。下表为他根据这四种属性评价每个度假地所得出的信息。以A为例，他对该度假地的评价如下：按10分制的话，购物为10，历史名胜为8，饮食为6，价格为4（较贵）。那么，我们如何来预测他的选择呢？

度假地	属性			
	购物	历史名胜	饮食	价格
A	10	8	6	4
B	8	9	8	3
C	6	8	10	5
D	4	3	7	8

注：每个属性的取值是0~10，10代表属性最大值，但对价格来说则10代表最低价格，因为消费者喜欢低价格。

在消费者购买行为的产生过程中，居核心地位的（方案选择、判断和决定）决策，对购买行为的发生及其效果具有决定性作用。要深入研究消费者的行为规律性，就必须了解消费者的决策过程、特点以及受社会、心理状况的影响过程。

一、购买决策对购买行为的影响

从一定意义上讲，购买行为的全过程实质上是消费者不断进行决策的过程。与此同时，作为一种心理准备状态，消费者对待商品或劳务的态度，每时每刻都在影响和决定着其购买与决策过程。决策在消费者购买行为中占据重要地位，原因在于：

首先，决策的进行与否决定着购买行为的发生与否，当消费者认定需要、选择商品、作出购买的具体决定时，购买行为才会实际发生。

其次，决策的内容决定着购买行为的发生方式，经决策确定的购买商品、购买地点及购买数量决定着消费者何时、何地、以何种方式进行购买。

最后，决策的质量决定着购买行为的效用大小，正确的决策可以促成消费者以较少的费用、时间买到质价相符、称心如意的商品，最大限度地满足特定的消费需要。反之，错误的决策不但使消费者的所费超过所得，需要无法得到全部满足，而且可能导致不同程度的经济、时间的浪费乃至心理损失，进而对以后的购买行为产生不利影响。

正由于决策对消费者的购买行为有如此重要的影响，所以，在购买行为中决策居于核心地位，起着支配和决定其他要素的关键性作用。

二、购买决策的内容

购买决策是购买行为思维和行动的结果，对购买决策内容的分析也要从环境对思维的刺激入手，要分析购买的主体——消费者，购买的客体——商品和购买环境等几个方面。其具体内容包括：

1. 购买原因决策

购买原因决策也就是为什么要购买的决策问题，消费者购买商品的原因多种多样，为了充饥、御寒消费者必须决定购买吃的、穿的这些生活必需品；为了社交结友又要决定购买礼品。此外，个人的兴趣爱好、收入的增加、商品价格的下调、新产品上市等原因也都会刺激消费者作出购买的决策。

2. 购买目标决策

购买目标决策也就是为什么买这种商品而不买那种商品的决策问题，消费者购买某种商品的决策，要受该商品自身特性，包括商品的型号、款式、颜色、包装等因素的影响，还要受市场行情、价格及商品的售前、售后服务等因素的影响，符合消费者意愿的商品便会刺激消费者作出购买该商品的决策。

3. 购买方式决策

购买方式决策即决定怎么购买的问题，消费者在购买商品时，要事先决定采用什么方式，是自己去买还是托人代买，是直接去买还是间接邮购、函购，是付现金还是使用信用卡，是全部当时付款还是分期或延期付款等。购买方式的决策也受各种外界因素影响，比如卖方是否允许使用信用卡购买，是否允许延期或分期付款等。

4. 购买地点决策

购买地点决策是解决消费者去哪里购买的问题，这个决策受购买商品的性质、消费者居住地与营销网点设置是否一致、经营单位的名誉、经营状况、售货方式、服务质量以及购买地点的交通状况等众多因素的制约，消费者在购买前一般也都要考虑上述因素，再作决策。

5. 购买时间决策

购买时间决策是指决定什么时候去购买商品，一般同工作性质和生活习惯有关；此外商品本身的季节性、时令性也影响购买时间。一般来说，消费者选择工余或节假日购买商品的较多。

6. 购买频率决策

购买频率决策也就是消费者决定多长时间购买一次，这方面的决策与商品的寿命、使用周期以及家庭状况有直接的联系。按照家庭结构、收入水平、商品使用情况，消费者总要决定大约多长时间购买一次，当然随着各种情况的变化，购买频率也在变。但在正常情况下，生活必需品和日用品的购买频率比较固定。

总之，一般人的购买行为，都是在各种条件下，通过各种信号对大脑的刺激、思维，决定为什么要买、买什么、怎么买、到哪儿去买、什么时候去买以及需要多长时间买一次。当然，心理状况、生活习性、生活水准、生活能力、消费观念不同以及生活在不同环境下的消费者的购买行为，都是不尽相同的。但无论什么样的消费者的购买行为，都要对上述几个方面进行决策，而后才能将思维与行动相结合。

三、消费者购买决策的类型分析

随着生产和科学技术的飞速发展，社会活动越来越复杂、多变，现代化的大生产，带来了社会活动的一系列变革，生产、技术、管理、教育以及社会生活的社会化程度不断提高，依靠个人经验决策已不能适应新的社会生活的需要。也就是说，决策已经从经验上升为科学，科学决策的方式随时代的变化而逐步走向多样化。

与其他决策活动相比，消费者的购买决策具有决策主体单一、决策范围有限、决策影响因素复杂、决策内容即景等特性。此外，购买决策因人而异、因事而异，不能教条化，不能从固定的模式出发，要因地制宜，具体问题具体分析：对于日常的、重复性的购买行为，运用经验和熟知的原则、规定、办法即可作出决策；对于非常规的、初次出现的、因素复杂的购买行为，靠直观的经验则难以作出正确的购买决策，需通过多种方式、多种渠道进行科学的决策，这样才能在令人眼花缭乱的商品市场上作出正确的购买决策。

购买决策是一个较为复杂的问题，涉及面广，为便于理解和运用其理论和方法，我们从不同的角度对购买决策进行分类。

1. 按决策问题的性质，可分为战略性决策和策略性决策

所谓战略性决策是指消费者对未来商品购买的长期规划决策。策略决策是实现战略目标所采取的手段，它比战略决策更具体、更现实，考虑的时间也较短一些。

2. 按照购买决策目标的性质，可分为常规型决策和非常规型决策

所谓常规型决策是指消费者经常或例行的购买决策，这种类型的决策具有重复性、有章可循、有法可依，基本上是有把握解决的例行购买问题；而非常规型决策是指对偶然发生或首次出现的非重复性的商品购买的决策，这种决策对消费者本人而言是无案可稽的，所以又可称为一次性决策。

3. 按照决策的目标要求，可分为最优决策和满意决策

消费者总是力求通过决策方案的选择、实施，取得最大效用，使某一方面的需求获得最大限度的满足，按照这一指导思想进行的决策，即为最优决策。这种决策的实质就是要追求理想条件下的最优目标，而且，消费者也无须花费大量的时间和金钱去追求最佳，只需在进行购买决策时，作出相对合理的选择，达到相对满足即可。在现实条件下，求得相对满意的购买结果

的决策，我们称之为满意决策。在购买决策中，满意决策比最优决策的实用性更强。

4. 按照决策要求获得答案数目的多少，可分为一次决策与多级决策

消费者所作的购买决策，有些是单一的，有些则是相互关联的、多层次的。一次决策所处理的问题是某一时点的状态或某一时期总的结果，所要求的方案只有一个，达到预定目标后，这个决策就结束了，这样的决策我们称之为一次决策。如果消费者作出的购买决策不是一个，而是相互关联的一连串的决策，前一项决策直接影响后一项决策，这种决策就是多级决策。比如，购买地毯和购买吸尘器的决策，即为多级决策。

5. 按决策问题的风险性，可分为确定型决策、风险型决策和不确定型决策

确定型决策是指一个方案只有一种确定的结果，决策时对未来的情况已掌握完整的资料，没有不确定的因素的决策。而风险型决策和不确定型决策则由于存在不可控因素，一个方案可能出现几种不同的结果，风险型决策对各种可能的结果，有概率依据；而不确定型决策则没有任何历史资料，不可估测，只能凭消费者的判断和运气来进行决策。

四、不同大类商品消费者购买决策的差异分析

根据产品对于消费者重要与否，我们可以将消费者分为两种：高度参与型和低度参与型。如果一个产品对于消费者很重要、价格很贵，或者与自身形象有关，购买时有一定风险等，消费者会主动地、比较深入地参与到购买中去，称为"高度参与"。相反，像牙膏、矿泉水、食盐等产品，对消费者的影响不会很大。在购买中，消费者一般会处于比较被动的状态，对整个购买过程的参与程度也不高，因此称其为"低度参与"。

根据消费者在购买产品前是否思考，又可将消费者分为两类：思考型和不思考型。

以上两种情况交错，就形成了四种完全不同的购买方式。如图 4-1 所示。

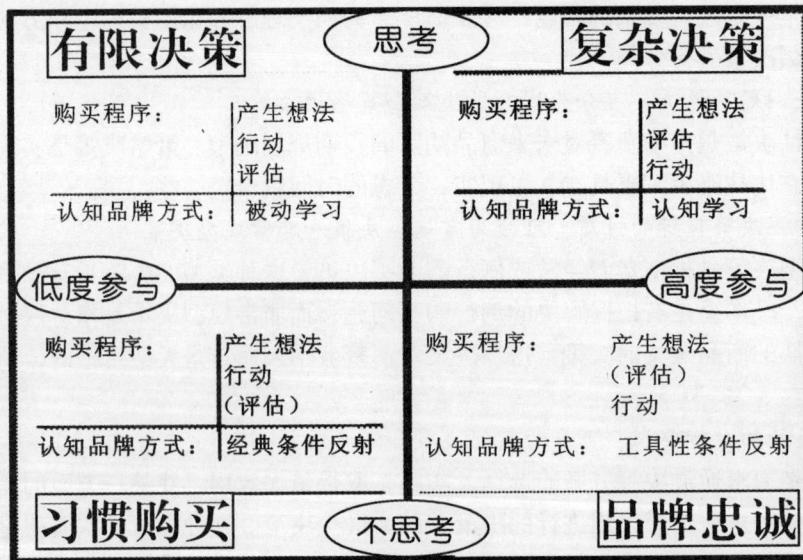

有限决策	思考	复杂决策	
购买程序：	产生想法 行动 评估	购买程序：	产生想法 评估 行动
认知品牌方式：	被动学习	认知品牌方式：	认知学习
低度参与		高度参与	
购买程序：	产生想法 行动 （评估）	购买程序：	产生想法 （评估） 行动
认知品牌方式：	经典条件反射	认知品牌方式：	工具性条件反射
习惯购买	不思考	品牌忠诚	

图 4-1 不同购买方式的差异

从图中可以看到，不同购买方式的"购买决策程序"是不一样的，"认知品牌方式"也是不一样的。

"复杂决策"的消费者是通过"认知学习"了解购买信息的，即他们会主动去了解、搜集各种信息，然后对信息进行比较、评价等处理，最后产生购买行为。

这是一种常规的认知过程，很多营销人员以为所有消费者都是这种认知方式，因为消费者有理性的认知和分辨，营销手段容易奏效，开展营销活动会容易些。也就是说，当产品与消费者关系不大时，消费者在进行"有限决策"购买时是通过"被动学习"方式来了解信息的。消费者是很随机、很被动地去了解信息的，他对广告等信息是不感兴趣的，他也很少会把看到的广告与他要买的产品联系起来。同时，由于产品与自身关系不大，消费者会在买了产品之后，才对品牌进行评价。这是一个与高度参与购买完全不同的特征，对营销决策的意义也是非常大的。

而当消费者买某一品牌的产品多次获得满意后，他就会形成一种条件反射，不经过思考，就能决定购买，买完以后再来评估是否满意或者根本不会对产品进行评价，称为"品牌忠诚"或"习惯性购买"方式，如可乐、牙膏等的购买。

第二节　消费者的购买行为分析

●情景案例

小王的购买行为

小王是一个名牌大学的毕业生，在一个知名公司里工作不到一年就当上了总经理助理。她虽然工资不太高（月薪 2 000 元左右），可经常出入专卖店购买名牌服装，使用高档化妆品，从来不到农贸市场或者地摊上买东西（她认为这样做有失身份）。

问题：你怎样解释小王的购买行为？

一、消费者购买行为理论分析

消费者购买行为是一个行为过程系统，它是指由谁来购买、买什么、怎样购买、什么时候购买、在什么地方购买、根据什么来决定购买或是不购买的过程。从概念可以看出，消费者的购买行为，有以下两个要点：

（1）它由购买者、购买目标、购买方式、购买时间、购买地点、购买决策六个要素组成，购买者是实施购买行为的主体，购买目标是购买行为的指向对象，购买方式是购买行为的实现途径，购买时间是购买行为的时机选择，购买地点是购买行为的空间确定，购买决策是购买行为的意志决定。这六个要素体现消费者在购买行为上的主观统一性和复杂性。

（2）消费者购买行为是一个相互联系、有序进行的过程，六个要素分别构成购买行为子系统。一个完整的购买行为虽然在时空上差别较大，但总是在连续地、顺次地通过每个阶段，即需求—动机—选择—行动—反馈的行为系统过程。

关于消费者购买行为，国外许多心理学家、经济学家、社会学家进行了多方面、多角度的研究，并提出了一些消费者购买行为理论，每一理论分别从不同角度或某个侧面来探索消费者的购买行为规律，现在主要介绍以下几种理论。

（一）习惯养成理论

这种理论认为消费者的购买行为实际上是一种习惯建立的过程，其主要内容有：

1. 重复形成喜好与兴趣

也即是说消费者对商品的喜好与兴趣是在重复使用该商品的过程中建立起来的。如美国有一实验，让学生看他们完全不认识的汉字，有的汉字让他们重复多次地看，有的汉字让他们看的次数少些，结果发现，被试者对重复多次看到的汉字喜好程度高。这说明引起被试者喜好的汉字完全是由于重复造成的，因为这个实验的被试者根本不认识汉字，不存在被试者的认知过程。这个实验可以证明：商品信息的长期重复和商品的长期使用确实可以导致消费者喜好与兴趣的产生。例如，人们每天做菜用的食盐，过去都用粗散盐，使用很习惯；但随着生活条件的改变，市场上粗散盐少见了，精细加工的袋装盐随处可见，开始人们总觉得粗散盐有味，很咸，做菜香，精细加工盐味轻，不如粗盐咸，做菜不香，但随着使用时间的加长，也就习惯使用精细加工盐了。

2. "刺激—反应"的巩固程度决定了购买行为习惯的养成

这种观点认为，消费者对于某种商品的购买行为直接取决于"商品—购买"这一刺激—反应链的巩固程度，即消费者如果经常购买某种商品就会形成一种习惯，建立起一种稳固的条件反射。一旦消费者再次见到这种商品或重新产生对这种商品的需要时，就会自然而然地去购买它，并且这种刺激—反应的强度越大，条件反射建立得越牢固，带有某种"定向"性质的购买行为就越容易出现。

3. 强化物促进习惯性购买行为的形成

这种观点认为从心理学角度看，购买行为是一种习惯建立的过程，也是新购买行为建立的过程，也就是说消费者通过使用强化物（提示物）来建立和形成购买行为习惯，强化物或提示物可以是商品的价格、外观或质量。

通过以上分析可以知道，消费者的购买行为是驱使力、刺激物、提示物、反应和强化五种因素相互作用的结果，其中主要取决于消费者在多次刺激—反应中所形成的习惯程度。这种习惯强度如果很强烈，购买动机的诱发就无须建立在对商品的喜欢上，如图 4-2 所示。

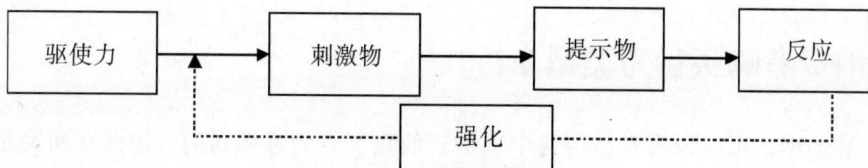

图4-2　习惯养成图

（二）风险理论

这种理论认为，消费者的购买是一种减少风险的行为，也就是说消费者购买是在想方设法地寻求减少风险的途径。

此处所讲的风险是指购买后可能造成或带来的损失，损失的种类主要包括：身体损失、时间损失、经济损失、心理损失、社会荣誉损失、功能损失等。

风险的大小与购买后造成损失的可能性的大小、购买后可能造成损失的大小以及实际造成的损失的大小有关，如果造成损失的可能性及实际造成的损失越大，则所谓的风险就越大。

（三）解决问题理论

这种理论认为消费者的购买是一种解决问题的行为，由于消费者在生理上、心理上的各种需求，使人产生许多问题，解决这些问题的办法就是满足它。如果得不到满足就会产生内在的紧张情绪和不满情绪，就会觉得不舒服，无法得到心理上的平静，其结果是作出购买消费品的决定。

（四）选择决定理论

这种理论认为购买是一种选择决定的行为，是一种在目的、步骤、策略中反复进行选择作出决定的行为。选择的目的是从众多的品牌中决定其一，选择的步骤可能会在同一时间内同时进行，而消费者用不同的策略所实现的最后选择可能都不同，其一般过程为：选择候选的品牌——选择评估标准——选择一种选择策略——最后决定。

（五）理性的经济核算理论

该理论认为，消费者的购买是一种理性的经济核算行为，追求实用价值是消费者购买行为最基本的准则，每个人都期望用最少的货币购买到最大效用的物品。边际效用理论以及无差异曲线理论说明消费者在购买商品时力求以较少的货币取得最大的效用，一旦某种商品价格发生变化，那么消费者将重新进行经济核算，以求达到最大效用。

（六）象征性社会行为理论

这种理论认为，消费者的购买是一种象征性的社会行为，产品是一种社会语言，消费者购买产品就是用它来表达自己的身份、地位、与他人的关系、友情深度以及交往表现等，当然并不是所有的产品对消费者而言都可以用作社会象征，因此产品必须满足以下几方面的特点：产品的能见度高；产品的变化程度大；产品的个别化突出。

为什么产品具有象征性的意义呢？因为：第一，产品在某些情况下可以作为个人身份、地位的代表，这主要由产品的特点所致；第二，产品可以用来交换、馈赠，用以表达人际关系状况；第三，产品可以用来表明自己的特征、个性、情趣、爱好、追求以及素质水平。

二、消费者购买行为类型分析

在购买活动中，可以说没有任何两个消费者的购买行为是相同的，因此在研究消费者购买行为时不可能逐个地进行研究，只能概括性地进行归纳，分析其活动规律、行为特征和产生的原因。

（一）按照对商品的认识程度分

1. 深涉型

这类消费者对有关商品有较深的认识和了解，能够通过感官对商品进行质量辨别，在购买活动中能够提出许多内行问题，能够按照自己的意图购买商品。营业员接待这类顾客时，第一要尊重他们的意见，第二要提供技术性的专业资料而不必过多解释。

2. 浅涉型

这类消费者所占比重较大，对所购买商品的知识只有一般的了解或对商品的某些专业性知识略知一二，在购买活动中只能按照自己所知道的信息进行比较、挑选，希望营业员多介绍商品的有关信息。接待这类消费者一要适当补充顾客欠缺的那部分商品知识，二要以协商的态度向顾客介绍。

3. 无知型

这类消费者对某一具体商品缺乏认识，也缺乏购买和使用经验，在购买活动中要么不假思索地买下商品，要么犹豫不决，常常希望营业员全面介绍商品。接待这类消费者一要不厌其烦地介绍所销售商品，二要了解顾客的购买使用意图，实事求是地给顾客参谋。

（二）按照对商品种类的兴趣倾向分

1. 随意型

这类消费者兴趣易变，对众多品牌商品的选择没有固定的规律，随机购买，对商品既无偏爱也无惠顾。

2. 连续型

这类消费者兴趣持久，连续不断地购买某些商品，在较长时间内坚持不变。

3. 间歇型

这类消费者对某种品牌的商品兴趣亦持久，但遇到特殊情况时购买其他商品，特殊情况过去后，又重新恢复购买原品牌商品。

4. 交替型

这类消费者对某类商品的两三种品牌均有兴趣，因而交替购买和使用这两三种品牌的商品。

（三）按照购买目标选定程度分

1. 全确定型

这类消费者在进入商店前已经有明确的购买目标，对商品名称、商标、型号、规格、样式、颜色以及价格的幅度等都有明确的要求，对于符合要求的商品会毫不犹豫地买下。这类消费者能够有目的地选择商品，语言鲜明，易于为营业员所掌握。

2．半确定型

这类消费者有大致的购买目标，但具体要求不明确，最后决定是经过选择比较而完成的，在与营业员的信息交流中不能提出具体要求，指向商品目标极易转换，决策依据购买现场情景而确定。

3．不确定型

这类消费者没有明确的或坚定的购买目标，进入商店后无目的地浏览观看商品，看到感兴趣的或合适的商品也会购买。

（四）按照购买现场情感反应强度分

1．沉静型

这类消费者由于神经过程平静而灵活性低，反应比较缓慢而沉着，环境变化刺激对其影响不大，在购买活动中沉默寡言，情感不外露，举动不明显，不善于交际，不爱开玩笑或听幽默的语言。

2．活泼型

又称健谈型，这类消费者神经过程平静，灵活性高，热情开朗，擅长交际，能很快地与人接近，并继续交谈，有时甚至忘乎所以，而忘掉选购商品，最后随便选一件购买而不仔细比较分析。

3．温顺型

又称谦顺型，这类消费者神经过程比较弱，对外界刺激的反应不外露，内心体验持久，在购买中遵从营业员的介绍和意见，作出购买决定较快，信任营业员，很少亲自检查所购买的商品。这要求营业员要有良好的服务态度和诚信，否则会失去消费者的信任。

4．逆反型

又称反抗型、反感型，这类消费者具有高度的情绪易感性，善于体察外界环境的变化，购买时往往不能忍受别人的意见或主意，对营业员抱警觉态度，不予信任，甚至露出讥讽性的笑容与神情。

5．冲动型

又称激动型或傲慢型，这类消费者情绪变化迅速而强烈，易于激动，购买态度在短时间内可能出现剧烈变化，在购买过程中，容易被环境所感染，购买决策草率，对营业员的服务及商品品质要求极高，稍有不合意就可能与营业员产生矛盾。这类消费者往往买下不需要或不适用的商品，购买常常发生退货和留下遗憾，营业员因此需要用更多的精力和注意力来接待他们。

（五）按照购买方式以及态度要求分

1．习惯型

这类消费者主要依据过去的购买经验和消费习惯而采取购买行为，较少受消费时尚和社会风气的影响。

2．选择型

这类消费者的突出表现为对商品的挑选性强，包括选价、选质、选型、选色等。此类消费者的购买行为主导动机较明显，选购时间较长，往往要经过反复比较、检查才作出决定。

3．想象型

这类消费者的购买行为容易被感情所支配，对商品的象征性富于想象和联想，购买时以购买对象与想象合拍而定。

4．执行型

这类消费者的购买行为呈消极被动状态，购买过程简单迅速，直来直去，扮演执行者的角色，购买时不对购买对象进行比较判断和选择，只要达到限定目的即可。

5．疑虑型

这类消费者观察仔细，行动谨慎、迟缓，体验深而疑心大，购买时犹豫不决，费时较多，购后还会担心受骗上当。该类购买者可能是性格内向者，也可能是新购者或奉命购买者。

6．理智型

这类消费者富有理智头脑，善于观察、分析、比较，有较强的选择商品的能力，依靠自己的经验知识，收集商品信息，了解市场行情，购买时仔细、慎重，对商品反复比较，权衡利弊，自主地作出购买决定，不受广告宣传的影响。

7．经济型

这类消费者具有经济头脑，对收支统筹安排，计划性强，选择商品的能力较强，对价格变化敏感，选价心理较重，往往以价格的高低作为选购标准。

8．冲动型

这类消费者选择商品的能力不强，个性心理反应激烈、敏捷，情感变化快而不稳，没有明确的购买计划，选择商品考虑不周，往往受商品的外观、广告宣传、推销活动等的影响，不对商品进行分析比较，购买草率，购买后常常后悔。

9．从众型

这类消费者缺乏主见，对所购买商品不去分析、比较，常常受众多人同一购买倾向的影响，只要众多人购买，就认为一定不错，看到某处有人排队，就尾随过去，常常购回自己不需要的商品，这在购买蔬菜、水果、服装、布料等商品中表现最为突出。

三、消费者购买行为过程分析

消费者购买行为过程是购买行为程序过程和购买行为心理过程的统一，程序过程形成消费者的外在购买行为表现，心理过程是消费者内在的行为动力，两者共同体现在购买行为过程中。

（一）消费者购买行为程序过程

程序过程是消费者购买行为中言行举止发展的顺序，它包括寻找信息阶段、比较挑选阶段、决定购买阶段和购后感受阶段。

1．寻找信息阶段

消费者由于消费需求推动而产生动机后，就进入寻找信息的阶段，本阶段主要解决"该买什么样的商品"和"在什么地方购买"的问题，商品信息来源主要有三个方面：

（1）市场环境：包括各种广告媒体、推销员、企业展览等所提供的信息。

（2）相关群体：包括亲朋好友、家庭成员、邻居等口头传播的信息。

（3）自身经验：消费者通过实际消费、经验积累、联想、推理、判断等方式获得的信息。

其中市场环境所提供的信息是根本，其他方面的信息都是由它派生出来的。因此，企业要充分利用各种媒体，通过各种渠道，运用可以运用的一切手段，做好商品和企业的宣传，把消费者吸引过来。

2. 比较挑选阶段

该阶段主要解决的问题是"从众多品牌的商品中决定其一"，具体又可以分为三个步骤：

（1）全面了解商品：如商品的用途、花色、款式、价格、质量、商标、包装等方面。

（2）与同类商品比较：如商品的基本属性的比较，也可以从社会、心理、经济学的角度比较（即从社会属性比较）。

（3）从中选出购买对象：即决定购买某种品牌的商品。

该阶段对消费者来讲是有决定意义的，因此，企业应在商品陈列、售货方式等方面创造各种条件，使消费者顺利实现上述三个步骤。

3. 决定购买阶段

该阶段要解决的问题是"是否购买"和"怎样购买"，决定是否购买的约束条件有：商品本身的特点；消费者的经济条件；消费者对购买对象的需求程度。

此阶段如果有良好的接待和高质量的服务，可以使交易过程变得和谐愉快，还能提高企业的信誉和知名度。

4. 购后感受阶段

此阶段就是消费者实际对商品的消费使用，对自己的选择决定是否明智进行检验和反省，就形成购后感受，购后感受主要包括以下几个方面：购买该商品的经济合理性；所购买商品的消费适用性；所购买商品的设计欠缺性；购买中营业服务的周到性。

因此该阶段对消费者是否会重复购买产生重大影响。企业生产经营适销对路的商品，提供良好的服务，对于增加销售有利。消费者购买行为程序过程如图4-3所示。

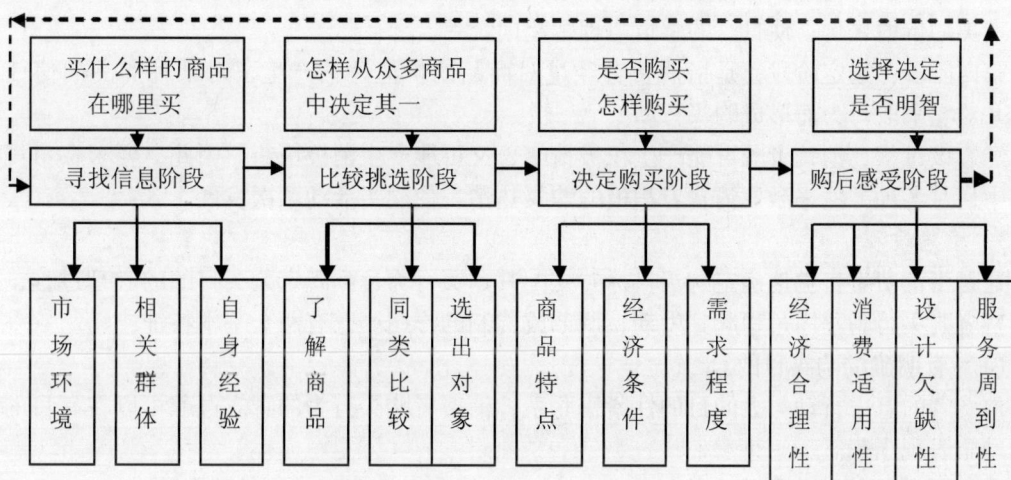

图4-3 消费者购买行为程序过程

（二）消费者购买行为心理过程

消费者的购买行为心理过程是指消费者购买行为中心理活动的全过程，是消费者不同心理现象对客观现实的动态反映。消费者从进入商店之前到把商品买去的整个过程，由于周围存在着影响心理活动的客观事物，其心理变化是复杂的，一般可以分为六个阶段：认识阶段、知识阶段、评定阶段、信任阶段、行动阶段、体验阶段。这六个阶段又可以概括为三种不同的心理过程：认识过程、情绪过程和意志过程。

1. 认识过程

认识过程是消费者购买活动的先导，也是三个心理过程中最基本的。消费者对商品的认识过程，是从感性到理性、从感觉到思维的过程，是由浅入深、由表及里发展的。由此，可以把消费者的认识过程分为两个阶段。第一阶段：感性认识阶段或感知过程。该阶段消费者通过感觉、知觉得到商品的直观形象，并通过记忆实现经验积累，其实质是商品信息的接受和储存。第二阶段：理性认识阶段或思维过程。该阶段消费者通过思维、联想、判断获得对商品更为全面的认识，实质是对商品信息进行加工和再储存。

因此，市场营销者应根据消费者的认识规律，通过有效的营销手段对消费者的感觉器官进行刺激，发挥其认识的功能，为商品购买打下基础。

2. 情绪过程

消费者对商品的情绪过程是由于对商品的特点产生不同的情绪而产生不同的购买行为。尽管消费者认识了商品，但并不一定产生购买行为，还需要看商品是否符合自己的需要，若符合需要，消费者就会产生喜欢、激情、评估、选定四个阶段。

第一阶段：喜欢阶段，是指消费者在认识的基础上形成的对商品的初步印象，是最初表示的满意和不满意、喜欢和不喜欢的态度。

第二阶段：激情阶段，是指消费者对商品由于喜欢而引起一时的强烈的购买热情，但还不一定要把商品弄到手，因为货架上还陈列着许多同类商品可供选择。

第三阶段：评估阶段，是指消费者在购买欲望推动下，对商品进行经济的、社会的、道德的和审美的价值评价，使自己的感情与理智趋向统一。

第四阶段：选定阶段，是指消费者经过对商品的价值评估产生了对某种商品的信任和偏好，并对它采取行为而形成购买行动。

经过该过程，消费者既可能产生积极情绪，又可能产生消极情绪。因此，要求在市场营销活动中通过各种方法来激发消费者积极的购买热情，使购买活动顺次发展。

3. 意志过程

这是指消费者自觉地确定购买目标并支配其购买行为达到既定购买目的的心理过程，意志对消费者购买行为程序过程起到发动、调节或抑制的作用。它有两个基本特征：

（1）有明确的购买目的。

消费者的意志行动与人的目的性紧密联系，消费者购买行为的意志过程可以在有目的的购买行动中表现出来。

（2）排除干扰与克服困难的过程。

意志对人的心理状态和外部动作的调节作用，一方面表现在它可以推动人为达到预定目的所必需的情绪和行动，另一方面表现在它可以制止与预定目的相矛盾的情绪和行动，这两方面作用的统一使人们克服各种阻碍预定目的实现的困难。

因此，消费者购买行为意志过程就是指在确定购买目的后，从拟订购买计划到实行购买计划，往往需要付出一定的意志努力，甚至经过一个准备阶段，才从决定购买过渡到实行购买，即可以分为两个阶段：

第一阶段：作出购买决定阶段，即准备购买阶段，这个阶段的主要表现是权衡购买动机，确定购买目的，选择购买方式方法和制订购买计划。

第二阶段：实行购买决定阶段，即采取实际行动阶段，是意识作用的外化和主观见之于客观的阶段，消费者在这个阶段的重要表现是根据既定的购买目的采取行动，把主体意识转化为实现购买目的的实际行动。

消费者意志的心理过程，是保证消费者实践活动的心理功能，虽然这一过程主要依赖于消费者自我克服困难，排除外部障碍，但市场营销者根据消费者的购买力投向，保证供给，适时适量地满足需求也是有作用的。

（三）消费者购买行为心理过程的相互关系

消费者购买行为中的认识过程、情绪过程和意志过程，处在一种相互交替、密切联系、相互作用之中，并且三个心理过程之间的相互转移、发展、渗透、变化是十分迅速的。同一心理通常既是认识的又是情绪的，也是意志的，因此，三个过程是统一在一起的。消费者购买行为心理全过程如图4-4所示。

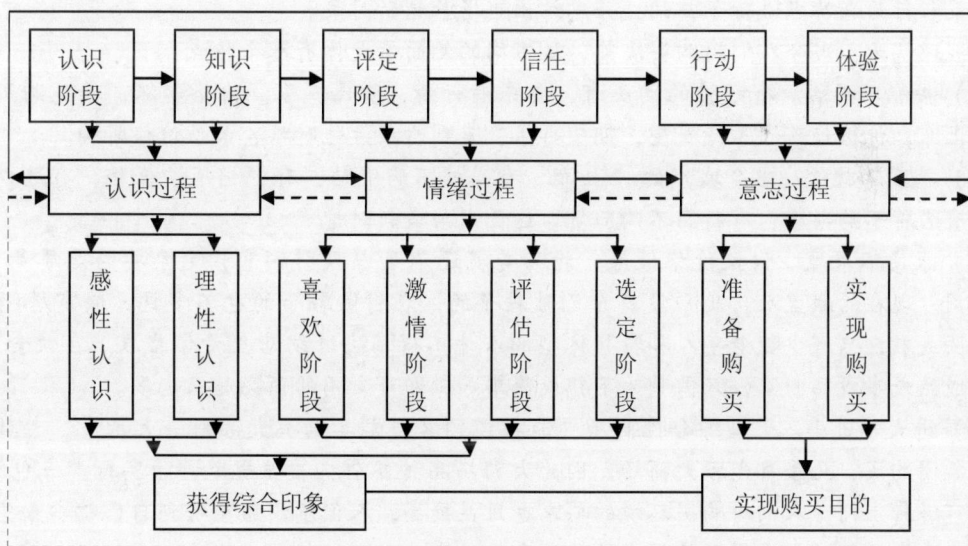

图4-4 消费者购买行为心理全过程

（1）认识过程是情绪、意志过程的基础；反过来，情绪、意志过程又促进认识过程的发展变化，因为消费者如果没有对商品的认识，就不会产生对商品的情绪体验和作出购买决定；反之，情绪过程和意志过程的发展必然推进认识过程的深化，使消费者对商品有更为全面的认识。

（2）意志过程有赖于情绪过程，又是情绪过程发展方向、情绪强度的调节者。因为意志可以控制情绪，反过来情绪可以成为推动、支持意志的动力，也可以动摇、妨碍、改变意志。

（3）现实中，消费者购买行为三个心理过程不容易完整地观察到，有时容易将三个过程分裂开来，有时又不容易看清三者的联系和转变。

（4）消费者购买行为心理过程的运行规律是消费者购买某一商品的心理活动过程，相应的程序结束后，又以新的需要为起点开始新一轮的认识过程、情绪过程和意志过程，循环往复，以至无穷。

●课堂训练

1. 模拟一次比较重要的购买活动，分析整个购买决策过程。

2. 结合自己的一次购买行为分析自己本次购买属于哪种购买行为，符合哪种购买行为理论。

●案例分析与讨论

90 年代消费者购物决策面面观

进入 20 世纪 90 年代，我国居民的消费出现层次性、个性化趋势，让一些商界老手难以捉摸，他们惊呼："上帝"越来越难以满足了。某市百货公司贾经理却独有一番见解，对消费者购买决策与行为新特点进行了归纳，并总结出市场营销新对策。

贾经理认为，当今人们的购买决策，从不同的侧面看大体有八个特点：

（1）买涨不买落。有经验的购买者，要先看行情，货比三家。价格趋涨，争先购买，唯恐继续上涨；价格趋落，等待观望，期望再落，直到看准最佳时机、最佳价格再购。

（2）就高不就低。当今城市的"上帝"有高档不购中档，有中档不购低档，有进口不购国产，有名牌不购杂牌，有新品不购旧货。这已成为最新时髦。

（3）求便不求廉。仅仅价格低廉、物品美观还不足以吸引顾客，更主要的是质量可靠、方便实用。现在的城里人，几乎没有自己做鞋子的，农村做鞋子的也不多见。城市居民80%以上购买成衣，只有少数老年人和特异体型的人才不得不去缝纫店里量体裁衣。在饮食方面，习惯买成品或半成品回家，只需稍为下锅或简单加工即可食用的商品越来越多。

（4）进大不进小。大型综合性商场更能招揽顾客，尤其购买大品种、大批量、大数量的商品和集团购买，几乎都光顾大商场，因为大商场品种齐全、管理规范，除实行"三包"外，有时还可送货上门。人们对购买环境的要求也日益提高，人们不仅希望买到自己称心如意的货物，还企盼在购物过程中得到精神上的陶冶和美的享受。

（5）购少不购多。在商品货源极大丰盈的今天，"只要有钱，什么买不到？"已成为现今群众的口头禅，因而宁可少购而不多买。在副食品市场，购肉一次一斤、半斤，购鱼一次一条、两条屡见不鲜。

（6）购近不购远。新商品、新品种、新款式层出不穷，日新月异。与其早早买个"过时货"，不如将来再买"时髦货"。所以，不少年轻人临到婚期时才去买彩电、冰箱；有的人到了下雪天才去买保暖鞋、电热毯；有的人到了汗流浃背时才去买电风扇、空调；有的人甚至客人到了家，才临时去餐馆订菜，去商店买酒等。

（7）存款不存物。花钱买一些一时用不着的东西"死"搁在那里，不如把钱存在银行、购买国库券或炒股等更实惠、更灵活、更洒脱。

（8）投机不投需。近年来，"有奖销售"撩拨了不少人的投机欲望。为了投中"头奖大彩电，二奖大冰箱，末奖也有一件羊毛衫"的千万分之一的机会，许多人都情不自禁地去购买那些暂时不需要或可买可不买的商品。

针对人们购物决策的变化，贾经理认为，市场营销者应及时采取新的对策，顺应人们购买的新需求。

第一，要除旧布新。不断推出名、特、新、优商品，果断淘汰积压、过时的老商品。

第二，要勤进快转。坚持少批量、多批次；少数量、多品种；少经销、多代销。以快销售、快周转取胜。

第三，要薄利多销。以薄利促销售，以扩销占市场，有了市场必然会赢得效益。

第四，要感情投资。强化售前、售中、售后服务，以情招客，以情引购。

第五，要改善环境，精美和华丽的包装很能刺激消费者的购买欲。要舍得下本钱彻底改善购物环境，使商场成为"上帝"的"宫殿"。

第六，要扩大宣传。经常利用电视广告、店前广告、用户座谈等多种形式宣传名、特、优、新商品和企业形象，不断扩大营销的影响。

问题：

1. 你同意贾经理对消费者购物决策新变化的分析吗？还有没有其他变化？

2. 你同意贾经理提出的市场营销对策吗？为什么？

3. 针对你所在企业营业地点、营业规模、购物环境、商品档次和消费者购物规律，提出本企业市场营销新对策。

2002 年中国消费者购买行为趋势调查

2002 年 12 月 20 日，全球领先的市场研究公司 AC 尼尔森在上海发布的"2002 年购物者趋势调查"结果显示：与上年的趋势一致，越来越多的中国购物者在购买日用品时由以前的传统业态转而选择现代业态，但当今面临众多选择的中国消费者显然并不仅仅钟情于某一家门店。AC 尼尔森近日公布的是其在中国范围的调查结果，具体每个城市的调查报告随后发布。在中国包括哈尔滨、北京、成都、武汉、上海、广州和深圳 7 个主要城市，年龄在 15～65 岁之间的近 7 000 名消费者参加了该项调查。

（一）购物的主体：他们是谁

AC 尼尔森的调查显示中国上述 7 个城市主要的家庭购物者的面貌与其他国家情况类似，多数是已婚妇女（80%），年龄在 25～49 岁之间（68%）。他们当中 68% 来自于 3～4 个成员的家庭，67% 的消费者的家庭月收入不到 3 000 元。

（二）超市和大卖场日益成为购物首选

随着零售终端尤其是超市、大卖场和便利店的飞速发展，消费者越来越多地选择到现代业态去购买日用品。根据 AC 尼尔森的调查，80% 的中国消费者每周光顾超市或者大卖场，而同等比例的消费者在这些场所的日用品支出超过了其他场所。但同时仍有 78% 的购物者经常去菜市场购物。经常光顾百货商店的消费者仅占13%，只有1%的消费者在百货商店的消费支出高于其他场所。

（三）地点便利，一站式购物

参加此次购物者趋势调查的消费者在陈述选择门店的要素时提到5项主要指标，并且各项指标的重视程度大体相当（分别有16%～20%的提及率）。这5项指标分别是"便利的地点"，"一站式购物"，"新鲜、可以即时食用"，"现代化的、高效率的购物过程"，"提供额外的服务"以及"24小时营业"。

（四）中国的消费者到底有多忠诚

调查的结果显示，中国购物者更喜欢去不同的门店购物，而没有对某一家门店表示出特别的忠诚。

（五）高度竞争的市场，忠诚度不高的消费者

正如此次购物者趋势调查所指出：现代业态的发展为中国购物者带来了便利、实惠、良好的购物环境和充足的购物时间。这样一来消费者对零售商的期望值也就水涨船高。

问题：

1. 结合中国消费者的消费心理特点分析为什么会产生上述调查分析结论。

2. 为什么中国消费者不会每次都把钱花在同一家商店里面？这反映中国消费者什么消费心理？本章哪种消费行为理论可以解释这种购买行为？

●补充阅读资料

低度参与消费者的特性和相应策略

牙膏、洗衣粉等产品对大多消费者来说，属于低度参与商品。低度参与消费者有些什么样的特点？我们应采取什么样的营销对策呢？

首先，我们来看看低度参与消费者在品牌认知阶段的一些特征：低度参与消费者是信息的被动接受者；是广告的消极观众；注重广告的形式而不是内容；相关群体对消费者的影响不大；反复性广告极为有效；注重信息差别而不是产品差别。

消费者在认知阶段的以上特征与高度参与购买有明显不同的差异，如果要整体描述的话，可以用"瞌睡"或"睡眠"来概括。

消费者的这些特征对广告传播的指导性非常大。低度参与产品的广告传播行为一个很重要的任务就是要"唤醒"他们。

对于低度参与性产品，经常有这种情况：消费者看完广告之后，记住了某个有意思的情节，或者记住了广告中的某个美女，但却不记得是什么品牌或产品的什么功能。这就是"被动认知"所致的，消费者往往不注意与产品相关的核心信息，而对外围信息更感兴趣。

因此，对于昏睡中的消费者，要唤醒他们，可能"艺术家"比"科学家"更有用。

对于低度参与产品，通过塑造一个如"万宝路"样的牛仔形象，或者一个与产品功能有关的记忆点，让沉睡的消费者形成一种条件反射，是非常有效的一种方法。

再看看低度参与消费者在购买阶段的相应特征：挑选熟悉的品牌；上次购买满意，就选择这一品牌；价格是一个重要的选择标准，敏感度高；不愿意为搜寻产品而花费力气；不评估品

牌，通常在商场迅速作出决策；非计划性购买，仅仅因为被提醒而购买。

消费者由于的"懒惰"，其对产品的信息搜集是不多的，靠什么来决定购买呢？

最简单的办法就是，挑选熟悉的品牌，挑选曾经使用过的品牌，挑选最便宜的品牌。

也就是说，与高度参与产品完全不同，消费者可能仅仅因为知道这个产品，或者在商场被提示而产生购买行为。因此，如何与消费者保持熟悉状态是低度参与产品营销不可忽略的课题。经常性的广告、终端展示陈列等都必不可少。很多快速消费品企业对广告和终端管理都非常重视，因为这直接关系到消费者的购买决策。

价格对于低度参与产品来说，重要性更大。日化洗涤行业中，很多企业仅凭价格手段就能取得很大的成功，可见价格在低度参与产品营销中的作用。如何用好价格武器，对低度参与产品营销至关重要。

低度参与产品与高度参与产品不同，消费者很难产生非常强烈的品牌偏好。因此，对于这些"不积极"的消费者，你只有一次销售机会，终端不能抓住他们，你就永远错过了销售机会，也就是说，他不可能下次补买。因此，分销和终端管理是低度参与产品最重要的营销策略。

低度参与消费者在购买后有怎样的特征呢？低度参与的消费者在购买后才对所买品牌进行评估，形成"惯性购买"后甚至不评估品牌。这与高度参与消费者购买前反复选择、比较是不同的。

我们经常可以看到，消费者不假思索就买了某个产品，使用后，如果某一点让他满意的话，下一次还会购买，可能还会形成惯性消费。

消费者在购买前不改变品牌态度，相对来说，广告、促销、终端展示等营销手段的有效性就要强得多，只要行动，就会有反应。

消费者最初对产品的功能满意后，对产品的消费就会进入一个相对稳定期。但新产品的导入，或对先存品牌改变时，就有可能使消费者从常规转向有限决策，对品牌重新进行评估。因此，一个成熟的产品如果要大变时，一定要从消费者评估角度考虑，慎重处理。

另外，低度参与消费者还有一个特点就是：寻求可接受的满意而不是最佳满意。以牙膏为例，消费者可能因为喜欢某品牌的口感而购买，他知道其他方面这个品牌不一定是最好的，但只要也还能接受，他就会因为某一点满意而反复购买。也就是说，消费者没有精力去搜寻一个低度参与产品的最佳满意。

在营销中，我们不要试图去强调产品所有的好处，或者使其功能最大化。只要寻找一个差异化的卖点，反复强调就能令消费者满意。

高度参与产品以利益最大化定位，低度参与产品以问题最小化定位。

多样性寻求，但不改变品牌态度，也是低度参与消费者的一个明显特点。多样性寻求对新上市产品，就意味着机会，但对成熟品牌，又需想办法去控制其不作多样性选择。对于厂家来说，如何辩证地利用消费者的特征，不同阶段用不同的方法加以控制，是企业营销成熟的一个标志。

●课外训练

1. 请结合当前的实际，分析国家对某一类型产品的消费政策对消费者的购买决策与行为会产生哪些影响，它是如何影响消费者购买行为与决策的？

2. 到商场开展一次消费者忠诚度的调查，分析消费者为什么会产生这种消费行为。如何培养消费者的品牌忠诚？请你提出有效建议。

●本章小结

本章分析了消费者的购买行为与购买决策，主要介绍了消费者购买行为的特点与作用，消费者购买决策的类型和消费者购买行为过程的程序过程和心理过程，并分析了消费者购买行为决策程序过程和心理过程的相互关系，探讨了不同商品大类的消费过程中消费者不同的购买行为决策过程的差异和解决办法，分析并探讨了消费者常见购买行为理论和购买行为类型。

●复习思考题

1. 怎样理解消费者购买行为的概念？
2. 消费者购买行为的理论对你有何启发？
3. 购买行为有哪些类型？
4. 消费者购买行为心理过程包括几方面的内容？
5. 消费者购买行为程序过程分为几个阶段？
6. 不同大类商品消费者的购买行为决策有哪四种？面对消费者的不同购买行为决策，应该采取哪些对策？
7. 分析消费者商店选择和品牌选择的特点以及影响因素。

第五章 消费者的年龄、性别消费心理分析

● 知识目标

1. 掌握儿童、少年、青年人、中年人、老年人的消费心理特征和市场营销的心理方法

2. 掌握男性与女性消费心理和购买行为及习惯的差异

● 能力目标

能够利用不同年龄阶段的消费者的消费心理与消费行为开展有针对性的营销活动，提高营销活动效率，增加业绩

● 教学重点

1. 详细讲授不同消费者群体的消费心理特征

2. 仔细分析探讨针对不同消费者市场的市场营销的心理策略

3. 通过案例讨论与分析深入理解各种心理策略的有效性

在美国的人口统计中，65 岁以上的消费者为老年消费者，他们组成了非常有吸引力的市场。到 2000 年，老年消费者已达 4 000 万人。老年人财力更充裕，每年可花费 2 000 亿美元，平均是 35 岁以下人的可处置收入的 2 倍。并非所有的老年人都是贫穷和体弱的，他们大多数人身体健康、爱活动，他们与青年人有相同的需要和欲望。由于老年人有更多的时间和金钱，他们是国外旅游、餐馆、高技术家用娱乐产品、休闲商品、生活与健康护理范围的理想顾客。他们还是化妆品、健康食品、家用健身器材的主顾。例如，西尔斯公司组织 4 万人参加"老年俱乐部"，为老人们提供从眼镜到割草机样样都有的折扣商品。在马里兰州的切飞·蔡斯大旅社，为老年人提供带上孙儿孙女乘大游艇通过荷兰到肯尼亚和其他国家度假的服务。老年人市场作为细分市场，在数量和购买力上表现出成长性，那种认为老年人衰老、贫穷的观念已逐渐改变，越来越多的有远见的营销者正将目光投向这一重要的市场。

第一节　儿童与少年消费心理分析

●情景案例

小学生的消费心理

今天是刘明的生日。爸爸、妈妈、爷爷、奶奶都在家，忙着为他准备丰盛的生日菜肴。正当大人们忙得不亦乐乎的时候，刘明放学回到家，书包往沙发上一扔，大声地说："现在谁还在家里过生日啊，老土！起码也要去像样点的饭店！"爷爷奶奶扭不过他，只好说服爸爸妈妈带他去附近的一个饭店里过生日。被邀请的同学们都带来了贵重的礼物送给刘明，以示祝贺。一帮人开开心心地吃着、喝着，而刘明的爸爸妈妈却结账回家了。

问题： 刘明为什么会有这样的消费行为？

一、研究儿童与少年用品市场的重要性

儿童与少年用品市场的销售对象有其特定的年龄特征。儿童从出生到成人，其生理与心理发展主要有乳婴期（1~3岁）、幼儿期（3~6岁）、童年期（6~11岁）、少年期（11~15岁）和青年初期（15~18岁）等几个阶段。儿童与少年用品市场的心理研究，主要是分析学龄前期到学龄中期的消费者的需求与购买心理。

从世界各国人口年龄结构情况看，儿童与少年人口所占的比重相当大，年轻人口型国家儿童与少年人口占全国人口比重为40%左右，老年人口型国家所占比重较少，在30%左右。我国属于年轻人口型国家，从新中国成立以来人口年龄结构变动来看，儿童与少年人口所占比重一直都在38%~40%之间。由此可见，儿童与少年用品市场是一个广阔的市场，研究这一细分市场消费者的需求特点与购买心理，对做好整体市场的营销工作有着重要意义。

二、儿童的心理发展与消费心理特征

儿童心理的发展变化，不是单纯数量上的变化，而是一个由量变引起质变的过程。这个过程呈现出一定的阶段性，如幼儿期向童年期转变、童年期向少年期转变。儿童心理的发展就是按照一定的顺序，表现为各阶段之间的连续性，并逐渐形成一个相对独立的主观世界，具有一定的认识能力、意识倾向、知识经验、兴趣爱好、性格意志等心理品质。在思维活动方面，虽然主要还是直接与感性经验相联系，但也开始向逻辑思维发展，能在感知的水平上解决简单的

问题。认识儿童心理发展的基本概况，对研究儿童用品营销活动，满足儿童对消费品的心理需求有重要作用。

儿童的消费心理是随着其对消费品认识的发展而不断发展变化的。儿童的消费心理特征主要有以下几点：

1. 从纯生理性需要逐渐发展为带有社会内容的需要

儿童在幼儿期对消费品的需要主要是生理性需要，以满足生理需要为其需求欲望。随着年龄的增长，需求的欲望逐渐发展为带有社会性的需要。学龄前的儿童，即大约在五岁以前，他们所使用的消费品，一般是不大愿意与同群儿童作比较的，就是争夺一个玩具，其目的也不是为了争胜。在大约六七岁进入小学时，情况开始发生变化了，他们开始在同群的儿童中比较各自的东西，这种比较，最初是直接的、具体的。稍后，儿童能为自己树立目标，也能赞赏别人使用的某些东西的品质，能说明自己为什么喜欢或不喜欢。

2. 从模仿性消费逐步发展为带有个性特点的消费

在幼儿期初期，儿童的模仿性消费心理很明显，他们模仿长辈，也模仿同群儿童。随着年龄的增长，儿童的消费需求逐步带有个性的特点，他们的购买行为已带有一定的动机、目标和意向。

3. 消费情绪从不稳定到稍微稳定的变化

儿童，特别是学龄前的儿童，对消费品的喜爱情绪波动很大，其特点主要表现在如下方面：

（1）容易变动。即对外界事物的情绪，容易向对立方向转换，时而喜欢，时而不喜欢。

（2）容易感染。即容易为别人的情绪所感染。别人笑，他也笑；别人哭，他也哭；别人喜欢的东西，他也喜欢；别人不喜欢的东西，他也不喜欢。

（3）容易冲动。即易受一时冲动影响，情绪也表露于外。他们穿、用的物品，如受到旁人的赞扬，则表现出特别的高兴，对其倍加爱护；反之，就会把自己的不满情绪发泄在用品上。儿童时期的消费心理，虽然多数属于感情性的，但对儿童的影响很深远，甚至影响其一生的购买行为。

三、少年的心理发展与消费心理特征

少年期主要是指相当于初中阶段的学龄中期。这个时期是儿童心理向青年期心理过渡的时期，其本身的生理、心理发展变化大、变化快，具有半儿童半成人的特点。儿童的思维主要是具体形象思维，但在少年期，抽象逻辑思维已占有相对的优势。同时，还由于知识经验的增加，少年的判断与推理能力有所加强，能够初步根据客观事物的本质特征和内在联系作出必要的说明和论证，对周围的事物也能开始用批判的眼光看待。

由于思维对人的认知过程和个性心理有重要影响，因此，少年抽象逻辑思维的发展，对其消费心理与消费行为也产生重要影响，在对商品感觉与知觉、记忆与想象、注意与兴趣以及情感、意志和自我意识等方面，都有明显不同。少年的消费心理主要有如下一些特征：

1. 喜欢与成年人比较

具有成人感是少年自我意识急剧发展时期的一个重要特点。从心理上看，由于他们意识到自己已经长大，在主观上认为自己已经是成人，要求和成人具有平等的地位和权利，也渴望像成人那样完成各种社会义务，独立地去处理自己的事情。因此，在消费心理上要求反映个性，喜欢在生活习惯和嗜好等方面与成人进行比较。他们不愿意受父母束缚，不愿接受特殊照顾，并要求别人尊重他们的意志与人格。但是，由于缺乏经验，他们常常表现得很幼稚，看待事物不全面，长辈又往往把他们当作小孩子看待，因而在购买要求和购买行为上常常发生矛盾。

2. 购买行为的倾向性趋向稳定

儿童期的购买倾向是易变的，容易受周围的人与物的影响。例如，参观了一个绘画展览后会突然产生对绘画的兴趣，马上购买一些绘画工具学着绘画。不久以后，兴趣又会转移。但在少年期，由于抽象思维的发展，想象更具有现实性。在兴趣方面，也趋向于保持集中，注意力也较儿童期稳定。也就是说，少年期购买习惯开始逐步形成，对购买行为会产生深远的影响。

3. 从受家庭的影响逐步转向受社会的影响

儿童的消费，主要受家庭的影响，但当儿童进入少年期时，由于开始运用批判的眼光看待周围的事物，对新事物比较容易接受，对新产品感兴趣。同时，还由于对集体活动比较关心，受集体的影响也较大。因此，在消费需求上，受集体的和社会的影响也较多。例如，某种式样的运动服或运动鞋，在班级集体中已经流行起来，而对于这种流行商品，家中的父母、长辈可能还一无所知。

4. 对商品的品牌、商标逐步加深印象和加强记忆

少年由于对事物的感知过程，已逐步从事物的外部特征转向事物的主要特征和本质特征，能够把个别事物同一般原理联系起来；在识记方法上，也能对识记材料进行逻辑分析，加强对事物的记忆力与判断力。因此，对商品的判断，已不单是从商品外部特征上去认识，还会从商品的品牌、商标及其社会信誉等一般反映去判断商品的性能与品质。

四、儿童与少年市场的营销心理方法

根据儿童与少年用品市场的营销特点和心理要求，在市场营销活动中运用适当的心理方法，对开拓儿童与少年用品市场有着重要的作用。这类营销心理方法主要有以下三种：

1. 针对不同的对象，运用不同的心理诉求

由于儿童与少年没有独立生活能力，他们在经济上还要依赖父母或亲属，因此，购买者与消费者就有两种情况：一是购买者与消费者相一致，如橡皮、铅笔、练习簿等学习用品，以及小食品、小玩具等一般小商品，购买者多半是直接消费者。对这类商品的设计和营销方式应直接针对儿童与少年的心理要求去确定。二是购买者与消费者不一致，如儿童与少年使用的衣服、鞋帽以及一些高档学习用品等，大多数是由家长或成年人购买的。这类商品从产品设计到各种营销活动，应该同时考虑成年人和儿童与少年的购买心理，只有向双方推销才能成功，单向儿童与少年或父母一方推销是不容易取得良好效果的。

成年人为儿童与少年购买较之为自己购买，其购买心理更为复杂。由于父母对自己孩子的关怀与慈爱，感情性的购买心理占有重要位置，如能诱发其感情，就能促进购买行为。由于家长们往往把儿童与少年用品，特别是穿戴用品作为自己社会地位的象征，因而对商品的款式造型十分关心；由于购买儿童与少年用品者多为年轻母亲，因而商品诉求应适合年轻母亲的心理；又由于家长们购买儿童与少年用品要讨得孩子们的喜欢，因而商品设计又要适合儿童与少年的心理特征。总之，儿童与少年用品市场的宣传促销工作，应针对购买心理的特点灵活运用。例如，儿童玩具的广告宣传，诉求重点与其放在商品的坚固、耐用和价格便宜方面，不如放在诱发家长们对儿童的健康成长和智力开发的重视与关怀方面。

2. 运用直观形象，帮助购买者加深对商品的认识

儿童与少年虽然在逻辑思维上有一定发展，但具体形象思维仍然起着主要作用。由于他们生活经验不丰富，商品知识不多，因此还不善于从各个方面去考察商品，只是较多地从简单的、直观的感觉去判断商品的好次，往往还按照个人某一方面的爱好去概括商品的全貌，从而决定购买行为。儿童与少年对消费品的购买心理，具有较大的好奇心与时尚感。例如，他们常用的铅笔，在形状上就有圆杆、六角杆、圆形、蛋形、三角形、四方形、扁形、细杆形、特长形及各种玩具形，造型与款式都不断变化，就是为了满足他们的好奇心与时尚感。但也应看到，儿童与少年对消费品虽然有求新求异的心理，但他们同样也重视实用。这种心理要求，是和他们的经济能力有关的。他们不喜欢华而不实、质次价高的商品，其原因不仅是因为这些商品会给他们的生活和学习带来不便，还会给他们在经济上带来困难。这种购买心理，就正如他们不喜欢在群体活动中那些自高自大、好表现和经常捉弄别人的人一样。

3. 提高识记程度，灌输企业或商品印象

学龄前的儿童，对事物的识记和追忆都是不自觉的，多数是一些随意识记。学龄中期的少年，识记的持久性则大大加强，同时还随着年龄的增长，在家庭中逐渐被家长看成是平等的一员，逐渐取得独立生活的权利，也逐步成为家庭购物的影响者、倡议者甚至是决策者。他们或是说服父母购买，或是提出购买建议，有些商品还可以自己作主购买。因此，商品的品牌、商标就逐步印入儿童与少年的头脑中，特别是一些耐用消费品，或者是他们印象深刻的商品、品牌、商标会给他们留下长久的记忆，产生深刻的影响。因此，设计一些为儿童与少年所熟悉和喜爱的商标与造型，对推销商品和开拓市场有长远的影响。儿童与少年对某种商品有了良好的印象，就会增强他们的需求欲望和兴趣，购买行为中的注意就能比较集中和稳定，在群体中相互影响也较大。但是，当他们对某种商品产生了不良的印象，甚至是产生反感时，要扭转他们对商品的印象，也是很难的。

第二节　青年消费心理分析

●情景案例

高昂的结婚费用

商务部 2008 年发布的《2006—2007 年中国结婚市场发展调查报告》（以下简称《报告》）中指出，2006 年 372.84 万对城镇新人平均结婚花费约为 12.66 万元，其中还不包括购房、购车的费用。

花钱注重长期受益

《报告》中指出，每对新人平均消费涉及婚纱摄影、珠宝首饰、婚纱礼服、婚礼策划、喜宴服务、新居装修、蜜月旅游、家用电器及家具8个方面，平均直接消费总额约为12.66万元。据商务部门分析，新人们结婚直接消费中占据绝对优势的仍是与居家相关的长期受益型消费。

八成人买房靠父母

新人们结婚花费的绝对重头依然是购房支出。调查显示，我国城镇每对新人平均购房支出为16.29万元，明显高于结婚直接消费支出的12.66万元。新人们除动用自己的积蓄外，大部分还要依靠父母的支持。结婚消费调查统计分析结果显示，全国城镇结婚消费中，有81.6%的新人得到了父母们不同程度的财力支持。

结婚产业超15 000亿

"结婚服务市场俗称结婚产业。"商务部相关负责人介绍说，2006年全国结婚消费总额高达15 392亿元，其对第一、第二产业的间接拉动约为12 000亿元，整个结婚产业对GDP的总体贡献率大约为13.36%。根据国家统计局公布的数据，2006年全国登记结婚人数为849.3万对。去年我国城镇和农村居民结婚消费总额分别达10 793.71亿元和4 597.84亿元。

问题：你对我国结婚费用的持续高涨有什么看法？你是如何看待结婚用品市场的？

一、青年人用品市场的主要特点

青年是指由少年向中年过渡时期的人，由于不同国家和地区的气候条件、自然条件、政治条件以及风俗习惯等方面的不同，人们的成熟期也不同，对青年期的年龄界限规定也不一致，本章所指的青年人用品市场，主要是指十四五岁到二十八九岁购买者阶层的市场。青年人用品市场除具有一般市场的共有特性外，还有如下一些主要特点：

（一）青年人用品市场是一个人口众多的市场

国外市场一般估计，15岁到24岁的人口约占总人口的1/5，我国目前14周岁到28周岁的青年约有2.5亿人，约占全国总人口的1/4。由此可见，青年人用品市场是一个人口众多、消费量大的市场。

（二）青年人用品市场是一个具有独立购买能力和消费潜力较大的市场

青年人具有独立购买能力，这是相对于儿童与少年而言的。青年期前期在经济生活中的重要转折之一是家庭地位的不同，他们除了有一定的独立购买能力外，在家庭消费方面，家长也往往与他们商量，因而这部分人也就成为社会商品购买力的重要组成部分。青年期的中后期，经济上有了收入，虽然收入不多，但由于没有家庭负担，开支比较随便，因而购买潜力也较大。

（三）青年人用品市场是一个分布面广和比较均匀的市场

我国由于实行计划生育和有计划控制人口流动，因此，青年人用品市场的分布也比较均匀和合理。当前，我国工人队伍中，青年工人已占企业职工总数的一半以上，广阔农村聚集着我国青年的70%。由此可见，做好青年人用品市场工作，对促进生产的发展，搞好整个市场工作是极为必要的。

（四）青年人用品市场是一个对整体市场需求变化有重要影响的市场

青年人用品市场是整体市场的一部分，这一市场对整体市场有着重要的影响和冲击作用。这种作用是由青年人在社会生活中所处的地位、消费特点和个性心理特征所决定的。它主要表现在以下两点：

1. 青年人是市场新产品和时尚商品的消费带头人

青年人富于幻想，感觉性强，保守思想少，易于接受新事物，因而对市场需求变化有重要的影响作用。青年人对商品的需求与爱好，往往能影响中老年人。在市场上，对新产品的接受、时尚商品的推广，往往就是由青年人开始遍及其他人群的。

2. 青年人是家庭消费的"第二代主人"和"第三代媒介人"

青年人在家庭消费中所起的这种作用，与青年人在家庭中地位的变化有关。现代新家庭的特点以及年轻人的逐渐成熟，使他们在家庭中的影响力逐步扩大，在家庭消费品的购买上起着举足轻重的作用，逐步成为家庭消费的"第二代主人"；同时，这一代的青年随着结婚、生育而建立起自己的小家庭，他们又是家庭消费的"第三代媒介人"。例如，女孩子第一次使用的化妆品往往是母亲使用的，而她一旦用上母亲使用的某种类型化妆品，就会逐渐养成使用习惯，甚至可能长久不变。因此，争取一个消费者，就可能得到一个终生顾客，其影响还可能延续到下一代。我们重视研究青年人的消费心理和消费需求，正是因为他们是潜在市场和潜在需要的主要对象。

二、青年人消费心理特征

青年人对商品需求的心理特性，与一般消费者有相同之处，但也有其独特之处。这是由青年人的心理特征与行为的发展所决定的。因此，研究青年人用品市场，必须与青年人个性心理特征结合。青年人在消费心理与购买行为上一般有以下特点：

1. 追求时尚和新颖，强调合理和实用

青年人的典型心理特征之一，就是内心丰富、热情奔放、感觉敏锐、富于幻想。这个心理特点反映在思想上，就是积极追求知识，兴趣逐步稳定，富有表现力和创造力，对未来生活有着许多幻想。反映在消费心理与购买行为上，就是追求时尚、新颖和美的享受，希望所购之物能符合潮流的发展和时代的精神，以满足对未来追求的心理欲望。

在市场的新产品销售中，青年人感觉敏锐，最易接受，并相互传播，是各种新产品、革新产品和流行商品的消费带头人。有时对新产品的追求，甚至还带有一定的盲目性。但是必须看到，由于他们具有一定的文化知识，社交活动面广，对新产品的追求也是注重实用性和合理性的。他们对新产品的追求一般有三个特点：一是要能反映时代潮流与风格；二是要符合现代科学技术的要求；三是要合理适用，货真价实。在一般的情况下，凡与自我意识表现有关的商品，以追求潮流与时尚为主；凡是与自我意识表现无关或关系不大的商品，以要求实用性和合理性为主。

2. 喜爱能表现自我成熟和个性心理特征的商品

青年人另一个典型的心理特征，就是少年期未成熟心理与中年期成熟心理的共存。青年人这一心理特点，主要表现在其心理上的变动和情绪发展的广泛性上。在青年期前期，情绪的不稳定性比较突出；青年期中期，自我意识加强，对事物的感情化与主观化逐步加深；青年期后期，人生观大致形成，对家庭和社会的使命感逐步加强，在感情和主观上的幻想与现实生活的矛盾中，现实性有所加强。

青年人这一心理特征反映在消费心理与消费行为上，表现为消费倾向从不稳定向稳定的过渡。消费倾向的不稳定性，表现为购买心理的多变，时而喜欢这种商品，时而又追求另一种商品。消费倾向的过渡性，则反映在喜欢能表现自我成熟与老练的商品，在穿着和生活用品上表明自己已经成熟。这种消费心理多反映在青年期初期。

在青年期中后期，情绪的内向性与表现性比较明显。他们在购买心理上更多地喜爱能表现个性心理的商品，要求商品有特色，具有商品个性，对那些一般化的、"老面孔"的商品是不欢迎的。同时，他们还往往把所购商品与个人的性格、理想和专业兴趣联系起来，并形成购买需求的总的心理趋势。

3. 冲动性购买多于计划性购买

青年人的情绪与性格，以强烈、冲动与温和、细腻共存为主要特征。强烈与冲动表现为行动果断、迅猛，如疾风怒浪般出现，甚至不考虑后果；温和与细腻则反映在内心世界上，具有理智和有正当要求的方面。

青年人这种一般的情绪与性格，反映在购买行为上是属于冲动性购买。具体表现在购买过程中，思想酝酿时间比较短，具有果断、迅速和反应灵敏的特点，只要认为商品合意，就能迅速作出购买决定，有时甚至超出个人购买能力，也要想方设法去购买。但这并不等于他们的购买行为就完全没有计划性，有些青年人为了满足个人某种欲望，如购买照相机、录音机、手表等高级消费品，或是到外地旅游，他们可以省吃俭用来筹款，这就是一种计划性。但就一般情况说，青年人在购买行为上，冲动性购买多于计划性购买，并且在计划性购买中，冲动式购买也是常有的。

4. 商品选购注重情感的、直觉的选择

青年人的思维活动在批判性和独立性方面虽然有进一步发展，能通过学习和生活实践认识到事物之间存在着复杂的关系。但是，与中老年人相比，青年人特别是青年初期、中期，生活经验还不丰富，对事物的分析、判断能力还没有达到成熟阶段。因此，青年人在购买商品的过程中，情感的和直觉的因素起着相当重要的作用，只要能满足或符合个人的需要，就能引起肯定的情感，如对商品的偏爱、追求等；反之，就会产生一种否定的情感，如对商品的厌恶、拒绝等。青年人购买活动中的情感两极性非常明显，肯定与否定都比较明确，而且强度也比较大。青年人购买情感的产生，是一种十分复杂的心理现象，其原因在于对商品心理需要的复杂性和多变性。青年人购买商品多出于直觉的选择，特别注意商品的形状、款式、颜色、重量、厚薄、品牌等外在因素。因此，专以青年人为销售对象的商品，在装潢设计、工艺美术、品牌商标、包装造型、广告宣传等方面，都应注意直觉效果，以引导和满足青年人的健康情趣和合理需求。

三、新家庭的建立与结婚用品的购买心理需求

结婚与新家庭的建立，是人一生中的必经阶段。因此，研究青年人用品市场应该与结婚用品的购买心理结合起来。结婚用品是市场经营活动的重要部分，新家庭的建立，从其所需的商品费用来说，是一个庞大的消费支出，对整个消费品市场有着重要影响。结婚用品的购买特点和心理需求主要有如下几点：

（一）商品需求构成有其自身的特点

新家庭的建立，多数是脱离原家庭独立生活，所以新家庭建立后所需的物质设备，如家具、寝具、厨房用具、家用电器以及其他各种生活用品，都要重新购买。其需求构成的顺序大多数是：用的商品（包括家具、寝具、炊具、家用电器）、穿的商品、吃的商品、住房等，其中用的和穿的商品需求占主要部分。

（二）购买时间比较集中，具有淡旺季之分

结婚用品是因建立新家庭的需要而购买，购买时间与结婚时间有密切关系。一般来说，购买时间都集中在结婚前后，但不同商品和不同经济条件的人是有所不同的，寝具、厨具与住房购买，多半在婚前就进行筹办，家具、服装、家用电器等多半集中在婚礼前后半年的时间购买。结婚是全年都有的事，但我国人民多半喜欢与喜庆节假日结合举行，如国庆、元旦、春节等。因此，结婚用品的销售，具有淡旺季区别之分。

（三）购买心理需求具有强烈、鲜明的特点

对人的一生来说，结婚与建立新家庭，无疑是一件大事。它对人的精神或物质方面都有重要影响。精神方面反映在人们独立生活的开始，产生了对家庭对社会的责任感；物质方面要离开父母的养育而建立新的家庭，许多过去自己不必操心的事，现在要由自己处理了。在这种心理的支配下，对结婚用品的购买，就有着与过去不同的购买心理特点：

1. 求新求美

新的家庭应以新的面貌出现，象征着新生活的开始，结婚用品的购买，是围绕着"新"字展开的。

2. 寓意良好

结婚是男女双方结合的开始，人们希望能得到美满的结局，所以结婚用品要求寓意良好，以表示祝福与愿望。

3. 配套适用

新的家庭需要添置许多新的商品，人们要求所购商品能配套适用，符合新的环境要求。

4. 感情象征

青年人心理的发展，随着自我意识的加强，对事物的想法和看法变得感情化了，加之结婚更是感情的结合。因此，结婚用品中，感情的色彩很浓，或是象征双方感情结合，或是代表一方向另一方表达感情，特别是男方向女方表达感情，凡是此类能反映感情、表达感情、诱发感

情的用品，如装饰品、纪念品、衣服、化妆品等，都是消费需求的重要对象。

总之，结婚用品的购买心理，除反映青年期的一般心理特征外，还反映新婚、新家庭的心理特征。这些心理也会随着社会潮流的变化、文化科学水平的提高而发生变化。

第三节　中、老年人消费心理分析

●情景案例

中年男子的角色困难

一天，一位四十开外的中年人步入了心理咨询所，他神情严肃，面带忧愁地向咨询员讲述着他的苦恼。他在一家单位担任领导工作，在单位里说一不二，讲怎么干就怎么干，工作很有起色。可是，回到家里，情形就完全不同了。他说出的话，妻儿不听，有时还故意和他作对。这使他心里非常难受，不理解妻儿的举动，也不知道自己在什么地方对不起妻儿，他感到迷茫了。

问题：你理解他的困惑吗？

中年人是指由青年向老年过渡时期的人。处于这一时期的消费者，形成了中年消费者群。在我国，中年消费者一般指年龄在 45～60 岁之间的人。

一、中年消费者市场特点

1. 消费人数众多

受我国 20 世纪 50 至 70 年代人口生育高峰的影响，到 21 世纪初期，这些人正处于中年消费者行列，所以，在人数上中年消费者最多，且分布均匀、广泛，在消费活动中具有重要影响。

2. 处于购买商品的决策者位置

中年消费者，由于其子女尚未独立，父母已步入老年行列，所以，无论是一代家庭（无子女）还是两三代家庭，中年消费者一般都处于购买商品的决策者位置，他们不仅决策一般家庭生活用品的购买，还决策家庭耐用消费品，以及子女衣食用品、老年人（特别是没有任何经济来源的老年人）衣食用品的购买。因为，子女没有经济来源，且对商品的认识表面化、感情化，把购买商品的决策权交给了父母；老年人由于经济状况及身体不便等因素，获得的商品信息少，把购买商品的决策权交给了儿女。由此看来，中年消费者不仅掌握着家庭消费品购买的大权，同时左右着未独立子女及老年人消费品的购买权力，在消费活动中处于重要的决策者位置。

3. 家庭负担重

中年消费者处于子女需要扶养、父母需要赡养、专业定向、事业既成的人生路口，虽然经济收入一般不错，但家庭负提沉重，因此，消费购买受到很大制约。

二、中年消费者的一般心理特征

1. 注重商品的实用性

与青年消费者更多地追求商品时尚不同，中年消费者由于深入生活，受经济条件所限，对商品的实用性及价格给予更多的关注，并对商品的外观也有一定的要求。确切地讲，商品的实际效用、合适的价格、较好的外观的统一，是刺激中年消费者购买的动因。

2. 注重商品的便利性

中年消费者由于工作、生活都处于人生负担最沉重的阶段，为了减轻这种负担，对能提供便利性的商品更欢迎。例如，半成品、方便食品、减轻家务劳动的耐用消费品等，这些商品往往很快被中年消费者认识并促成购买行为。

3. 理性购买多于冲动性购买

青年消费者由于感情等因素，冲动性购买较多；进入中年时期，既要把家庭生活安排好，又要考虑经济合理，所以，那些符合中年消费者要求的商品，才能被其购买。营销企业应根据中年消费者购买行为的一般心理特征，采取相应的营销组合策略。

三、研究老年人用品市场的重要性

老年人用品市场，一般是指60岁以上老人的消费品市场。人口老龄化是当今世界各国人口发展的趋势，也是引起人们普遍关切的大问题。研究老年人用品市场，不仅在于此类市场人口多、消费量大，更重要的是由于老年人的生理需要与心理需要与成年人不同，他们已形成一个有着特殊需求的群体。满足老年人的生活需要，是一个重要的社会问题。

一般来说，老年人对社会发展都有其不同程度的贡献，他们理应分享社会发展的物质财富与精神财富。关心和满足他们的生活需要，是社会公德的要求，也是社会主义营销应尽的职责。

四、老年人的生理变化与消费心理特征

老年人在生理上与心理上都和年轻人有着明显的不同，在食、穿、用、住、行这几方面的消费需求上也有显著的不同。

1. 食的方面

老年人的消费，主要是用在购买食品上。

老年人在食的方面有其特殊的要求，要求吃容易消化的食物，少吃高脂肪食物，要求吃低糖、低盐和低胆固醇的食品。由于老年人的代谢过程以分解代谢为主，消耗蛋白质较多，因而也要求多提供疗效食品和滋补品。

2. 穿的方面

根据生理变化特点，老年人在穿的方面要求易穿易脱，以便随着气温变化及时增减衣服，

夏季宜穿单薄、透气性好的衣服，冬季要求穿着松、软、轻而能保暖的衣服。

3. 用的方面

老年人视觉的最大变化表现在看不清近物上，也是形成远视的原因。在听觉方面，听力逐步减弱，对较低的音调的听力丧失。在运动觉方面，身体运动的速度和协调减退，再加上听力失灵，半规管逐步恶化，这就影响到身体的平衡，容易跌倒，而老年人的骨骼的脆性又在增加，跌倒会造成严重后果。以上这些变化特征，要求在用的商品上要适应老年人的特点设计，如鞋、手杖、防寒保暖用品、助听器、保健眼镜、家具等，都应考虑老年人的健康与安全。例如，我国近年生产的电筒手杖，在柄头装置一个小巧的电筒，夜间上下楼梯或开门锁，能持杖照明，一物多用，适合老年人需要，能给老年人带来生活上的方便与安全。

4. 住的方面

老年人睡眠时间一般较少，而且难以入睡，偶有响动就容易被惊醒。根据老年人难以入睡的特点，要企业供应适合老年用的卧具，以便使其易于入睡，睡得舒服。另外还要为老年人供应一些配套的园艺工具，如镐、耙、铲、剪、刀等，使老年人增加一些活动，有益身体健康，也可美化家庭环境。

5. 行的方面

老年人用品市场除提供交通辅助工具外，还应多考虑提供有助于他们活动的用品。

五、老年人购买心理分析

老年人在生理机能、生活要求和生活习惯等方面与中青年人都有所不同，因而在购买心理上也有不同的特点，主要有以下三点：

1. 对商品的使用习惯性强，对品牌、商标的忠实性高

老年人的记忆能力，往往与他形成记忆的顺序背道而行，旧的记忆能保持，而新的记忆易于消失。许多老年人对青少年时期使用的商品及其品牌、商标能够记住，可是对最近购买的新产品的品牌、商标却记不住；同时，对已经形成的消费习惯不会轻易改变。对过去使用的商品，虽然感觉与知觉不同了，但仍保留过去的印象。因此，老年人用品的经营，应根据这一心理特点，注意对品牌、商标的提示性宣传，不要随意改动商标，以满足其习惯性心理需求。

2. 购买商品要求方便，易于选取和获得良好的服务

老年人由于感知能力的衰退和体力的不足，希望在购买过程中能得到更多的关怀与照顾，而这种关怀与照顾，对老年消费者购买心理有着重要的影响。在商品陈列上，由于老年顾客弯腰不便，最好把老年人常用的商品摆在货架的中上层，以便于看清和选取。在商店环境上，由于老年人体力不足，不能长久站立选购商品，因而在商店角，最好能安置一些椅子，以便老年顾客休息。在商品包装与说明上，由于老年人视力和记忆力的衰退，广告说明要醒目，尽可能使用大字，色彩多用红色和黄色，少用绿色和蓝色，商品说明要尽可能详细。例如，药品的包装与说明，为防止老年人不按时服药和超量服药，可增加单剂量包装，印刷疗程日历单，以防止漏服和重服。

3. 需求构成发生变化，原有的嗜好与兴趣不易改变

老年人支出的大部分用于食品和医疗保健品上，只要有利于健康，就舍得花钱，愿意购买

中高档商品；而用于穿、用方面的支出则相对减少，受时尚流行的影响甚少。老年人的购买行为，多数属于理智型购买，强调经济实用、质量可靠。

在消费习惯方面，要培养新的嗜好和兴趣已经不那么容易了，但由于闲暇时间的增加，原有的嗜好与兴趣则不容易改变，有些还可能加强，如吸烟、喝酒等嗜好，大多数老年人都保持原有的习惯，他们明知对身体无益，但又下不了决心改正。又如体育锻炼，如果在中青年时，对体育兴趣不浓，那么到老年时也很少进行体育锻炼。因此，对于老年用品的营销工作来说，引导消费也是很重要的。针对老年人的心理特点，在老年人用品市场的各种营销策略中，就应符合其心理需要，满足他们最大的希望。从许多典型调查材料中可以看出，绝大部分老人最大的希望是自己健康长寿。他们在谈论健康时，虽然也常说自己年老体衰多病，甚至还常有夸大自己身体疾病的倾向，可是，对衰劳、疾病、死亡等生理现象却非常敏感，存在恐惧心理。因此，老年人用品的营销必须适应他们这种特殊的心理。例如，老年人用品的广告宣传，应着重正面宣传，切勿搞"恐吓式"诉求，以免影响老年人的身心健康。

如前所述，人到老年，在心理发展上会产生许多为中青年人难以理解的心理现象。因此，作为商品的生产者与经营者，就应从物质上、精神上提供条件，解除老年人这些心理上的苦恼，除了注意组织供应和宣传介绍老年人需要的各种用品外，还应注意老年人"精神食粮"的供应，使他们精神上有所寄托，参加各种娱乐和有益活动，体验社会的关怀，从孤独的和对青年人依赖的心理桎梏中解放出来。在柜台接待方面，更应为老年人提供优良的服务。要热情耐心，要问清其购买意图，要主动介绍，要协助挑选商品，要讲清楚商品的使用方法，货款唱收唱付要清晰，包扎商品要方便牢固等。总之，关心老年人的特别需求，不仅是为了使老人晚年过得好，也是对其他人的未来的关心。

第四节　性别消费心理分析

●情景案例

一天，有一位男顾客不耐烦地对身边的女顾客说："到底买还是不买，买就赶快交钱，不买就走。"此时的女顾客仍然在几种可以供选择的商品前犹豫不决，看看商品，看看营业员，又看看身边的男人，最后，该女顾客叹口气依依不舍地离开了商店，这时一位营业员对旁边的营业员说："我最喜欢刚才那位男顾客的爽劲……"

问题：

1. 请分析男性与女性在商品购买活动中的消费心理差异。

2. 该营业员哪些地方做得不对？应该怎样做？

一、女性用品市场的主要特点

女性用品市场主要是指女性专用商品的市场，如化妆品、装饰品、女性衣料、服装、女性卫生用品等。此外，还包括主要由妇女购买的家庭共同使用的商品。

1. 女性用品市场是一个很广阔的市场

在消费品市场中购买者主要是女性，许多男性用品及儿童用品都是由女性购买的。据国外一些典型调查资料统计，家庭消费品的购买，女性购买的占55%，男性购买的占30%，夫妻双方一起购买的占11%，小孩购买的占4%。可见，女性常是消费品购买的主要承担者。从女性专用商品市场看，由于妇女是"半边天"，其专用商品当然也是一个相当广阔的市场。从妇女用品专营商店看，由于专业性商店少，当然经营范围也就比较小。

2. 女性用品市场所经营的商品大多数是"软性商品"和"包装商品"

所谓"软性商品"，是指那些属于流行性的、装饰性的商品，如女性衣料、服装、鞋子、装饰品等。这类商品的特点是：在购买动机中，心理因素占着重要地位，商品的设计具有重要的价值意义，容易流行也容易过时，个人的爱好与要求对购买影响很大。所谓"包装商品"，是指装于包装容器内的商品，销售量大，具有消费习惯，不必说明商品的品质和性能，如肥皂、牙膏、速食品、药品、化妆品、饮料等。这类商品的特性是：购买者往往凭商品品牌印象购买，知名度越高越容易销售；冲动性购买的比例较高，商品的特征与个性非常重要。

3. 女性用品市场品种繁多，选择性强

由于女性消费品品种繁多，弹性较大，竞争较激烈，消费者的态度又非常细腻、认真，对商品的挑剔程度较男性大许多。在女性用品市场的经营活动中，研究消费者的购买心理和购买行为，对做好市场营销工作十分重要。女性具有优越的表达能力和传播能力，争取一个忠实的女性购买者，就会影响其周围的一群人。

二、女性的购买心理与购买行为分析

女性的生理与心理发展与男性不同，家庭地位与家庭责任也不同，在购买心理与购买行为上有其不同的特点：

1. 注重商品的外观形象与情感特征

女性购买商品较多地强调"美感"，容易受感情影响而产生购买行为。感情是容易受环境气氛所影响的，因而购买欲望多受直观感觉影响。例如，当她们逛街时，原是边走边看橱窗，突然驻足凝视某一商品，这就说明这一商品引起了她的内心感情。因此，女性用品的广告宣传与橱窗陈列，必须注意明朗与强烈，创造出高尚优雅的气氛。食品的诱人气味，化妆品的芬芳香味，陶瓷品的清脆声响，这些都能成为一种吸引力，会使女顾客产生先入为主的好感，从而引起购买动机。

凡是以感情来决定购买行为的人，其联想力一般比较强。商品对女性能引起何种程度的感情，与能引起她们何种程度的想象力有关。例如，对儿童用品的销售，如能对母亲实行感情上的诉求，其效果远比直接宣传商品的质量与价格为好。

2. 注重商品的实用性与具体利益

一般来说，女性购买商品往往是从商品的实用性大小去衡量商品价值的，而对那些抽象的、难以捉摸的、非现实的东西则不大关心。她们购买商品大都是比较细腻的，从细微处观察商品，甚至忽略对商品基本的、大的方面的要求，只要在细微之处符合她们的心意，就能紧紧地吸引住她们的注意，对商品就会倍感亲切。因此，女性用品的经营，不论是在产品设计、包装还是经营方式等方面，都应该考虑细致一些、具体一些、方便一些。如能在细腻之处打动她们的心，她们就会无条件地爱上这个商品。例如，强调商品保修期之长，不如强调商品保养与维修的方便；强调商品质量如何好，不如强调商品给她们带来的利益与好处。

3. 注重商品的便利性与生活的创造性

在我国，由于女性就业的人数多，双职工的家庭占很大比重。妇女对日用消费品和主副食品的方便性要求越来越突出，她们希望购买方便、使用方便、节省时间、减轻家务劳动。但是，女性对家庭的责任感又比较强，她们希望能通过自己创造性的劳动，把生活安排得更好些。同时，年轻的女性具有追求新鲜和变化的心理，不希望老是生活在一个静止的环境中，如希望室内布置的变动、家具位置的变动、食物款式的变动、新用具的购置等，这些都是她们普遍存在的一种求变的心理。因此，商品设计在处理便利性和创造性这一矛盾尺度上，应是使用上既能方便省力，又能给予她们发挥创造性的心理满足。

4. 有较强的自我意识与自尊心

女性在购买心理上，自我意识比较强，常常以购买什么、喜欢什么、使用什么这些标准来分析别人、评价别人，分析自己、评价自己。内向性格的人，不喜欢使用容易显露于外的商品，自己不购买，也责难别的购买者。这种心理特点反映在购买行为上，一是议论多，不愿做旁观者，买与不买都要议论一番；二是以个人的爱与恨作为对商品的评价标准，希望自己周围的小群体也同意这一标准。

一般来说，女性比较敏感，自尊心也比较强。在广告宣传和介绍商品时，要特别注意不能有损女性的自尊心，其中特别是有关常识性的问题，往往是比较敏感的。如下列这则文字广告就有损女性的自尊心，使女性在心理上产生反感："这种型号的洗衣机，设计周到，操作时不必具有多少常识，连你也可以胜任。"女性在购物过程中，一般都比较细致，对商品的优缺点和对商品的品牌商标记忆程度也高。同时，女性购物接触包装类商品也比较多。因此，在商品包装设计、造型外观、品牌商标等方面，都应十分注意女性的心理要求。

三、男性消费者心理特征

男性消费者的购买心理主要表现在以下五个方面：

1. 购买速度快，决策迅速果断

这与男性的果断、刚强、豪放的性格特征相适应。

2. 购买频率低，购买金额大

男性一般所购买的商品都是大件的耐用消费品，这些商品本身的购买频率较低，而每次购买的金额较大。同时男性由于反应较女性缓慢，对声音、色彩的辨别能力弱以及语言表达能力和耐性差等原因，不愿意购买那些日常用品。

3. 求实心理重，不特别注重商品外观

由于男性的思维较理性，是家庭生活的主要负担者，因此在购买商品过程中会对商品进行总体比较分析，选购实用的、经济的、质量好的商品。

4. 注重大体而忽略细节，情感不外露

由于男性的自信、不细心、表达能力较差、耐性较差等因素影响，因此男性在购买活动中说话较少。

5. 购买时表现大方，随意性强，比较随便

由于男性的自信、豪放、独立性强和社会角色需要等因素影响，使其在购买行为中表现出大方、不在意等行为，在购买商品时随意，不太注重商品的价格（尤其对于日常消费品的购买表现更加突出）。

因此，研究男性消费者的购买心理和购买行为，对于做好市场营销工作也是非常重要的。

四、男性与女性的一般心理状态比较

由于男性在身体结构与生理方面都与女性存在着一定的差异，又由于社会因素、家庭条件等方面的影响，使男性与女性相比有许多不同的心理特点，体现在消费心理上也有区别。

男性和女性在智力方面不存在谁优谁劣的问题，但在智力和心理活动的某些方面各有特点，主要体现在如下几方面：

1. 在记忆方面

男性相对倾向于理解记忆，女性倾向于机械记忆，女性在短时记忆和机械记忆方面优于男性。

2. 在思维方面

男性倾向抽象思维，女性倾向形象思维，女性叙述事物的感情色彩优于男性。

3. 在观察能力方面

女性的观察能力较强，女性常能发现男性没有觉察到的细节。

4. 在感觉方面

女性的感觉较男性敏锐。女性的嗅觉、味觉比较灵敏，对色调的感受能力和对声音的辨别、定位能力都优于男性。

5. 在语言表达能力方面

女性的语言表达能力较男性强，愿意对事物发表议论。

6. 在感情方面

女性较男性重感情，一般都要外露，特别是伤感的情绪更易于表现，男性对这种情绪的控制力则较强。

7. 在竞争意识方面

男性比女性更富于竞争性。少数女性存在不同程度的自卑感，但这种情况会随着社会的进步逐渐减少。

8. 在家庭观念方面

已婚女子比已婚男子的家庭观念强，她们主持家务、抚养教育子女的责任心强，对子女的感情较深。

以上各种心理素质的不同，形成了男女性格上的差异，表现如下：

男性性格比较粗犷、豪放、勇敢、自信、独立性较强、不善于表露情绪；女性性格比较温柔，办事仔细认真，并且爱说、爱笑、爱修饰打扮、善于表露情绪。

五、男性与女性在消费心理和购物行为方面的差异

不同性别的消费者，由于其生理、心理特点不同，在社会上与家庭中担负的责任存在差别，因此表现在消费心理与购买行为上也有区别。儿童与老年人的消费心理主要体现在年龄特征方面。这里主要讲中青年男女消费者心理的差异。

1. 选购商品的标准差异

男性消费者一般是家庭生活的主要负担者，也是家庭消费的主要决策者。一般来说，男性消费者求实心理较强，选购商品的标准有较多的共性，对质量要求较高，对商品的图案强调明快和有力度，善于对商品的优缺点进行综合分析，从总体上评价商品，更注重商品的质量、性能等方面。

从挑选商品的能力上看，男性消费者一般交际面广，活动范围宽，接受商品的信息量大，比女性消费者有更多的商品意识，尤其在购买家用电器等大件耐用品上，男性消费者挑选商品的能力要胜过女性消费者。

女性消费者，尤其是中年女性，由于料理家务多，对家庭日常生活考虑得比较周到，当家理财的比较多，因此在购买商品时，求廉、求实的心理倾向比较突出，经济上精打细算，对价格尤为敏感，对处理品、折价品较为关注。

青年女性与中年女性则有所不同，她们求新求美心理强，在购买商品时不像中年妇女那么注重实用、便宜，在购买服装、化妆品方面花钱大方。

从市场调查得知，大部分女青年收入的相当数量都用来购买服装和化妆品，很愿意自己第一个穿上流行时尚服装。同时她们对幼小子女的穿戴打扮也舍得花钱，觉得独生子女应该打扮像样点，希望通过对孩子的打扮来表现自己的消费水平和审美观点。

在挑选商品能力方面，女性消费者料理家务较多，对家庭日常用品的挑选能力比男性消费者强，但对于购买高档耐用消费品，由于接受这方面商品的信息量少，一般不如男性消费者。女性消费者虽然观察事物比较细腻深刻，但在挑选商品时，常是注重商品的个别属性而忽略对商品的总体要求，所以挑选商品时一般比较挑剔，对商品的要求往往带有片面性。多数女性喜欢装饰华丽或色调柔和的商品，对花色品种感兴趣。

2. 购买现场的情感差异

男性消费者一般是先选择好购买对象，犹豫不定的心理状态发生在购买之前。一旦确定购买目标，他们就不愿意在柜台前花太多的时间，力求表现出不是格外小气和吹毛求疵，决策干脆果断，愿意给人以洒脱的形象。所以在购买现场对商品的个别属性一般不过于挑剔，即使拿到稍有毛病或价格稍高的商品，也认为大体过得去就算了，购买过程较快，并且很少有反悔现象。

男性消费者一般不大受市场环境气氛、广告宣传和他人议论的影响。大多数男性消费者能独立自主地考虑问题。但是，营业员热情的态度、周到的服务，对男性消费者的购买情绪容易

产生积极的影响。

一般来说，青年男性的消费情绪要比中年男性活跃些。他们易受时尚风气的影响，花钱较中年男性慷慨大方，力求不显得"寒酸"，易受感情因素影响，因而冲动性购买的比例较大，情感型购买动机居多。例如，男女青年共同购物，如果女青年建议买某件商品，男青年一般都会同意，并会很快成交。

在购买现场，女性消费者花钱比男性消费者要慎重得多，选价心理较重，选购商品往往再三斟酌，在柜台前多是挑挑拣拣、反复比较、难以决断，购买行为谨慎。但她们有时抓不住挑选商品的关键。因此对女性消费者应适当全面介绍商品的性能特点及优缺点，以减少反悔退货现象。

女性消费者在购买行为上易受感情色彩和市场环境影响，别人的购买热情极易引起她们的购买欲望，旁人的评价议论往往左右着她们的购买情绪。因此女性消费者的从众心理远比男性消费者强，看到别人抢购某种商品时，往往自己也去抢购，而忽略考虑自己是否需要。另外，商品本身的外在因素，诸如艳丽的色彩、悦耳的声音、诱人的气味等，都能引起她们的内心情感，产生巨大的吸引力。商品的命名、商标、广告宣传的心理效果也容易对她们产生作用。

3. 购买商品的种类和频率差异

一般来说，家庭生活用品或大件耐用消费品，如家用电器、家具等多由男性消费者考虑购买，而对日用杂品的购买考虑较少。这是由男性消费者的信息面和知识结构等因素决定的。

从购买频率来看，因大件商品和耐用消费品对一个家庭来说，购置齐备后可使用相当长的时间，短时间内可不必再购买，所以男性消费者的购买频率比女性低。

相反，女性消费者购买频率比男性消费者要高得多。因为大件耐用消费品，虽然主要由男性考虑购买，但多数情况下女性是要参与购买的；除此之外，女性负责家庭多数日用品的购买，从油盐酱醋到服装鞋帽，以及孩子的学习用品，多数都由女性购买。

●课堂训练

1. 结合自己的消费行为和特征分析青年消费者的消费心理和消费行为习惯有何特点。

2. 分析你父母的消费心理和消费行为习惯，为什么会有这些消费行为习惯和消费心理？

3. 分析你爷爷奶奶或外祖父母的消费心理特点和购买行为习惯，并谈谈如何与自己的祖父辈友好相处。

●案例分析与讨论

中年男女谁的压力大

成年男女同样处于心理和生理的压力下，但男女的生活状态不同。

一个有责任感的男性，从小就开始学习男性的社会角色。成年之后，他们渴求上进，在心理和生理的高度压力下工作，忘我地追求个人的与社会的成就。激烈的竞争使他们缺乏足够的休息，不能按时就餐。家庭成了他们"喘口气"的场所，因此在家中往往显得懒散、没有温情。这实际上是神经紧张的反映，高血压、溃疡症，以及其他种种生理方面的疾病也随之逐步产生。

有责任感的女性，从小就从各种信息渠道了解自己的社会角色。女性柔弱的肩膀却要挑起两副担子，一副是与男性一样的社会生产、生存的担子，另一副是生儿育女的担子。也许正是由于这第二副担子，使女性成年之后，不能像男性那样洒脱、那么专心一致地追求事业。

但是成年期的女性，健康状况一般略好于男性，她们很少有生理上的疾病，虽然她们生活的压力和紧张不亚于男性，但由于能经常不断地发泄这种不满，反而不容易情绪压抑。所以许多心因性病症，除了歇斯底里之外，男性患高血压、胃溃疡、失眠、神经衰弱的都比女性多。但是女性慢性的心理疲劳和生理疲劳也是很严重的。女性在工作场所一边工作一边担心家中的孩子，牵挂家庭的事务，回到家中又要担起料理家庭的实际重担。一旦出现苦恼，她们就能很快地找到两个归因，一是男女社会角色的不合理，二是丈夫在外生龙活虎而到家之后的懒惰不负责任。这种不负责任既表现在自私不干活，又表现在不关心妻子，只顾自己这头。这就是所谓的"懒惰丈夫所引起的症候群"现象。一位美国社会心理学家描绘了这种懒惰丈夫的症候：丈夫在装有空调的办公室里，足足逗留了"很长"的八个小时，回家之后，向妻子要了一杯饮料，就精疲力竭地蹲伏在沙发椅上看报纸，或坐在电视机前欣赏影片。一小时后，起来吃晚餐，却又抱怨食物做得太难吃。吃完后，在妻子面颊上轻轻地亲了一下后，就出去打保龄球，喝了啤酒才回来，然后又是看电视。最后躲进温暖的被窝里。然而，妻子却一天到晚忙个不停，喂养小孩，准备餐具，洗碗碟，喂小狗，给小孩子洗澡，安置小孩上床。然后，还要洗一大堆衣服，熨衣服，在补缀衣服时看一小时电视。日复一日的，没有任何新奇。丈夫是快乐的，但妻子却有一种模糊的不快、紧张与疲倦感。

你属于哪种父母

孩子的脾气习惯、生活言行是不同的。如果他们在这方面存在什么问题，做父母的都会忧心忡忡。但缺点往往来自一个特定的家庭教育方式。为了让家长能从错误教育类型中得到借鉴，现将常见的错误家教的类型介绍如下：

溺爱型：过分地宠爱自己的子女，使孩子成为整个家庭的"中心"，父母（或祖辈、外祖辈）捧星拥月般地围绕着孩子。溺爱的恶果是，孩子缺乏道德评价能力和控制行为的能力。

放任型：这种父母既不像溺爱型父母那般宠爱孩子，也不管束孩子，任孩子自生自长。对孩子的一言一行既不批评也不表扬，采取漠不关心的态度。这种情况多发生在夫妻关系不和的家庭，父母双方都不愿对子女的行为负责。在这种环境里成长的孩子，自立性很强，有主见，不依靠别人，但自私、冷酷、嫉妒心强，非常容易受外界不良行为影响，甚至走上犯罪道路。因为他们从小得不到母爱，容易向外界寻求刺激，再加上这类孩子攻击性强，行为残忍，自然容易发生反社会行为。

虐待型：这是一种自觉的虐待，夫妻离异并再婚，将原来的孩子当成累赘，拒绝孩子的合理要求，用憎恶讨厌的态度对待孩子。为了发泄个人的情绪，动辄打骂、羞辱孩子，使孩子不相信世上有真诚和友爱，慢慢变得仇恨一切人，背着父母干坏事，并且撒谎骗人。这种孩子可能变得孤僻、软弱、敌视，也可能变得粗暴、反抗，甚至故意犯罪。

严厉型：这是一种"正统"的家庭教育，实质上是一种不自觉的"虐待"。他们不顾孩子的能力、个性、兴趣，强制孩子服从。用个人的意志主宰孩子的一切，使孩子成为一个没有独立意识和行为自由的工具。这类父母的用心可能还是希望子女能够成才、学好，但效果是适得其反的。同虐待型父母教养的子女一样，严厉型家教下的孩子或者暴烈、反抗，或者畏缩胆小。只是这些孩子长大以后反社会行为比前者少一些。

过分期待型：父母在学业、事业上不顺利，想在孩子身上实现夙愿，望孩子学好，尤其是学习优良。孩子尽了力，但他们还不满足，经常对孩子施以巨大精神压力，对孩子的合理活动横加阻止。孩子有了过失和缺点就极度怨恨，粗暴训斥。平时在生活中总是不相信孩子，不断地唠叨，使孩子一直处于紧张的心理状态，产生焦虑不安，对自己没有信心，并可能产生一系列精神焦虑症状，如学习恐惧、失眠和神经衰弱等。

保护型：家中一切的事都不让孩子动手，孩子自己的事也极力代劳，整天担心孩子的身体健康、饮食调理、行动安全，总希望把逐渐长大的孩子当成娃娃"抱"在怀里。受到过分保护的孩子，往往缺乏生活自理能力，行为习惯依赖别人，不能对自己的行为负责，好责怪别人，不能和同伴和睦相处。在家任性，在外胆小。成人之后缺乏对社会生活的适应性，也容易自卑、自负。

矛盾型：家长对孩子没有明确的教育目的和教育方法，对孩子态度反复无常，做同样一件事，此时此地会表扬，彼时彼地会批评，使孩子无所适从，没有行为的规范，进而使孩子做事、读书都没有坚韧性、连续性。这属于矛盾型的教育态度。另外还有一种属于言行矛盾型的父母，他们对子女要求很严，希望孩子品学兼优，但自我要求不高，未给孩子树立好的榜样。这容易使孩子也变得言行不一、口是心非，严重的会形成思想与行为背离的性格。

不一致型：这种父母双方的教育态度和教育方法彼此尖锐对立，形成多种不一致类型。例如，一方严厉一方纵容，使孩子自小就学会用不同方法和态度对待父母，学会看脸色行事的行为方式。孩子往往在严父面前俯首帖耳，在纵容的母亲面前飞扬跋扈。这样的孩子容易变得虚伪、应付，会与人虚与委蛇、投机取巧。

不正确的家庭教育模式是多种多样的，对孩子造成的不良后果也不尽相同。要培养一个心理健康、行为端正的子女不仅要有良好的动机，还要有良好的教育态度和科学的方法。在家庭教育中，父母起了主导作用，孩子的一些行为缺陷都能从家长的教育方法上找出一些根源。父母的心理面貌、心理水平和教育能力都在孩子的行为上表现出来。"孩子是父母的一面镜子"这句名言，确实是有道理的。

问题：你认为你的父母属于哪种类型？你会属于哪种父母？

速溶咖啡为何受到冷落

在社会生活节奏越来越快的今天，人们已经习惯使用省时省力的速溶咖啡，但是，在1950年的美国，速溶咖啡刚刚面市时，购买速溶咖啡的人却寥寥无几。为了弄清速溶咖啡滞销的原因，有关人员进行了调查，许多人回答是不喜欢速溶咖啡的味道，这当然不是真正的理由，因为速溶咖啡的成分和口味同传统的咖啡毫无差别；而且，速溶咖啡饮用方便，无需花长时间去煮，也省去了洗刷器具的麻烦。为了进一步了解消费者不愿意购买速溶咖啡的潜在原因，心理学家海伊尔拟订了两张购物单，单子上所列的商品内容除一张上是速溶咖啡，一张上是豆制咖啡外，其余商品全都一样。然后调查人员把这两张购物单分别发给两组妇女，请她们描述一下按照购物单买东西的家庭主妇是个怎样的形象。结果差异非常显著：绝大多数人认为，按照含有速溶咖啡的购物单买东西的家庭主妇是个懒惰、差劲的妻子；按照含有豆制咖啡购物单买东西的家庭主妇则是个勤俭、称职的妻子。因为当时，美国妇女中存在这样一种观念：担负繁重的家务劳动如煮咖啡之类是家庭主妇的天职，任何试图逃避或减轻这种劳动的行为都应受到谴责。

由此，调查人员才恍然大悟，速溶咖啡之所以受到冷落，问题并不在于速溶咖啡本身的味道，而是因为人的观念，家庭主妇受社会观念影响，尽力去保持社会公认的完美形象，而不愿意因为购买速溶咖啡而遭到别人的非议。

原因找到之后，生产厂家对速溶咖啡的广告作了调整，不再强调简便的特点，而着重宣传速溶咖啡同豆制咖啡一样醇香美味，消除了女性顾客购买时的心理障碍。很快，速溶咖啡销路大增，不久便成为西方国家最受欢迎的一种饮料，现在，速溶咖啡这种简便饮品已经被人们普遍接受。

问题：

1. 速溶咖啡刚刚面市时为何受到冷落？顾客说的原因与实际情况是否一致，为什么？

2. 通过上述案例可以看出女性顾客哪些心理特点？在我们周围，有没有类似的由于受某种观念影响而使新产品推广受阻的现象？哪些类型的顾客最容易受其影响？

3. 生产厂家对广告宣传的重点作了调整后，速溶咖啡的销售量为什么会大增？

●补充阅读资料

如何与老年人相处

到目前为止，我国老年人生活的环境，仍然是西方老人羡慕的"老人乐土"。因为，我国家庭成员之间的依附和聚合力较强，老人处于家庭伦理形象的中心。在家庭中不少老人在处理子女关系、亲朋友谊、左邻右舍的协调时都还具有平衡作用。同时我国老年人，尤其是老年妇女，几乎到很高的年龄还帮助小辈操持家务，这对子女来讲，无疑是一种享受。我国的老人在经济消费上虽然不如子女，但他们大部分乐意接受简朴的生活方式。老人一般不与子女争吃争喝，也不追求豪华的现代享受。但是子女与老人的矛盾并没有因此而减少。其中较为突出的是子女与老人之间的感情矛盾。这里讲的感情矛盾，并不是说子女不爱父母，也不是父母不喜欢子女，而是指两代人感情需求上的错位与冲突。

由于子女与老人分别站在两个年龄阶梯上看对方，对什么叫"幸福晚年"的认识有很大的差距。子女觉得，自己对双亲是有良心的。老人生病，全家总是竭尽全力寻医找药，调理医治老人，饮食起居方面，老人也不用担心忍饥挨饿，缺衣少穿。他们希望老人太太平平、安安静静地过日子。用这种幸福标准来看待老人，就觉得老人身在福中不知福，整天唠唠叨叨，怨这怨那，好像对什么都不满意。在子女心目中，老人变成一个不近人情的怪人。而老人觉得，子女成人之后变得无情无义，什么事也不和自己商量，心目中只有妻子儿女，把自己当成一个只张口吃饭的"活死人"。对老人提出的看法与意见，轻则不理睬，重者抢白、反驳几句。晚饭之后，他们在自己房间里欢声笑语，而老人房间里是那么孤寂、凄凉。许多老人讲"这真不是人过的日子"。

人进入老年之后，对物质享受的"硬件"需要不难得到满足，但对于感情的"软件"需要却似乎"欲壑难填"了。这种矛盾，是造成许多老人与子女同住家庭的不愉快的主要因素。甚至许多被认为是子女孝顺、老人慈爱的家庭，也难以摆脱这种感情桎梏。作为子女，应根据老年心理变化的特点，学会与老人相处的艺术，积极协调与老人的关系：

（一）尊重老人的自尊心，不顶撞老人

人在年轻的时候，被人顶撞几句，全然不放在心里，因为你那时是朝气蓬勃的强者。而到了老年期，进入了"弱小社会集团"，是否得到别人的尊敬，成了生活的第一价值。老人受到子女的顶撞后，会感到羞辱、失望、嫉恨。因此，对于老人的意见，首先要耐心听完，切莫半路打断。听完之后，应尽量择其合理部分，充分肯定，并按照老人的意见去做，特别要注意，千万不要在亲朋面前调侃、顶撞老人。

（二）与老人闲聊是子女的义务

老人由于深居简出，社会信息不灵，再加上白天无人在家的孤寂，所以非常希望有人经常与他聊天、闲谈。许多老人当子女回到家时，常会像小孩似的找出许多话讲。而子女由于有自己的生活安排，常有意无意地回避与老人的交谈，这是老人最难忍受的。如果一进家门只与妻子、儿女说笑，那老人更感到愤懑。所以子女应将与父母谈心作为一项义务。

（三）多与老人叙旧

老人不愿丢失人生的价值，而昔日的生活、事业，是他们值得珍藏的东西。过去意味着自己勇敢、坚强、幸运、智慧的黄金时代，过去也是老人勇敢生活下去的一种"动力"。所以子女要多与父母回顾他们的往事，以及当年父母培育自己成人的一些趣事。

（四）不要嫌弃老人啰唆

喋喋不休、好讲重话、反复关照是老人思维方式的一个特点，也是行为迟钝的一种反映。正如老人的行动已不像以前干脆利落一样，讲话也容易变得唠唠叨叨。子女对老年父母的啰唆，一不能讨厌，二不能不理睬。而需要耐心解释，把家中的安排事先告诉老人，主动征求老人的意见。这样做可以减少一些啰唆。要杜绝老人的唠叨是不可能的，子女应谅解这一点。

（五）不要嘲笑老人的儿童行为

有些人到了老年，会变得任性，情绪变化无常，喜欢听赞扬的话，讲出来的话也有点无知、天真。心理学研究表明，人到老年，心理上回归儿童的现象，是人生圆圈的正常现象。我们要理解老人的这种返老还童的心理，多观察、体贴他们的需要，为老人提供新的乐趣。

男人一定剽悍，女人一定温柔吗

东西方社会对男人和女人都有一种较类似的角色模式要求。如要求男子体格魁梧，意志刚毅，大胆、有魄力，心胸开阔；要求女子则是纤弱娇小，温柔文静，敏感聪颖。如果一个男子具有女子的一些外形与气质特点，就会被人斥之为"娘娘腔"；而女子若具有男子的一些气派和行为，就会被人称作"假小子"。可能是受到时代潮流的影响，也可能是社会发展的必然，"假小子"的人数似乎在增多，而且这种称呼包含有某种褒义。但从总体上看，男女无论在体形、神态、气质还是行为方面，各自的性别差异仍是泾渭分明的。

是不是世界上的男子都一定要剽悍威武？世界上的女子都一定要温柔文静？

不同社会文化背景里的男女角色标准并不相同。请看人类学家米德（1935）对新几内亚三个现代原始部落性别角色标准和行为的调查结果。米德调查了阿拉佩什、门杜古莫和特哈布

利三个部落。调查发现，阿拉佩什和门杜古莫两个部落几乎没有性别角色的差异。但是阿拉佩什部落里的男女所显示的行为都是在其他许多社会里较认为是女性的行为；而门杜古莫部落男女所显示的行为却是些传统上被认为是男性的行为。阿拉佩什部落里的人都较友好、合作，似乎不喜欢坚持己见；而门杜古莫的男女却都是互相敌视、好攻击人、残忍的人。阿拉佩什部落的父亲和母亲都要负责抚养婴儿。特哈布利部落的男女，扮演了与我们设想的传统男女角色截然相反的角色。在那里，男子敏感，会关心人，依赖性较强，对艺术和手艺感兴趣。相反，女子有独立性、进取性，在对事情下决断时，往往由女子起着决定性作用。

米德的研究告诉人们，尽管传统的男女性别角色是个普遍现象，但所谓的男子行为与女子行为却都是传统文化的特定产物。生理上的差异虽然对男女行为有重要影响，但起决定作用的还是社会文化背景。这也启示人们，男女角色的行为有很大的可塑性。

●课外训练

到商场开展一次对不同年龄阶段或性别的消费者的消费心理和购买行为特征的调查研究，分析当前不同年龄和性别的消费者的消费心理特征和消费行为现象。

●本章小结

本章主要从年龄和性别两个细分方法来讲述不同年龄阶段和不同性别的消费者的购买行为特点和消费心理特征，为企业产品打开特定目标市场提供原则性的建议和方法。

●复习思考题

1. 儿童消费者有什么心理特征？儿童商品市场营销有哪些心理策略？
2. 简述青年消费者购买行为的一般心理特征。
3. 简述女性消费者市场行为特征和女性消费者购买行为心理特征。
4. 简述中老年消费者购买行为特点和心理特征。
5. 简述男性与女性在购买行为和一般心理状态的差异。男性消费者购买行为心理特征是怎样的？

第六章 生产经营活动购买者的消费心理分析

●知识目标
1. 掌握生产经营活动消费者市场的特点
2. 理解并掌握影响生产经营活动购买者的因素
3. 掌握生产经营活动购买行为类型与购买行为过程
4. 理解并分析生产经营活动购买的营销心理策略

●能力目标
能够根据生产经营活动的消费者的消费心理特点开展有针对性的营销活动

●教学重点
1. 生产经营活动购买者的特点和影响因素的分析
2. 生产经营活动购买行为类型和过程
3. 分析与讨论生产经营活动购买的心理策略与技巧

小王是否该卖这台机器

小王是一家企业的销售员,他刚刚接到经理的通知,看来他九月份的定额是完不成了。这已是第三个月,他一直未完成任务。除非他以后几个月有较大起色,否则很难实现年度配额。这样他将失去年终奖。在谈话中,小王被告知他是唯一一个完不成任务的销售员,这对他的前途将产生很坏的影响。

现在小王有一个老客户表现出对自己企业某种大型机器的兴趣,因为售价5万元,一旦成交,小王将扭转被动局面。但是他知道这种机型不适合这位客户的生产线,别的客户已出现此类问题,但这位客户尚不知道。其他销售员却依旧在销售此类机器,公司虽然正在采取纠正措施,但短期内机器仍将有问题。当然,小王也不想失去奖金和这份工作。

问题：

1. 如果你是小王，你会怎样做？
2. 小王的销售经理可以怎样帮他？
3. 公司对于机器的质量问题应该采取什么措施？

生产经营活动市场的发展，对于整个国民经济的发展具有重大意义，这是因为生产经营活动是扩大再生产的物质基础，只有加强生产经营活动的流通才能保证第一部类和第二部类扩大再生产的需要，才能使国民经济建立在高度技术基础之上，促进社会主义市场的全面繁荣。

一、生产经营活动购买者的特征

生产经营活动购买者指生产经营活动企业和营销服务企业等生产性集团用户。由于生产经营活动购买者购买商品是要用于生产消费，因而他们的购买行为与最终消费者的购买行为有明显不同，主要表现在以下方面：

1. 购买数量少但规模大

最终消费以个人或家庭为单位，生产消费则以企业为单位。因此，与最终消费品购买者相比，生产经营活动购买者的数量是十分有限的。从商品推销角度看，人们无法知道最终消费者到底有多少，他们究竟是谁。但人们却可以大体了解某一生产部门的生产经营活动购买者有多少，它们分别是哪些企业。生产经营活动购买者的购买规模很大，因为生产消费不同于最终消费，它的消费过程直接又是生产过程。成批生产必须以成批的生产经营活动购进为前提。生产经营活动购买的规模取决于企业的加工生产能力。

2. 市场需求具有配套性和关联性

生产经营活动商品在消费上具有整体性的特点，必须按照一定工艺技术的要求组合起来，才能投入生产消费。因此生产经营活动市场的需求具有配套性。另外，由某一种生产所产生的要求，带动其他产品生产对市场的需求，因此，生产经营活动市场的需求有关联性的特点。

3. 市场需求是派生的需求

由于生产经营活动的需求是建立在消费资料需求的基础上的，因此，生产经营活动购买者市场的需求，最终取决于生活资料市场的需求。例如，由于消费者需要自行车、洗衣机、电冰箱等，就会引起生产经营活动购买者市场上对钢材的需求。

4. 购买专业性强，需求无弹性

生产经营活动购买者的技术要求是很高的。具体来讲，原料购进必须符合一系列的理化标准，以保证最终消费品的质量。购进的原料的性能特征还必须与现有工艺流程、机器设备相适应，以保证生产顺利进行。生产设备与原料的购买相比次数少，但它的技术性更高。生产设备内部结构复杂，各家生产企业生产不同的产品，因而对生产设备都有特殊的要求。此外，购进的机器设备还必须与现有的设备、能源动力供应相配套。生产经营活动购买者基本没有需求弹性，即它们的购买量受价格波动的影响小。如炼钢厂不会因为矿石涨价而减少进货，饭店不会因为肉鸡跌价而大量采购。生产经营活动需求缺乏弹性的原因主要有两方面：

（1）企业的生产规模相对稳定，企业采购必须与生产规模相吻合。采购不足生产难以正常运行，采购过多则积压资金。

（2）生产消费不因最终消费"水涨船高"，而是高进可以通过高出得到平衡。

5. 购买者须具有专门的商品知识，购买基于理智动机

生产经营活动购买者的购销，一般数量大、技术复杂且价值高，因此，一般都是专家购买、专家销售，购买者都基于理智动机，十分慎重，往往在成交前需要有较长时间的谈判期。

6. 直接采购为主，卖主相对稳定

生产经营活动购买者市场一般以产销直接见面为主。这是因为一方面工业购买者购货时间集中、批量大，属批发进货，购销双方完全有能力直接交易，减少中间环节，以降低费用；另一方面生产经营活动技术性要求很高，一般中间商无法提供有关专业咨询和技术服务，因而也难以开展经营活动。生产经营活动的买卖双方关系是相对比较稳定的。这是因为生产经营活动技术要求很高，能够提供符合技术要求的产品的供应商数量十分有限，因而生产经营活动购买者面临的卖主选择范围很小。一般情况下，生产经营活动购买者购进一批原材料或设备后，只要产品适用、质量高，对方信用可靠、服务周到，它就愿继续购买，与对方建立长期协作关系。

二、影响生产者购买的因素

1. 外部环境因素

外部环境因素是企业经营的不可控因素，它主要包括三个方面：国家宏观经济发展状况；科学技术发展状况；政治法律环境的制约。

2. 企业内部因素

企业内部因素包括三个方面：企业的业务状况；企业营销策略；企业的采购制度。

3. 企业领导和人际因素

企业领导的经营观念和理念、创新态度、冒险精神、领导的魅力和威信、在企业中权力的大小、是民主还是专断等将直接影响企业的采购决策。企业内部各个部门之间关系的协调程度，人员之间的融洽友好程度，这些都将直接影响采购人员的采购行为。

4. 采购人员的个人因素

生产企业的采购任务最终是要落实到采购人员身上的，因此，具体经办人员的职务地位、购买者个人年龄、收入、受教育程度、职位、性格及对待风险的态度、心理素质、文化修养、业务水平、事业心和负责精神等都会直接影响生产经营活动购买者的购买行为。因此，生产经营活动营销活动的对象应当是具体决策的参加者，而不应当笼统地看成一个企业。

对于一个组织来说，以上四个影响因素中各个因素对企业的采购行为的影响程度，与个人购买的影响因素的影响顺序是不相同的。具体地讲，对于个人来说个人因素大于领导因素，领导因素大于组织因素，组织因素大于环境因素；而对于组织购买者来说则是环境因素大于组织因素；组织因素大于领导因素，领导因素大于个人因素。

三、生产经营活动购买者的购买过程

生产经营活动购买者的购买过程大致有以下八个阶段：

1. **认识需要**

当企业意识到需要购进某种生产经营物品时，生产经营活动购买者便开始其购买过程。导致需求认识产生的原因是多方面的，其中主要有新的生产计划确定、原有设备报废、决定开发新产品、发现原有原料不能令人满意、发现新的物美廉价的替代品等。

2. **确定需要**

确定所需产品的特征和数量。这一阶段工作一般要会同设计、生产、财务等部门一起商量。

3. **说明需要**

指定专家对所需品种进行价值分析，作出详细的技术说明，确定待购产品的具体规格、性能、型号以及交检期并将采购工作落实到个人。

4. **寻找供应商**

在采购新材料、新设备的情况下，可以由设计、生产部门直接指定供应商，也可由采购人员寻找新客户。

5. **征求建议**

建议采购人员向有关供应商征集建议书，这时供应商将送来产品目录，并附有详细的产品说明，有时还会派专门推销人员前来洽谈。采购人员应该对各个供应商的产品进行分析比较。

6. **选择供应商**

企业可以运用适当的选择决策方法，如专家打分法、评分量表法、价值分析法等方法。

7. **履行常规购货手续**

即采购员与供应商具体洽谈，签订购货合同。

8. **评估购买结果**

采购人员对本次购买活动以及效果进行评估，为以后采购提供有益的参考资料、总结经验教训等。

四、生产经营活动购买者市场的营销活动应做好的工作

根据生产经营活动购买者的特点和购买动机，应该从以下方面做好工作：

1. **选择和培养优秀的工程技术人员负责销售工作**

生产经营活动买卖专业技术性很强，在具体洽谈过程中，销售人员需要向买主介绍产品的功能、技术特征，解答用户的各种疑问。因此，生产经营活动推销人员不仅要懂得营销规律和推销技巧，还必须具备很高的专业技术水平，并精通自己所推销的商品。

2. **强调质量和性能**

通过强调自己的生产经营活动能够保证产品生产的质量、提高产品的性能或提供自己产品的优越性能来吸引生产经营活动购买者的购买兴趣，特别是领导或决策者的强烈兴趣和欲望，增大推销成功的可能性。

3. 针对生产经营活动的特点做好各种促销工作

首先，要重视人员上门推销这种形式，因为生产经营活动产品技术性能复杂，推销人员向顾客进行详细解释，可以得到较好的效果。其次，必须注意通过样品、内容详尽的说明书、实际操作方法，向顾客介绍产品的功能、操作、保养知识。第三，应积极参加各种供货会、展览会，展示自己的产品，挖掘新客户。

4. 强调企业需要以及给企业带来的利益

由于影响生产经营活动购买的各个因素中，外部环境因素是组织的不可控因素，所以推销员在推销时，应强调企业需要和该生产经营活动商品能够给企业带来的巨大的或良好的经济效益，激发组织需求，避免因为采购人员的自身素质而影响销售。

5. 耐心、周到，做好售后服务工作

与最终消费品相比，很明显生产经营活动商品的售后服务更为重要。这方面的工作包括送货上门、帮助安装、调试，培养操作人员，及时提供必要零配件，甚至要帮助用户解决某些技术难题。只有做好售后服务工作，用户才会感到产品的可靠、适用，从而重复购买，成为企业长期稳定的客户。

●课堂训练

1. 就你所熟悉的一种生产经营活动购买者，分析其购买行为、购买过程以及应该考虑哪些因素，并分析与生活资料购买过程和应考虑的因素有何差异。

2. 面对无需求弹性、专业性强，对供应商要求相对稳定的生产经营活动购买者，你认为应该如何操作才能提高销售效果？

●案例分析与讨论

精诚所至，金石为开

在推销过程中，推销员经常做的事情是：一次又一次地拜访顾客，但又一次接一次地被顾客拒绝。只有那些仍坚持不懈地继续推销的推销员，才有可能获得成功。日本某光学公司的龟田先生，就是这样一个在不断遭到拒绝后仍然坚持不懈地继续推销而获得成功的人。

有一次，龟田先生向某家造船厂推销公司的新产品阳画感光纸，虽然他知道这家造船厂的晒图纸消耗量极大，而且该厂又有法国进口的染色机、晒图机以及拥有最好的厚纸，阳画感光纸想打入这家造船厂是很困难的，但他还是决定去和他们打交道。具有决定权的是该厂实验所的所长矶田先生，矶田先生是一个顽固且不通情达理的人。他对龟田先生说："虽然你从大老远的地方来，不过，我们自己能够生产纸张，所以不必向外购买，请你不要多说了，多说也没用！""不，我虽然不能天天来，但只要我有空，一定会再登门拜访的。"龟田答道。后来，龟田又陆续去了好几次，不过，有时候他们根本无法见面。遇到这种情况时，龟田一定会留下一张名片，然后才离去。因此，一次拜访可能产生二次拜访的效果。回家之后，不论感到多么疲劳，龟田都要写信向对方致谢。

就这样，经过三番五次的拜访，矶田先生已知阳画感光纸的优点比晒图纸多，即使成本高了一些，但仍有它的价值所在。但矶田先生仍固执己见，不想使用阳画感光纸。

一天，当龟田又去时，矶田对龟田说："你虽然来回奔波，旅途劳累，但我也觉得很烦了！今天我不想陪你了。"说完，转身就走。龟田一直等了很久，也不见矶田先生回来。百般无奈，龟田一个人走到晒图机旁，观看晒图机的作业情况。就这样，时间一分一秒地过去了，他自己也不知道看了多久。"你在这干什么？"听到矶田先生的声音，龟田高兴地说："这台机器相当不错，只是……不知道它还可以使用多少年……如果机器出现故障的话，你们是不是可以改用我公司的阳画感光纸呢？""你居然想到了这件事？"矶田先生叹了口气，只好说："好吧，我们就试试你的阳画感光纸吧！""哦，真的？"龟田高兴得不知道说什么好，终于推销成功了。

思考：面对生产经营活动购买者，你认为应该如何做才能推销成功？

●补充阅读资料

带着创意拜访顾客

张涛在香港推销界已干了20多年。在这20多年里，他推销过多种产品，从一个门外汉变成一位推销高手。在别人请教他成功的经验时，张涛说："推销员一定要带着一个有益于顾客的构想去拜访顾客。这样，你遭遇拒绝的机会就会少，你就会受到顾客的欢迎。推销员要做建设性的拜访。"

张涛的一个客户是一位五金厂厂长。这位厂长多年以来一直在为成本的增加而烦恼不已。张涛在考虑如何才能帮助客户把成本降下来。一次，张涛偶然地去访问一家与该五金厂毫无竞争关系的客户时，产生了一个想法。然后，张涛再次来拜访五金厂厂长，把自己的构想详尽地谈出来。厂长根据张涛的构想，把360种存货减少到254种，结果使库存周转率加快，同时也大幅度地减轻了采购、验收入库及储存、保管等事务，从而降低了费用。而后，五金厂厂长从张涛那里购买的产品大幅度地增加。

要能够提出一个有益于顾客的构想，推销员就必须事先搜集有关信息。张涛说："在拜访顾客之前，如果没有搜集到有关信息，那就无法取得成功"，"大多数推销人员忙着宴请客户单位的有关负责人，我则邀请客户单位的员工们吃顿便饭，以便从他们那里得到有利的信息。"

一次，张涛和客户单位的员工边吃边谈，得知该公司业务部在那一周里一直在加班，并了解到每个月他们都会如此加班，原因是所用的电脑出了问题。

"我所获得的这些资料已足够我去接近客户"，张涛说，"当我访问该公司时，便针对他们问题的症结，向他们提出办公设备的事情。同时，我也提供他们实际的数据，让他们做一比较。从比较中，他们得知六家同业公司，都因减少加班时间，每个月就至少节省几千元的加班费。"

张涛仅如此稍做一点准备，搜集到一些信息，便采取针对性的措施，打动了客户。张涛正因为认真地寻求可以助顾客一臂之力的方法，带着一个有益于顾客的构想去拜访客户，所以才争取到不计其数的客户。

谁参与购买决策

产业用户内参与购买决策过程的所有成员形成一个采购中心，不同企业采购中心的规模大小差异很大。小企业采购中心的成员可能只有一两个人，大企业则可能由一位高级主管率领一批人组成采购部门。另外，根据所购产品的不同，购买中心的组成也有不同。采购中心的所有人员具有同一采购目标，并分担决策的风险。具体分析其中每种角色又有不同，这些角色可概括为以下几种：①实际使用者，通常首先由他们提出购买建议。②影响者，企业内外一切对最后购买决策有影响的人，如使用者、技术人员、推销员均可能是影响者。③决策者，拥有决定权的人。一般情况下，决策者就是采购者，但在交易大而复杂的情况下，决策者可能是企业主管，由他批准采购人员的采购方案。④采购者，被企业正式授权具体执行采购任务的人。⑤控制者，能阻止卖方推销人员与企业采购中心成员接触，或控制外界与采购有关的信息流入企业的人，如采购代理人、接待员、电话员、秘书等。

　　针对上述情况，产业市场的营销人员应具体了解在用户企业中，谁是购买决策的主要参与者，他们各自的影响程度如何，他们的评价标准是什么等，然后才能制定出有效的推销对策。

●课外训练

　　针对生产经营活动购买和生活资料购买行为过程的差异，从价格、质量、数量、必须性、购买弹性、影响因素、购买决策等几个方面开展一次市场调查，分析生产经营活动购买与生活资料购买行为的关系，并分析给我们以什么启示。

●本章小结

　　本章主要讲述生产经营活动市场购买者的购买行为特征，影响生产经营活动购买行为的因素分析，生产经营活动购买者的类型和购买行为过程，针对生产经营活动购买者应该采取哪些适当的心理策略。

●复习思考题

　　1. 生产经营活动市场购买者的特征有哪些？
　　2. 分析生产经营活动购买的动机。
　　3. 分析影响生产经营活动购买行为的因素。
　　4. 生产经营活动购买的类型与过程有哪些？
　　5. 生产经营活动市场购买行为心理策略有哪些？

第七章 网络消费者消费心理分析

●知识目标

1. 掌握网络消费者群体的特点和网络消费需求的特征
2. 掌握网络消费者消费需求动机及其分析
3. 掌握并理解个人消费者与组织机构消费者的网络购买过程的异同点

●能力目标

能够利用网络消费者的消费心理，开展卓有成效的网络营销活动，扩展企业产品的销售渠道和销售量

●教学重点

网络消费者需求的特征，网络消费者群体的特点，网络消费者消费动机分析和网络消费者网上购买行为过程分析

书籍网上购买率最高

有关调查显示，人们在网上购买频率最高的是书籍和音像制品，首先，46.9%的人表示在网上购买过书籍或音像制品；其次，有32.8%的人表示曾在网上购买过电脑软件；再次，是家居日用品，有18.8%的人表示曾在网上购买过。此外还有艺术画、手工艺品、手机、电话卡、上网卡等。

图书的网上购买中独占鳌头，一方面与商品自身的特性有关。图书不仅体积小、重量轻，而且不怕跌落及碰撞，在运送过程中损耗率最小；另一方面，还与消费者长期的消费心理有关。许多网上书店既能跨越时空为消费者提供最快捷、最详尽的出版资讯，又能在价格上提供诸多的打折优惠，吸引了大批网民的眼球。中国最大的图书网站"当当网上书店"、中国最大的电子商务网站"8848"、广东地区最大的电子商务网站"壹号网"以及中国最大的互联网站新浪所创办的电子商务网站"新浪商城"等，都是网络消费群体经常光顾的地方。

问题：为何网上书籍购买率最高？

网络营销已发展成为一种重要的营销方式，现代企业应该重视和加强网络营销，分析消费者的网络消费心理和消费行为，促进产品销售。

按照网络消费者的消费主体划分的话，网络消费者可分为个人消费者、企业消费者、政府消费者三大类。

一、网络消费者概述

（一）网络消费者需求的特征

由于互联网商务的出现，消费观念、消费方式和消费者的地位正在发生着重要的变化，互联网商务的发展促进了消费者主权地位的提高；网络营销系统巨大的信息处理能力，为消费者挑选商品提供了前所未有的空间，使消费者的购买行为更加理性化。网络消费是一种新型的消费形式，与传统的消费形式相比，网络消费需求主要有以下九方面的特点：

（1）消费者消费个性回归。

（2）消费者需求的差异性。

（3）消费的主动性增强。

（4）消费者直接参与生产和流通的全过程。

（5）追求消费过程的方便和享受。

（6）消费者选择商品的理性化。

（7）价格仍是影响消费心理的重要因素。

（8）网络消费仍然具有层次性。

（9）网络消费需求具有超前性和可诱导性。

（二）网络消费者的需求动机

1. 需求动机

网络消费者的需求动机是指由需求而引起的购买动机。要研究消费者的购买行为，首先必须研究网络消费者的需求动机。需求理论对网络需求层次的分析，具有重要的指导作用。而网络技术的发展，使市场变成了网络虚拟市场，但虚拟社会与现实社会毕竟有很大的差别，所以在虚拟社会中人们希望满足兴趣、聚集、交流三个方面的基本需要。

2. 心理动机

心理动机是由人们的认识、感情、意志等心理过程而引起的购买动机。网络消费者购买行为的心理动机主要体现在理智动机、感情动机和惠顾动机三个方面。

二、网络个体消费者消费心理分析

（一）网络个体消费者群体的特点

网络消费者是网络营销的主要个体消费者，也是推动网络营销发展的主要动力，它的现状决定了今后网络营销的发展趋势和道路。网络消费者群体主要具备以下四个方面的特征：

1. 个性化

由于目前网络消费者多以年轻、高学历消费者为主，他们拥有不同于他人的思想和喜好，有自己独立的见解和想法，对自己的判断能力也比较自负。所以他们的具体要求越来越独特，而且变化多端，个性化越来越明显。因此，从事网络营销的企业应想办法满足其独特的需求，尊重消费者的意见和建议，而不是用大众化的标准来寻找大批的消费者。

2. 理性化

由于网络消费者是以大城市、高学历的年轻人为主，他们不会轻易受舆论左右，对各种产品宣传有较强的分析判断能力，因此从事网络营销的企业应该加强信息的组织和管理，加强企业自身文化的建设，以诚信待人。

3. 年轻化

因为这些消费者以年轻人为主，因而比较缺乏耐心，当他们搜索信息时，经常比较注重搜索所花费的时间，如果链接、传输的速度比较慢的话，他们一般会马上离开这个站点。

4. 兴趣化

这些网络消费者爱好广泛，无论是对新闻、股票市场还是网络娱乐都具有浓厚的兴趣，对未知的领域报以永不疲倦的好奇心。

网络消费者的这些特点，对于企业加入网络营销的决策和实施过程都是十分重要的。营销商要想吸引顾客，保持持续的竞争力，就必须对本地区、本国以及全世界的网络消费者的情况进行分析，了解他们的特点，制定相应的对策。

（二）影响个体消费者网络购买的因素

影响消费者上网购买的因素有社会阶层、家庭环境、风俗时尚、个人心理等。此外，在网络环境中主要还受到以下外在因素的影响：商品的价格、购物的时间、购买的商品种类、选择范围和商品的新颖性。

（三）个体消费者网络消费购买过程

消费者的购买决策过程是消费者需要、购买动机、购买活动和买后使用感受的综合与统一。网络消费者的购买过程可分为以下五个阶段：确认需要、信息收集、比较选择、购买决策、购后评价。

三、组织机构网络消费特征分析

（一）组织机构网络消费特征

网络组织机构市场主要是指由各类上网的组织机构形成的对企业的产品和服务需求的总和，这是一个庞大的市场。在电子商务中，中间商的渠道优势将不复存在，因此网络组织机构市场主要是企业市场和政府市场两种类型，其营销对象主要是那些通过网络进行购买的企事业单位和政府部门。与网络个体消费者市场相似的是，二者都有人为满足某种需要而充当购买者的角色、制定购买决策等。但二者在市场结构与需求、购买单位性、决策类型与决策过程等方面有着明显的差异，网络组织机构消费者有以下一些基本特征：

（1）购买者数量较少，分布较集中。

（2）购买频率低，一次购买数量大。

（3）购买者的购买需求是引发需求。

（4）需求弹性小，受价格变化影响较小。

（5）购买的理智性强，一般由专业人员实施购买。

由此可见，组织机构的网络购买与传统方式下的购买行为并没有根本上的不同，但网络购买在运作上有着自己的特色。

（二）组织机构的网络使用目的

调查表明，企业上网除搜集信息、对外联络外，从事网络销售或购买产品，为客户提供服务与技术支持等经营活动也越来越多。

对政府部门来说，Internet 为政府采购创造了良好的条件。美、英等国的政府采购已通过网络电子招标的形式进行，这样既高效、低成本，又规范、透明、公平、公正，而且也引导生产和流通企业采用电子商务高效率、低成本地进行商品的生产和销售。随着世界经济一体化，网络电子招标将为政府采购制度的完善、采购行为的国际化提供了广阔的前景，这也是政府机构使用 Internet 的目的之一。

（三）组织机构网络购买过程

作为典型的 B to B 交易形式，组织机构的网络购买过程与 B to C 方式有许多不同。

1. 认识需求

购买过程是从企业的某些人员认识到要购买某种产品以满足企业的某种需求开始的。认识需求是由两种刺激引起的：

（1）内部刺激。如企业生产所需购置的原材料、生产设备所需的零部件等。

（2）外部刺激。如看到网络广告与在网络上发现了合适的新产品或物美价廉的产品。

2. 确定需求

认识需求后，接着就要确定所需品种的特征和数量。如果是非标准产品，采购人员需要和使用者、技术人员共同研究确定。

3. 物色和选择供应商

在网络购买过程中，可采取多种方式寻找最合适的供应商，传统方式下，企业的采购部门是通过查找工商企业名单或其他的商业资料来寻找合适的供应商，但这些资料往往滞后于实际情况的发展或不准确、不全面。而进行网络购买，企业消费者除可采用传统的渠道外，还可充分利用 Internet 传播和发布信息的优势，通过搜索引擎或相关信息网站，迅速找到众多的供应商，并可通过上供应厂商的网站比较详尽地了解其生产、技术和经营的情况，以及所需产品的资料。购买者还可在相关网站上发布求购或招标信息，说明要采购的产品名称、品种、规格、数量等，邀请供应商在规定的期限内投标。目前网络上有许多这样的商务网站，如前面提到的阿里巴巴商务网；另外许多政府网站和 ICP 也提供这类服务，如外经贸部网站就设置"招标栏目"，为中外企业提供多领域、大范围的招标信息，涉及商品配额招标及设备、物资、工程的采购标讯。

4. 交易洽谈、订货与支付

网络的交易包括通过网络索要产品技术资料、报价单等有关供货信息，洽谈、商定价格等业务细节，填送订购单、支付购货费用、出具发货通知单等。网络明显缩短了上述环节所耗费的时间，大大加快了交易的速度。鉴于目前网络交易的安全问题，加上跨国采购或支付还有许多技术性的问题尚未解决，因此进行网络购买的组织机构一定要了解供应商所采用或能接受的订货程序和支付方式。

5. 检查合同履行情况，对供货过程进行监控

在网络购买签约后，采购方可通过 Internet 对供应方履行合同的情况进行跟踪，如与 Cisco 公司签订合同的客户，可凭订单号码登录 Cisco 的网站，了解其订货的生产、发送全过程。不仅如此，Cisco 的网站还与 DHL、Federal Express 等商务运营商的网站链接，从而使消费者可随时了解从起运到通过海关的整个交货过程。

在将所采购产品交付使用单位后，采购部门还要向使用者征求意见，了解其使用的满意程度，检查和评价供应商履行合同的情况，并将有关意见或建议通过网络及时反馈给供应商。

●课堂训练

你会在网上购物吗？购物流程是怎样的？

●案例分析与讨论

内蒙古经贸网络工程公开招标成功

1998 年 4 月 3 日，受内蒙古经贸信息中心的委托，内蒙古机电招标中心就内蒙古经贸网络工程进行了公开招标，经过招标中心、信息中心和评标专家的共同努力，网络工程招标取得圆满成功，为转变政府采购方式提供了有益的范例。

（一）项目概况

内蒙古经贸信息网络工程计划用资 100 万元，于 1998 年 6 月底开通。该网络将连通委内各处室、各盟市经贸委、自治区有关领导、有关厅局和区内各个重点企业。其中经贸委办公楼内 25 个站点，采用 Ethernet 局域网；远程站点 50 个，采用程控电话拨号方式联网。为保证网络运行的可靠性和先进性，服务器采用数据处理速度较快的小型机，并为今后网络扩充提供硬件方面的准备。

（二）招标经过和效果

根据内蒙古经贸信息中心的需求方案，招标中心对国内部分技术实力较强的计算机网络公司发出了招标邀请，共有 9 家公司参加投标。经过一个多月的紧张筹备，1998 年 4 月 3 日在呼和浩特市王府饭店公开开标。开标大会全过程在内蒙古自治区公证处公证员的监督、公证下进行。内蒙古自治区经贸委党组成员、纪检组组长周子民到会并作了重要讲话。在招标前，经贸信息中心对工程方案进行了细致的调研工作，提供的技术需求方案完整、合理。在招标过程中，招标中心的招标操作规范、严谨，切实做到了公平、公正、公开。各位评标专家在对各投标商投标文件仔细阅读和认真质疑的基础上，从公司实力、商业信誉、硬件选型、软件设计方案、网络结构等方面予以综合评价。结果，中国长城计算机软件与系统公司以 76 万元一举中标。为确保工程的顺利实施和及时的售后服务，经信息中心同意，中标方选定内蒙古联想高技术公司作为本地的合作商，负责售后服务工作。1998 年 4 月 8 日，在经贸委会议室，三方共同签订了工程合同。此次招标活动效果显著，节约资金约 24 万元。

（三）招标结果评价

内蒙古经贸信息网络工程项目的招标结果表明：招标为业主选择方案最优、技术最强、价格最廉的供应商提供了契机和保障，不失为一种高效科学的采购方式。具体可以表现在以下两个方面：

（1）节约投资、缩短周期。通常的项目谈判大多是一对一方式，不利于横向比较，很难避免一些无意义的重复工作，至少要花费几个月的时间。招标中心介入后，对9家投标商集中询标、商务谈判，几个月的工作只需一周即可全部完成，既能够充分体现买方主权，又可以采购到质优、价廉的设备，节约了政府投资，缩短了采购周期。

（2）净化市场、反腐倡廉。把招标机制引入政府机关的办公设备采购，在自治区尚属首例。办公设备招标采购，可以为业主构造一道保护屏，避开"说情风"的干扰。同时，招标机构聘请经验丰富的专家组成结构合理的评标委员会，对各投标商进行质疑和评定，有利于实现科学决策，降低投资风险，避免国有资产流失，从根本上维护了购买者的利益，是机电设备招标服务于政府采购的有益尝试。内蒙古自治区经贸委作为该区机电设备招标工作的上级主管部门，能把招标的竞争机制引入委内办公设备采购，既为全面推动自治区机电招标工作作了表率，又在自治区党政机关廉政建设工作中带了一个好头。

问题：内蒙古经贸信息网络工程有何作用？

火不起来的电子商务

虽然厂家们一直不懈地宣扬着电子商务，但是网络消费仍然不见"火"起来。网络消费受冷遇的原因是多方面的，除了网络信用，还有经营模式等。

（一）时尚不流行

在互联网迅速发展和日益普及的今天，究竟会有多少消费者在网上购物呢？深圳最近对市民网上购物情况做了一次调查，调查的结果颇有代表性。

在深圳，互联网的普及程度比较高，网络已经融入了新一代深圳市民的生活。在此次调查访问中，有八成以上的被调查者表示上过网，而且有三成多的被调查者经常上网，从未上过网的仅为二成左右。

在此次访问中，43.3%的被访者认为我国网上消费的社会条件不成熟，认为现在网上消费还处于刚起步阶段和只适合少数商品的各有28.4%，17.7%的被访者认为根据现在的网络发展出现网上购物太超前了。

（二）规避网络信用问题

网络消费受冷遇的原因是多方面的，其中一个重要的因素就是网络信用问题。自从网上购物出现后，消费者购物纠纷常见诸报端。对网络消费的担忧其实是世界性的，在西方国家，尽管网上购物已成为一种时尚，但不安全感也随之而来，法国一家国际研究公司对16个国家的8 500名网民进行了一项问卷调查，结果显示，法国有63%的网络消费者最关心他们使用信用卡在网上购物会被人盗取信息。这一比例在所有国家中位居榜首。排在第二位的是英国网民，他们中的55%担心在网上购物时会遭遇不测。接下来是加拿大（54%）、巴西（51%）、日本（50%）和美国（47%）。调查表明，美国网民对网上购物最放心，因为他们中只有42%对这种消费形式持排斥态度。

（三）安全问题首当其冲

我国互联网络发展速度非常快，可是调查显示对网上消费这一事物的认可度却十分低。因为网民们对网上购物存在着诸多的顾虑。

首当其冲的就是网上消费支付的安全问题，43.9%的被调查者担心网上消费支付的安全系数低。没有权威的网络安全保护，"黑客"、"木马"、"网络后门"等危险名词让许多网民望而止步。

其次是担心网上购物的质量问题。大部分被调查者认为，在网络上对商品的了解只是通过几张图片和一段文字，不能像现实生活那样直击商品实物。在这种不能有足够感性了解的情况下，一旦所购买的商品出现了质量问题，就会与网站产生无休止的纠纷。

所以，在目前尝试的网上购物中，网民们只会选择购买书籍、音像制品、电脑软件、家居日用品等小金额物件。

问题：

1. 通过本案例资料分析为何目前网络消费是这种状况？
2. 为何国外网络购物普及程度比我国高？你认为应该怎样做才能解决这个问题？
3. 为何目前网络消费的主要是小金额物件？

●补充阅读资料

网络个体消费者特征分析

网络个体消费者市场是为网络个人和家庭消费者销售消费品和服务的网络市场。与现实中的个体消费者市场相同的是，在网络市场中，消费者购买实物产品或服务产品的目的是满足自己的最终消费；个人和家庭是市场的基本购买单位。但由于网络的特点，网络消费者市场与现实消费者市场有许多不同，因此，研究网络个体消费者的购买动机、影响其购买行为的主要因素以及购买过程等，对于有效地开展网络营销活动至关重要。可以将网络消费者的特征归纳如下：

（一）男性居多

统计资料表明：无论在国内，还是在国外，在过去几年里，网络购物者多为男性。值得指出的是，这种局面正在被打破，以男性为主的网络消费者市场格局将不会持续太久，Nielsen/NetRatings 机构 1999 年底的调查表明：随着更多的妇女上网，美国网民的性别差距已经开始缩小，尤其是 1999 年圣诞节购物狂潮阶段，网络购物男女人数达到了平衡，各占 50%。一些经营玩具、宠物、个人护理用品、小百货、健身健美、家庭及婴幼儿用品的网站女性购物者已经占到了 65%。最近一项研究表明，女性控制着 75% 的家庭消费资金，而且家庭 80% 的消费计划也都是由女性说了算，因此根据对女性的消费习惯分析，专家认为，在以后的几年时间里，女性网络购物（尤其是大众消费商品）人数将后来居上超过男性，开始全面主导网络消费者市场。

（二）中青年为主

中青年消费者，尤其是青年消费者在上网者中占有绝对的比重。这批人一般都崇尚创新、自由等特质，很容易被新事物所影响，而且接受新观念、新知识快。他们也很愿意在网络上购物，因此青年人所喜欢的电脑、CD唱片、游戏软件、体育用品等都是网络的畅销商品。这类市场目前是网络市场最拥挤的地方，也是商家最为看好的一个市场。

（三）具有较高的文化水准

Internet要求其使用者熟悉计算机及网络操作，并具备快速阅读的能力。因此，文化水准较高的人士，如教师、学生、科技人员和政府官员的上网比例较高。另外，从职业和个人兴趣方面来看，上网者多为电脑相关职业者或爱好者，他们因工作或兴趣的需要而接触到网络，正是由于这些原因，计算机软硬件的销售十分看好，网络书店的生意也非常红火。计算机软件销售商Sausage Software，从事Web页面制作软件的销售，其目标市场明确界定为编辑和出版商。著名的Amazon网络书店的成功更是这方面的典型实例。

（四）高中等收入阶层

上网消费者大都属于中等收入水平，否则难以维系上网费用。近两年来，随着Internet的普及，上网费用有所降低，但对低收入阶层来说，网络消费仍然难以实现。

（五）主要集中于少数几个经济发达地区

美国的上网者约占全世界网民总数的1/3，在我国，北京、上海、广东、江苏4个上网人数最多的地区，网民就占了全国上网人数的51.3%，其中，北京网民占全国网民的1/5。

综上所述，网络购物与网络消费者的整体特征及个人可支配的消费金额有很大关系，而目前网络购物的主力是年龄分布在20～35岁且受过较高教育、经济收入较宽裕、地理上高度集中于少数经济发达地区的男性网络个人消费者。

这些特征表明网络消费者更注重自我，个性化需求突出，不是那种用大众化商品就能随便打发了的人；他们有自己的想法，对自己的判断力非常自负，而且头脑冷静，擅长理性分析，不易为广告或潮流所左右；同时，他们反应敏锐，对新事物有着孜孜不倦的追求，并且接受迅速；他们兴趣十分广泛，有强烈的好奇心，喜欢追根问底；好胜而缺乏耐心也是目前网络消费者的一个显著特征，如果浏览一个站点很费时间，他们会转而去访问别的站点。

网络消费需求的特征

由于互联网商务的出现，消费观念、消费方式和消费者的地位正在发生着重要的变化，互联网商务的发展促进了消费者主权地位的提高；网络营销系统巨大的信息处理能力，为消费者挑选商品提供了前所未有的选择空间，使消费者的购买行为更加理性化。网络消费需求主要有以下八个方面的特点：

（一）消费者消费个性回归

在近代，由于工业化和标准化生产方式的发展，使消费者的个性被淹没于大量低成本、单一化的产品洪流之中。随着21世纪的到来，这个世界变成了一个计算机网络交织的世界，消费品市场变得越来越丰富，消费者进行产品选择的范围全球化、产品的设计多样化，消费者开始制定自己的消费准则，整个市场营销又回到了个性化的基础之上。没有哪两个消费者的消费心理是一样的，每一个消费者都是一个细小的消费市场，个性化消费成为消费的主流。

（二）消费者需求的差异性

不仅仅是消费者的个性消费使网络消费需求呈现出差异性，不同的网络消费者，因其所处的时代、环境不同，也会产生不同的需求。不同的网络消费者，即便在同一需求层次上，他们的需求也会有所不同。因为网络消费者来自世界各地，有不同的国别、民族、信仰和生活习惯，因而会产生明显的需求差异性。所以，从事网络营销的厂商，要想取得成功，就必须在整个生产过程中，从产品的构思、设计、制造，到产品的包装、运输、销售，认真思考这些差异性，并针对不同消费者的特点，采取相应的措施和方法。

（三）消费的主动性增强

在社会化分工日益细化和专业化的趋势下，消费者对消费的风险感随着选择的增多而上升。在许多大额或高档的消费中，消费者往往会主动通过各种可能的渠道获取与商品有关的信息并进行分析和比较。或许这种分析、比较不是很充分和合理，但消费者能从中得到心理的平衡以减轻风险感或减少购买后产生的后悔感，增加对产品的信任程度和心理上的满足感。消费者主动性的增强源于现代社会不确定性的增加和人类需求心理稳定和平衡的欲望。

（四）消费者直接参与生产和流通的全过程

传统的商业流通渠道由生产者、商业机构和消费者组成，其中商业机构起着重要的作用，生产者不能直接了解市场，消费者也不能直接向生产者表达自己的消费需求。而在网络环境下，消费者能直接参与到生产和流通中来，与生产者直接进行沟通，减少了市场的不确定性。

（五）追求消费过程的方便和享受

在网上购物，除了能够完成实际的购物需求以外，消费者在购买商品的同时，还能得到许多信息，并得到在各种传统商店没有的乐趣。今天，人们对现实消费过程出现了两种追求的趋势：一部分工作压力较大、紧张程度高的消费者以方便性购买为目标，他们追求的是时间和劳动成本的尽量节省；而另一部分消费者，由于劳动生产率的提高，自由支配时间增多，他们希望通过消费来寻找生活的乐趣。今后，这两种相反的消费心理将会在较长的时间内并存。

（六）消费者选择商品的理性化

网络营销系统巨大的信息处理能力，为消费者挑选商品提供了前所未有的选择空间，消费者会利用在网络得到的信息对商品进行反复比较，以决定是否购买。对企事业单位的采购人员来说，可利用预先设计好的计算程序，迅速比较进货价格、运输费用、优惠、折扣、时间效率等综合指标，最终选择有利的进货渠道和途径。

（七）价格仍是影响消费心理的重要因素

从消费的角度来说，价格不是决定消费者购买的唯一因素，但却是消费者购买商品时肯定要考虑的因素。网络购物之所以具有生命力，重要的原因之一是网络销售的商品价格普遍低廉。尽管经营者都倾向于以各种差别化来减弱消费者对价格的敏感度，避免恶性竞争，但价格始终对消费者的心理产生重要的影响。因为消费者可以通过网络联合起来向厂商讨价还价，产品的定价逐步由企业定价转变为消费者引导定价。

（八）网络消费仍然具有层次性

在网络消费的开始阶段，消费者偏重于精神产品的消费；到了网络消费的成熟阶段，等消费者完全掌握了网络消费的规律和操作，并且对网络购物有了一定的信任感后，消费者才会从侧重于精神消费品的购买转向日用消费品的购买。

●课外训练

根据案例分析提供的相关资料设计一份关于网络消费心理与行为的调查问卷。

●本章总结

本章从分析网络个人消费者和组织机构消费者两类网络营销对象各自的特征、购买动机以及影响购买的因素入手，对网络环境下的消费者和组织机构两个市场及其购买过程进行了探讨。

●复习思考题

1. 网络消费需求有哪些基本特征？
2. 网络消费者群体有哪些特点？
3. 为什么说"兴趣、聚集和交流"是网络消费者新的需求动机？请举例说明。
4. 试比较个人消费者与组织机构消费者的网络购买过程的异同点。
5. 我国网络组织机构市场和购买行为发展的制约因素有哪些？如何克服？
6. 网络组织机构消费者有哪些特征？

第八章 产品设计的消费心理分析

●知识目标

1.掌握消费者对新产品的心理需求

2.掌握新产品设计的心理策略

3.掌握新产品购买者的类型和心理策略的运用

4.掌握不同产品生命周期的销售心理策略

5.消费流行与产品生命周期的关系

●能力目标

知道并理解产品设计以及购买者的消费心理；能够利用新产品购买者的消费心理进行产品的设计

●教学重点

新产品设计的心理策略和心理需求；新产品购买者的类型及针其的心理策略的运用；不同产品生命周期的销售心理策略和新产品的定位策略

小刘瓜子

小刘瓜子产于安徽，这里也是"洽洽"、"傻子"等知名瓜子品牌的故乡。在名牌瓜子济济一堂的故乡能拥有一席之地，小刘凭的就是自己的看家产品——小刘西瓜子。小刘公司1992年用"黑小片"西瓜子顺利抢占了邻近的上海市场，在上海创下了连年销售额达1 000万元的业绩。现在的小刘食品有限公司，已拥有500多名员工和1 000多万元的固定资产，企业年产值达1 368万元，年销售总额大约1 500万元。于是，小刘公司开始了它的大规模扩张计划，要让小刘瓜子冲出上海，走向全中国。可是小刘公司没有料到，在全国设置了十几个办事处，花费了巨额成本抛出去的看家产品并没有得到其他地区消费者的青睐，全国一年的销售额还不足上海一个地区的销售额的一半。热血尚存的小刘公司另辟蹊径，开发研制了带有环保理念的"全素"瓜子，可没想到又遭遇"洽洽"等其他品牌强有力的挑战，忙活了一年，销售额还是远远不及对手。目前，依然是单一的西瓜子在上海一地的销售支撑着公司的半壁江山。

问题：

1. 指出小刘瓜子市场战略的优缺点。
2. 小刘瓜子新产品遭遇市场失败的原因有哪些？
3. 请你为小刘瓜子制定以后的市场战略。

一、产品整体概念

产品整体概念是指产品满足顾客所有基本需要的因素组合。它包括三个层次：

（1）核心产品，是指顾客购买某种产品时所追求的利益，是顾客真正要买的物品。

（2）有形产品，是核心产品借以实现的形式，是核心产品向市场提供的实体或服务的形象。

（3）附加产品，是顾客购买有形产品时所获得的全部附加服务和利益。

产品具有两类功能：一类是产品的基本功能，它取决于产品本身的物理性质，是有形的，对不同顾客具有同等的意义，如产品的实用方便，舒适安全，稳定适用，经济合理等；另一类是产品的心理功能，它是在产品基本功能的基础之上，能唤起或满足顾客高层次需要的功能。产品的心理功能是人为的、无形的，对不同顾客具有不同的意义，本教材主要对产品的心理功能需求进行分析探讨。

二、消费者对产品的心理需求

厂商对产品的市场营销，是希望加快新产品在一个地区乃至整个社会的扩散速度。消费者对新产品的需求和购买，受到产品因素、经济因素、社会心理因素的影响。下面主要从产品因素和心理活动因素方面，研究消费者对新产品的心理需求。消费者购买新产品，反映出消费者心理需求的发展趋向。消费者对新产品的心理需求包括以下内容：

1. 时尚流行和象征意义

时尚流行是一种社会消费现象。时尚是指在一定时期内，受社会欢迎的式样，也叫作流行式样。消费者对时尚产品的追求，其动力是人们顺应时代、渴望变化、随多从众等心理需要。例如，穿着新潮时装，反映出消费者的求新求美、求异求变的心理欲望。产品的时尚流行有其运行周期，一般经过倡导、传播、形成风气、减弱、消失等几个阶段，但不同产品的运行周期时间长短不同，如耐用消费品时尚流行周期时间较长，日用小商品时尚流行周期时间较短。

消费者的购买行为受到其个性心理特征的制约，新产品如果具有独特个性，就能够满足不同个性心理的需求。新产品的个性通过其象征意义的心理功能而发挥作用。产品的象征意义心理功能，是在人们的想象、比拟、联想等心理作用下产生的。产品的象征性，主要有时代象征性、地位象征性、性格象征性、年龄象征性、性别象征性、职业象征性等。例如，设计独特、使用巧妙的产品，可能被看作是聪明智慧、富于创新的象征；价格昂贵、款式豪华的产品，可能被看作是支付能力高、地位显赫的象征；结构简单、造型粗犷的产品，可能被看作是男性的象征；色彩明快、功能奇异的产品，可能被看作是年轻的象征；科学严谨、复杂深奥的产品，可能被看作是成就、知识的象征等。

2. 舒适安全和方便协调

舒适安全和方便协调是现代生活的主要标志之一，也是消费者对新产品基本功能的心理需求。舒适要求产品结构能够适应人体生理结构和使用要求。例如，组合家具的高度，除要考虑充分利用家庭居室空间外，其高度还要考虑经常使用者的身高和手臂长度，如果过高会在取放物品时感到不舒服，又如日本汽车制造商，把出口欧美国家的轿车，设计为车内宽敞，座位靠背的角度可自动调节，是为了适应欧美人身材高大的特点，乘坐极为舒适，很受进口国消费者的欢迎。安全感是消费者安全需要的必然反映。产品是否安全可靠，对身心健康有益还是有害，是消费者购买使用新产品时要考虑的。

产品在使用中是否便利，操作是否简单，重量是否便于搬运、挪动，保养维修是否容易等，是消费者在购买新产品时经常思考的问题，求便心理也是普遍存在的。协调是指消费者要求产品与其生活环境相协调、相配合，也就是从整个消费系统中去考察各种商品的功效和地位。

3. 审美情趣和个性创造

消费者对新产品的接受和购买，就要求产品具有能引起人的审美情趣的属性，产品主要由线条、形体、色彩、声音等因素构成。消费者的审美情趣因人而异，同时也随时代发展而变化。在一定历史时期内，同一消费群体有大体一致的美感内容和审美标准。如果产品脱离时代，不符合特定时期内消费者的审美标准，就不会引起消费者的审美情趣，不会给人带来愉悦和快感，自然就没有市场。消费者的个性，影响着其对时尚产品的需求。性格外向、喜欢社会交际的消费者，对时尚产品非常敏感，具有很强的占有欲望；性格内向、不善言谈交际的消费者，对时尚产品反应迟钝，购买欲望也不强烈。消费者的个性，有时还体现在消费中的创造性欲求方面。例如，初学摄影的人对自动照相机会感兴趣，但在他摄影技术大为提高以后，就会渴望根据艺术摄影的需要和兴趣调整光圈、焦距，选择不同的快门速度了，就会显示出在摄影技术方面的个性创造需求，产品如果能满足这类需求，也能够吸引消费者。

综上所述，产品因素和心理因素相互作用，成为新产品市场营销成败的关键。因此，应当研究新产品在设计中怎样适应消费心理。

三、产品设计的消费心理策略

产品设计与消费心理，不仅反映在市场销售过程中，也反映在设计生产过程中。为了使产品能够适销对路，满足消费需求，在设计中应把握以下基本心理策略：

1. 产品设计的指导思想必须适应消费的变化

所谓产品设计，就是根据使用者的要求和国家的有关技术经济政策，确定某种新产品的用途、结构、成分、性能、规格、型式，新产品加工所需用的材料和半成品以及应达到的技术经济指标等一系列工作所做的设计。这些设计内容通过图纸、技术条件说明书、各种明细表和其他技术文件表现出来，作为组织产品生产的技术依据。在进行产品设计时，要求技术先进、经济合理、符合用户使用要求。

2. 产品功能设计要符合消费者的生理要求

产品的基本功能，也就是商品具体的实用价值，是消费者购买商品时最基本的出发点。满足生理上的需要是最初始的需求，因此，符合消费者生理需要，是许多产品功能设计中首先要考虑的因素。例如服装的设计，冬衣必须能御寒，夏衣必须能遮体和便于散热，工作服必须耐磨耐脏并有劳动保护功能。近年来，国内外的产品功能设计，出现两种新趋向，一种趋向是产品向多功能发展，另一种趋向是产品向自动化发展。例如，自动开启的折叠伞、电饭煲等。自动化产品使用起来省时省力，更为方便。

3. 产品造型设计要符合消费者的审美要求

消费者购买产品，不仅要求产品有基本的实用价值，同时还要求产品的外部形象有一定的欣赏价值。随着收入的增加、生活水平的提高，一些消费者的文化艺术修养、审美观念也逐步提高和增强，购买产品时往往注意产品的造型美、艺术美、色彩美，把产品的外部形象是否符合自己的审美标准，作为是否购买该产品的决策依据。从产品本身来说，除了具有使用功能以外，还具有观赏功能。所以，产品造型设计只有根据产品的性质特点和不同的消费对象，设计出优美的外在形象，才能适应不同消费者的审美要求。儿童用品应当造型活泼、色彩鲜艳；女性用品应该造型纤巧、色调雅致；男性用品应该造型粗犷、色调大方等。

总之，一个成功的产品设计，应该是内容与形式统一，使用价值和欣赏价值和谐统一，才能赢得消费者的喜爱。

4. 产品结构设计要符合人体工程学的要求

人体工程学也称人类工程学，它是运用人体测量学、生理学、心理学和生物力学等研究手段和方法，综合地进行人体结构、功能、心理以及力学等问题的研究的科学。近十余年来人体工程学的发展十分迅速，除主要在交通工具的设计和国防工业方面应用以外，还用于一些日用工业品的设计中。一件商品，一种小工具，必须与人的机体构造相适应，才能给人以方便、舒适的感觉，"量体裁衣"就是这个道理。

5. 产品个性设计要符合消费者的个性特征

产品除了在功能、造型、结构等方面适应消费者以外，还必须体现出消费者的个性特征，才能引起人们特别的注意和喜爱。产品的"个性"凝聚在商品实体上，一般可分为这样几类：

(1) 渴望类。

这类产品主要是满足消费者渴望显示自己成熟的需求。人的一生要经历的发展阶段的成熟度不同，个性特征也有差别。渴望类产品的基本要求是时尚新颖、款式丰富、简便舒适、科学合理。

(2) 威望类。

这类产品是以愿望比拟而构成消费者心像，从而提高其社会威望的产品，消费者购买和使用这类产品，可以表现其事业进步或工作成就。设计威望类产品的基本要求是：选料要考究，款式要豪华，质量要上乘，功能要超群，产量要控制。

（3）群体类。

消费者都生活在一定的社会群体中，每个群体都有其大致相近的消费方式和消费习惯，在某个时期内，某类产品会成为一个群体成员的共同标志。设计群体类产品的依据，应该是特定对象群体的工作、生活、劳动环境、经济环境、习惯心理等。

此外还有自尊类、精神类、功能类等，不再细述。

6. 产品时尚设计要适应社会消费潮流

社会流行的时尚是变动的、短期的，它与产品的式样可能是一致的，也可能是不一致的。时尚产品流行的原因，既有科学技术发展和社会经济发展的原因，也有消费心理变化的原因。求新求美、求变求异是消费者的一般心理特点，时尚商品的流行，正是反映了消费者这种心理欲求。例如，穿着最新流行式样的服装，是为了更新的需要、审美的需要或显示与众不同的需要等。

时尚商品一旦被消费者接受，往往会形成流行现象。这对产品的生产与经营无疑是十分有利的。因此，进行新产品设计，需要把握消费水平、消费构成、消费兴趣等方面的变动；根据时尚变化运动的特点，对时尚作全面判断，对时尚运动的各个阶段进行周密分析；依照社会道德风尚和民族传统习惯，吸收市场上最新流行产品的优点，使新产品具有时代特点，适应时尚的要求。

四、新产品购买者类型和特点的分析

市场上经常有许多新产品面市，但每种新产品被消费者所接受的程度是大不一样的。有的新产品上市后，无人问津，许久打不开销路；有的新产品初上市时，其销路不错，但很快就被消费者打入冷宫；有的新产品刚上市时，无人理睬，但不久却成了市场上的热门货。所有这些情况表明，新产品的销售是一个十分复杂的问题。究其原因，除了与新产品自身的因素有关外，还与消费者心理因素、新产品扩散的信息传播渠道、新产品销售心理策略等有很大的关系，其中，消费者心理因素是重要因素。

一种新产品上市以后，并非所有知晓它的消费者都立即去购买。不同消费者由于个性心理倾向、个性心理特征、经济条件、文化知识等方面的差异，对新产品的认识、反应速度就不同，其对新产品的接受程度也不一样。如有的消费者在新产品刚上市时便购买；有的消费者是在别人试用后才购买；有的消费者是等新产品普及后才购买；还有一些消费者是在后期才购买。根据这些情况，我们将消费者按照购买的先后顺序划分为五类：最先试用者（2.5%）、早期采用者（13.5%）、中期采用者（34.0%）、晚期采用者（34.0%）、守旧者（16.0%）。

五、产品生命周期各阶段的消费心理特点及营销策略

在产品生命周期的各个阶段（产品生命周期各个阶段如图8-1所示），消费者的心理和行为都会表现出一定的共同特征和规律性。企业要制定切实可行的市场营销策略，就必须研究消费者在产品生命周期各不同阶段的消费心理及其特点。

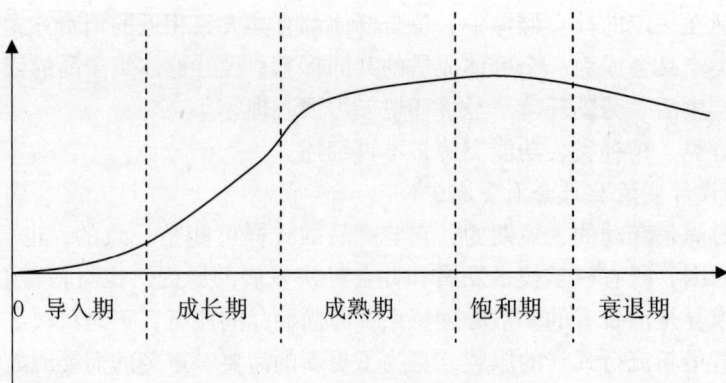

图 8 - 1　产品生命周期图

1. 导入期的消费心理特点

导入期是产品的初期发展阶段，也是产品投放市场的初期。在这一时期，产品以全新的形象展现在消费者面前。但是，由于此时的生产工艺还不成熟，生产技术还不够完善，产品设计还不够科学，产品质量和性能也不够稳定，所以，一般只有少数消费者率先购买。其余大部分消费者，由于他们对新投放市场的新产品的相关信息了解很少，因而不愿意承担购买风险；还由于他们对新产品的特点几乎一无所知，要想了解也只能依靠以往的经验，于是，暂无购买兴趣，不愿意改变原有消费习惯和消费方式。因此，企业应大力宣传新产品，引导消费者尽快认识新产品所具有的新特点。

2. 成长期的消费心理特点

成长期是新产品在市场上拥有部分消费者，并初步形成市场的时期。在这一阶段中，从生产方面看，产品在质量和性能上的被动性缩小，制造工艺和技术水平趋于完善。但是，这时竞争对手开始出现，竞争局面也开始形成。从消费方面看，消费者经过前一阶段的直接或间接的影响，对新产品已有了一定了解，于是，对新产品的兴趣和购买愿望逐步地强烈起来，购买者开始大量增加。但还有不少消费者的心理反应仍集中表现为犹豫和观望，他们希望从更多人的购买中加深对新产品的了解，以使自己购买决策的风险尽量小一些。虽然他们承认新产品具有某些新的功能和特点，但对新产品的使用、安全与合理性方面仍存有戒心。因此，企业应调整自己的宣传策略，以解除这部分消费者的后顾之忧，特别是在价格策略中，应保持价格不变或适当降低，以争取更多的消费者。

3. 成熟期的消费心理特点

成熟期是产品从生产到市场销售处于全面成熟的时期。这一时期，意味着新产品已经定型，工艺和技术水平已达到成熟，产品质量和性能已相当稳定，经济效益已达到高峰，面临着同类产品的激烈竞争。新产品进入成熟期后，因其特点表现更突出，优越性也已得到了消费者的认可。所以，购买的人数日益增多，并形成一种稳中趋升甚至供不应求的市场局面，消费者心理也由迟疑和观望转为信任和购买，特别是从众消费心理和模仿消费行为表现明显。但是，由于市场竞争激烈的原因，消费者对商品色彩、装潢、造型、价格和售后服务措施较为注重，其要求也越来越高，而且有些消费者的视线已经逐渐转向优质名牌或更新一代产品上。因此，企业应根据消费者的心理特点，进一步提高产品质量，并加强开发新型产品，以满足不同消费者的需要；同时，在价格策略上，应更多地运用心理定价方法，以吸引老顾客和发展新顾客。

4. 饱和期的消费心理特点

饱和期包括两种不同的情况：一是指消费者需求的饱和；二是指一定时期内有支付能力的购买需求的饱和。这一时期的市场特点是：竞争更加激烈，力量弱的竞争对手已开始退出市场，商品销售量出现波动；社会商品拥有量大，营销库存量也大，仿制品、代用品和变型产品不断出现，价格下降趋势明显。消费者的消费心理主要表现为部分消费者因对某产品的使用已形成一定的消费习惯，便成为该产品的忠实主顾而继续购买使用；偏于保守的消费者开始进入购买的行列，但他们一般以追求实用的消费动机为主，也有些是属于原有经济能力有限或商品信息渠道闭塞而后来居上的强者；还有一部分消费者已对现有产品不感兴趣而开始转向其他风格的替代品。从总体来看，消费者对产品的效能、质量以及工艺水平要求更高。所以，这一阶段，企业应注意开拓市场的深度，强调市场的细分化。与此同时，有条件的企业应作转产准备，并开始试制新产品。

5. 衰退期的消费心理特点

衰退期是产品在经济上处于老化，在市场上面临被淘汰的时期。严格地说，衰退期的产品已不再是新产品。由于产品已失去新颖性，其功能和特点已经不能满足大部分消费者的要求，因而对消费者已不再具有吸引力、不再有新鲜感，并已处于一种"心理废弃"状态。这一阶段，虽然不少竞争对手因能力有限而退出了市场，但市场范围仍在不断缩小，产品销售量也由缓慢下降变为急剧下降。产品进入这一阶段后，消费者主要表现出徘徊、观望、期待的心理特点，他们期待着新的替代品的出现，也期待着现有产品的降价处理。所以，消费者对现有产品的购买不断减少，有的甚至暂时拒绝购买。因此，企业应十分注意市场的新动向，并及时做出相应对策。既不能急于淘汰现有产品，也不能随便降价促销，而应该在尽量延长现有产品生命周期的基础上，尽快向市场推出自己的新产品。

六、消费流行与产品生命周期的关系

消费流行与产品生命周期有着相当密切的关系，可以说，二者的发展变化规律基本上是保持一致的，即产品生命周期所处的阶段不同，消费流行的发展方向和速度也相应不同。

1. 导入期与消费流行的关系

产品导入期，是消费流行的潜伏阶段。在这段时间里，因只有少数消费者在试探性地购买新产品，而其余大多数人还没有加入购买行列。因此，消费流行还不可能形成，只处在一种萌发状态。

2. 成长期与消费流行的关系

产品成长期，是消费流行开始形成的阶段，在这段时间里，已有较多的消费者对新产品产生了兴趣；加上他们较为迫切的心理需要，使购买的人数不断增加，并缓慢地向周边扩散，初步形成一种消费流行的趋势。

3. 成熟期与消费流行的关系

产品成熟期，是消费流行爆发性形成并迅速蔓延的阶段。在这段时间里，购买新产品的人数大幅度增加,有为获得新产品的效用而购买的,有为满足求新求变的心理需要而购买的,还有是为了仿效而购买的。可见,这一阶段是消费流行的鼎盛阶段。

4. 饱和期与消费流行的关系

在产品的饱和期,消费流行的传播速度已达到了顶点,人们追求时髦的热情开始下降,消费流行的趋势也逐步下滑,流行热潮开始降温。

5. 衰退期与消费流行的关系

在这一阶段,大多数消费者已对流行商品失去了以往的那种兴趣和购买热情,只有在少数消费者身上还能见到这种时髦的痕迹。于是,整个消费流行过程也就宣告结束。

需要指出的是,消费流行阶段不同于产品生命周期阶段,尽管它们在时间上非常吻合,但本质上不是一回事,因为在市场中的消费品并不都是流行产品。所有的产品都有生命周期但不一定都有流行周期,同时产品的市场生命周期分析是研究产品从进入市场到退出市场的过程,而消费流行则是分析不同流行阶段的消费者购买行为与心理特点,从中探索流行规律。

●课堂训练

你希望有什么功能的新产品以满足自己哪些方面的需求,为什么?

●案例分析与讨论

新可乐的失败,品牌对情感的背离

自从 1886 年亚特兰大药剂师约翰·潘伯顿发明神奇的可口可乐配方以来,可口可乐在全球开拓市场可谓无往不胜。1985 年 4 月 23 日,为了迎战百事可乐,可口可乐在纽约宣布更改其行销 99 年的饮料配方,此事被《纽约时报》称为美国商界 100 年来最重大的失误之一。

在 20 世纪 80 年代,可口可乐在饮料市场的领导者地位受到了挑战,其在市场上的增长速度从每年递增 13% 下降到只有 2%。

在巨人踌躇不前之际,百事可乐却创造着令人瞩目的奇迹。它首先提出"百事可乐新一代"的口号。这一广告活动抓住了那些富于幻想的青年人的心理。在第一轮广告攻势大获成功之后,百事可乐公司仍紧紧盯着年轻人不放,继续强调百事可乐的"青春形象",又展开了号称"百事挑战"的第二轮广告攻势,在这轮攻势中,百事可乐公司大胆地对顾客口感试验进行了现场直播,即在不告知参与者在拍广告的情况下,请他们品尝各种没有品牌标志的饮料,然后说出那一种口感最好,试验过程全部直播。百事可乐公司的这次冒险成功了,几乎每一次试验后,品尝者都认为百事可乐更好喝,"百事挑战"系列广告使百事可乐在美国的饮料市场份额从 6% 猛升至 14%。

面对百事可乐的挑战,1980 年 5 月,可口可乐董事会接受了奥斯丁和伍德拉夫的推荐,任命戈伊祖艾塔为总经理。在戈伊祖艾塔于 1981 年 3 月成为公司的董事长之后,唐纳德·基奥接任总经理。

不久,戈伊祖艾塔召开了一次全体经理人员大会,他宣布,对公司来说,没有什么是神圣不可侵犯的,改革已迫在眉睫,人们必须接受它。在这种情况下,公司开始实施堪萨斯计划——改变可口可乐的口味。

可口可乐公司在研制新可乐之前，秘密进行了代号为"堪萨斯工程"的市场调查行动，它出动了 2 000 名市场调查员在 10 个主要城市调查顾客是否接受一种全新的可口可乐，问题包括：可口可乐配方中将增加一种新成分使它口感更柔和，你愿意吗？假如可口可乐将与百事可乐口味相仿，你会感到不安吗？你想尝试一种新饮料吗？调查结果表明只有 10% ~ 12% 的顾客对新口味的可口可乐表示不安，而且其中一半表示会适应新的可口可乐，这表明顾客们愿意尝试新口味的可口可乐。但是另外一些测试却提供了一些相反情况，大小不同的消费者团体分别表明了强烈的赞成和不赞成的情绪。

1984 年 9 月，可口可乐公司技术部门决定开发出一种全新口感、更惬意的可口可乐，并且最终拿出了样品，这种"新可乐"比可口可乐更甜、气泡更少，因为它采用了比蔗糖含糖量更多的谷物糖浆，是一种带有柔和的刺激味的新饮料。公司立即对它进行了无标记味道测试，测试的结果令可口可乐公司兴奋不已，顾客对新可乐的满意度超过了百事可乐，市场调查人员认为这种新配方的可乐至少可以将可口可乐的市场占有率推高 1% ~ 2%，这就意味着多增加 2 ~ 4 亿的销售额。

为了确保万无一失，在采用新口味之前，可口可乐公司投入 400 万美元，进行前所未有的大规模口味测试。55% 的参加者更喜欢新可乐，这表明可口可乐击败了百事可乐。调查研究的结果似乎证明，支持新配方是不容置疑的了。

新可乐投产之前，一系列辅助性的决定必须相应地实施。在反复考虑以后，公司的高级经理们一致同意改变可口可乐的味道，并把旧可乐撤出市场。

然而，令人意想不到的是，在新可乐上市 4 小时之内，接到抗议更改可乐口味的电话达 650 个；到 5 月中旬，批评电话每天多达 5 000 个；6 月份这个数字上升为 8 000 多个。由于宣传媒介的煽动，怒气迅速扩展到全国。对一种具有 99 年历史的饮料配方的改变，本来是无足轻重的，可如今却变成了对人们爱国心的侮辱。堪萨斯大学社会学家罗伯特·安东尼奥论述道："有些人感到一种神圣的象征被粗暴地践踏了。"甚至戈伊祖艾塔的父亲也从一开始就反对这种改变。他告诫他的儿子说这种改变是失败的前奏，并开玩笑地威胁说要与儿子脱离关系。公司的领导们开始担心消费者联合起来，抵制其产品。

公司的调查也证实了一股正在增长的消极情绪的存在。新可乐面市三个月后，其销量仍不见起色，而公众的抗议却越演越烈。最终可口可乐公司决定恢复传统配方的生产。这一消息立刻使美国上下一片沸腾，当天即有 18 000 个感激电话打入公司免费热线。当月，可口可乐的销量同比增长了 8%，股价攀升到 12 年来的最高点，每股 2.37 美元。但是可口可乐公司已经在这次的行动中遭受了巨额的损失。

问题：

1. 你如何评价可口可乐公司对消费者所做的关于新可乐的意愿测试和口感测试？
2. 堪萨斯计划失误在哪里？对于像可口可乐这样的传统品牌在进行产品创新时应注意什么？

● 补充阅读资料

新产品购买者分析

一种新产品上市以后，并非所有知晓它的消费者都立即去购买。我们将消费者按照购买的先后顺序划分为五类：最先试用者、早期采用者、中期采用者、晚期采用者、守旧者。

（一）最先试用者

这类消费者，亦称"逐新者"。即当某种新产品刚上市，便大胆购买，迅速占有新产品，以满足其迫切的心理需要。这类消费者的特点是，个性心理特征活泼、开朗，勇于创新，不怕担风险；追求时尚、爱好交际；对新事物敏感，易于接受，市场信息灵通；自主性强，不受社会因素和群体规范的影响，不在乎别人说什么；经济状况较好。这类消费者是新产品的第一批顾客，是消费领域的"开路先锋"，并对其余消费者有极大的"领导"、影响和传播作用。因此，企业应该特别重视他们的作用，并采取具有一定刺激作用的促销手段来激励他们，使他们成为企业的"活广告"。

（二）早期采用者

这类消费者是当某种新产品刚刚被极少数人试用后便马上决定购买。他们的特点是求新、好胜、求美心理需要和购买动机强烈；其个性心理特征是追求时髦，渴望变化；市场信息来源较多，愿意接受新事物，有一定冒险精神；社会交际广泛，活动能力强，要求被人尊重，且喜欢传播信息，常成为某一地区的舆论指导者。在这类消费者中，年轻人居多，其教育水平、经济收入和职业地位等是影响他们的购买行为的主要因素。企业同样应重视这类消费者对市场消费的引导作用。

（三）中期采用者

这类消费者是当某种新产品购买者日益增多，商品的优越性逐步显露出来或得到前面两类消费者的证实、肯定后，便开始购买新产品。他们的个性心理特征是审时、慎重、情绪反应不强烈，模仿性强；他们只是有选择地参加社会活动，但不固执己见，相信相关群体成员的意见，愿意顺应社会潮流。在新产品问世之初，他们往往持等待态度，或者对商品没有产生迫切需要，或没有可靠的信息来源，或是遵从社会或群体的规范。企业对这类消费者应采取积极引导的措施。

（四）晚期采用者

这类消费者是在某种新产品已经被大多数人采用的情况下，才开始购买。其个性心理特征是审慎、求实，感情不易冲动；对事物反应缓慢，行动迟缓；社会交往比较少，不易受周围环境感染，对新鲜事物抱有一定的怀疑态度，不轻信别人的意见，遵从社会或群体的规范，注重与社会上的大多数消费者的行为基本保持一致。但也有的消费者是属于尚未产生对新产品功能的需要，或者是经济收入不高，支付能力不足；或者是市场信息闭塞；或缺少必要的文化知识水平等。对这部分消费者，企业应不断地加强对新产品的宣传力度、广度和深度，以使其尽快地认识新产品。

（五）守旧者

从某一方面看，这类消费者的思想有一定程度的僵化。他们是最后采用，有的甚至是拒绝采用新产品的人。其个性心理特征是保守、持重、顾虑重重；性格内向，有的甚至是孤僻；注意力不易转移，对事物的认识比较固定化；极端重视传统和经验，不愿改变消费习惯，社会交往少，不相信大多数人的意见，信息比较闭塞。这种人一般要到迫不得已的情况下，才肯放弃固有的消费观念、消费态度和消费习惯而最终逐步接纳新产品。此外，对他们来说，需要水平、动机强度、经济收入、个人偏好、受教育程度、职业性质，或者是自然条件不具备等，也是比较重要的影响因素。

从我国具体情况来看，新产品购买者类型的一般分布状况是，"最先试用者"和"早期采用者"，城市多于农村；经济相对发达的地区多于经济相对落后的地区；自然条件好的地区多于自然条件差的地区；受教育程度高的人多于受教育程度低的人。"晚期采用者"和"守旧者"的比例情况则相反。

●课外训练

请你到各大卖场去调查新产品上市情况，并分析这些上市新产品的销售情况以及产生这些现象的原因，那些销售较好的新产品在哪些方面做得比较好？反观销售较差的新产品又在哪些方面做得比较差，并为其提供一些你认为有效的销售心理策略。

●本章小结

在新产品设计过程中可以采取各种消费心理策略，消费者对新产品的购买按照时间先后顺序可以分为最先使用者、早期采用者、中期购买者、晚期购买者和守旧者五种类型，新产品在销售过程中应该采取有效的销售策略和促销手段，在产品的不同生命周期阶段应该采取与之相适应的营销心理策略，消费流行与产品生命周期在时间上具有一致性，但是二者却不是一回事。

●复习思考题

1. 新产品是怎样分类的？消费者对新产品有哪些心理需求？新产品设计的心理策略有哪些？

2. 不同产品生命周期的销售心理策略是什么？简述消费流行与产品生命周期的关系。

第九章　产品价格的消费心理分析

●知识目标

1. 理解产品价格体现的心理功能

2. 理解一般消费者的价格心理分析

3. 掌握产品定价与调价的心理策略研究

●能力目标

能够利用消费者对产品价格的认知心理确定产品的销售价格和开展相应的价格策略

●教学重点

产品价格体现的心理影响功能；产品定价心理策略研究和调价的心理策略研究

低价位竞争："十点利"销售法尝试

杭州市某商厦，1994 年 2 月 1 日至 8 月 19 日，7 个多月的销售收入只有 1 150 万元，亏损 50 多万元。企业经营不景气，逼得新领导班子苦心策划，于 1994 年 8 月 20 日推出"十点利"促销招数。8 月 20 日至 9 月 25 日，35 天的销售额为 1 280 万元，赢利 15 万元。所谓"十点利"销售法，就是把所销售商品的毛利控制在 10% 以内。商厦从厂家直接进货，以厂家的发票含税价为基点，从企业外批发单位进货，以批发单位发票含税价为基点，从总公司所属批发公司拿货，以各分公司确定的批发价为基点，顺加 10% 毛利为零售价，并且把这些进价向消费者公开，直接在零售标价签上注明，以接受消费者和厂商的监督。

"十点利"销售法一推出，商厦门庭冷落的局面大变，日均客流量 5 万人次，35 天中日均营业额 34 万元，比以前增加了 6 倍。由于"十点利"商品明显便宜，工薪阶层趋之若鹜。该商厦 8 月 20 日五种商品的价格与 19 日相比，平均下降 13%。许多消费者说，按"十点利"销售，你们没什么利润，如果"十点利"不行，可以增加到"十二点利"或"十五点利"，只要你们公开的价格合理，真正做到让利于消费者，我们就欢迎。

问题：
1. "十点利"销售法迎合了消费者哪些价格心理？
2. "十点利"销售法能持久地执行下去吗？

一、产品价格体现的心理功能

研究产品价格心理，主要是研究消费者在价格问题上的心理现象。其目的在于确定各种产品价格时，懂得如何才能满足消费者的心理需求，如何才能在心理上为消费者所接受，从而达到促进销售、满足需要的目的。

价格心理是消费者购买心理的组成部分，它是产品价格这一客观现实在消费者这一主体中的反映。由于消费者对价格的认识过程和知觉程度不同，因而价格心理是不同的。产品价格构成的客观依据与消费者的价格心理要求有时是一致的，有时却是矛盾的。在营销活动中往往出现这种情形：一个从理论上认为是合理的价格，但消费者从心理上不一定能够接受；相反，一个从理论上认为是不合理的价格，消费者从心理上却能接受。例如，有的消费者出于好奇心理或好胜心理购买某个产品，其价格虽然大大高于该产品本身的价值，但心理上还是乐意接受。其原因除了对产品价格知觉程度存在差异外，还与消费者的个性心理特征有关。可见，价格对消费者有其一般的、共同的心理影响功能，在一定程度上影响消费者的购买行为。价格的心理影响功能主要有以下几点：

1. 衡量产品价值和产品品质

在市场经济活动中，为什么质量相同的产品，只是包装不同，价格却有较大差别，且消费者也愿意购买？为什么有的新产品价格昂贵，却有不少消费者愿意购买？为什么处理产品削价幅度越大，消费者的疑虑心理反而增加？这些现象产生的原因，主要是消费者在价格心理上把价格看作是衡量产品价值和产品品质的标准，消费者这一价格心理现象与价格构成的基本理论是一致的。从价格构成理论看，一切商品的价值都是由生产该产品所耗费的社会必要劳动时间决定的。在以货币为媒介的情况下，产品的价值只能以货币来表示，并借助货币来衡量产品价值。所以产品价格的差别所反映的是以货币所代表的商品价值的不同。

从价格对心理影响的功能来看，不管产品购买者是否具有经济学的知识，总是把产品价格、产品价值和产品品质三者联系起来看，把产品价格看成是产品价值的货币表现，看成是产品品质的标志。认为价格高的商品，产品的价值就大，产品品质就好。所谓"一分钱一分货"，就是这种价格心理现象的具体反映。特别在现代市场中，由于生产技术的突飞猛进，产品品种越来越多，新产品不断出现，一般的消费者都感到对商品的好坏难以辨别，更难知道产品价值的多少。特别是对一些特殊用途的产品，如医药品、化妆品、电器等，购买者对产品价格和产品品质的知觉，不仅要顾及产品的基本属性，还要考虑其衍生的特性。因此，一般都在心理上把产品价格看成是价值的符号、品质的代表。

2. 自我意识比拟

产品价格本来是产品价值的货币表现，其作用在于有利于商品的交换。但是，从消费者价格心理的角度看，它还有另外一种作用，这就是购买者把产品价格作自我意识比拟的心理作用。也就是说，产品价格不仅具有劳动价值的意义，也有社会心理价值的意义。

对产品价格的这种自我意识比拟的心理作用，其原因是购买者在心理活动中通过联想与想象，把产品价格与个人的愿望、情感、个性心理特征结合起来，通过这种比拟来满足心理上的要求或欲望。这种自我意识比拟包括多方面的内容，一般有社会地位的比拟、文化修养的比拟、生活情操的比拟、经济收入的比拟等。

产品价格与消费者本身的气质、性格、兴趣、动机等个性特征以及观念、态度等有关，因此，其具体表现是因人而异的。消费者把产品价格作自我意识的比拟，可能是有意识地进行，也可能是无意识地进行，但共同点都是从社会生活出发，重视产品价格的社会价值意义。

3. 刺激或抑制消费需求

从产品价格与需求关系的一般理论看，价格的变动会影响需求的变动。在其他条件不变的情况下，当某种产品价格上涨时，消费者的需求量会减少；当价格下降时，需求量会增加。价格影响需求的变量有多大，受着产品需求弹性的影响。不同种类的产品，需求弹性是不同的。一般说，对人民生活关系密切的必需品需求弹性小，非必需品需求弹性大。不同需求弹性的产品对价格变化反映的灵敏程度是不同的。

产品价格对需求量的影响，在价格心理上有同样的反映，价格心理对需求的影响更为复杂，主要表现在两个方面：

（1）心理需求越强烈，对价格的变动越敏感。例如，时尚服装与一般式样服装比较，消费者对前者的敏感性高，假如价格降低，需求量会增大；消费者对后者的敏感性低，价格的变动对需求量的影响不会很大。

（2）价格的变动可能使需求曲线向下延伸。如上所述，在一般情况下，价格与需求量具有相反变化的倾向。但是，由于消费者价格心理的影响，或出自购买前的紧张心理，或出自期待心理，这种相反变化倾向也有许多例外。例如，当某产品价格上涨时，人们出于购买前的紧张心理，认为价格可能还会上涨，反而刺激其购买的心理需求；当某产品价格下跌时，人们出自期待产品价格继续下跌的心理，反而会抑制其购买行为。

总之，价格的心理功能比之价格的一般功能复杂得多，后者虽是前者的基础，但消费者的价格心理是经常受到社会生活和个性心理特征影响的。在市场营销活动中，要对产品确定一个适当的价格，能为消费者所接受，除要研究价格构成的一般理论外，还要研究消费者的价格心理。

二、消费者的价格心理分析

消费者的价格心理是消费者在购买活动中对价格的认识这种心理现象，它反映出消费者对价格的知觉程度，也反映出消费者的个性心理。消费者的价格心理与价格对消费者的心理影响功能难以严格区分，两者互相联系、互相促进。因此，要充分发挥价格的心理功能，使之有利于促进销售，必须通过剖析消费者在认识价格问题上经常发生的心理现象，深入了解消费者的价格心理。下面就消费者在认识产品价格问题上几种常见的心理现象进行研究。

1. 消费者对价格的习惯性

产品价格尽管具有一定的客观标准，但由于消费者不一定知道产品生产技术的发展情况，也不一定知道产品价值的变动情况，因此，消费者对产品价格的认识，是从多次的购买活动中逐步体验的，并形成了对某种产品价格的习惯性。

这种习惯性心理对消费者的购买行为有重要影响。消费者往往从习惯价格中去联想和对比价格的高低涨落以及产品质量的优劣差异。同时，许多消费者在已经形成的习惯价格的基础上，对产品价格都有一个上限和下限的概念。如果产品的价格超过上限，则认为太贵；如果价格低于下限，则会对产品质量产生怀疑。例如，同一商品在市场上出现多种价格，购买者在心理上会对习惯价格产生信任感，而对其他价格产生各种怀疑。因此，有些产品即使质量不变，价格又低于购买者习惯价格，但如果不加以宣传和说明，初期也不一定能打开销路。

消费者对许多产品价格都经历过从不习惯到习惯的过程。但是，习惯价格一经形成．就不容易改变。习惯性价格的变动，对消费者价格心理的影响很大，对企业以至社会经济生活也会造成一定的影响。因此，在调整价格时，对习惯性价格的变动，必须采取慎重的态度。

2. 消费者对价格的敏感性

所谓价格的敏感性，是指消费者对产品价格变动的反应程度。消费者对产品价格大体上是有一个标准的。这种想象中的价格标准是人们在长期的购买活动中，由于意识、想象、习惯以及对产品品质的体验而形成的。例如，对蔬菜、粮食、肥皂、牙膏等日用消费品的价格，由于人们想象中的价格标准是比较低的，有一定的购买习惯与使用习惯，对产品品质也容易体验，因而对价格变动的敏感性高，心目中的价格上下限幅度也是小的，超过这个幅度范围，引起价格心理上的反应就比较强烈。所以，对日用消费品采取薄利多销的策略，是符合消费者价格心理的；而对耐用消费品、化妆用品、新产品等，人们想象中的价格标准是比较高的，其上下限幅度也较大，因而对价格变动的敏感性也就低一些。

3. 消费者对价格的感受性

这是指消费者对产品价格高低的感觉程度。价格的高与低都是相对来说的，消费者对价格高低的判断，往往是与同类商品进行比较，或是在同一售货现场中对不同类商品进行比较而获得的。因此，消费者的心理活动对商品价格高低的判断有一定的影响，感觉、知觉程度不同，判断的结果就有差异。

一般来说，购买者对产品的"昂贵"与"便宜"的判断，除了考虑定价本身的因素影响外，还经常根据产品的重量与大小等去判断。但是，购买者常常会出现错觉，如在现实市场活动中常常出现这种情况：同样价格的产品，放在出售高档品的柜台中可能滞销；放在廉价商品柜或低系列价格柜台中，因消费者认为比较"便宜"而畅销。两销售情况往往大不一样。当然，贵重的特殊产品被放在出售低档品的柜台中，也会降低这种产品的特殊性与地位，从而影响销售。这些都是由于消费者对价格感受不同而产生的价格心理。

4. 消费者对价格的倾向性

这是指消费者在购买过程中对产品价格选择的倾向。商品一般都有高、中、低档之分，它分别标志产品不同的价格与质量。不同类型的消费者出自不同的价格心理，对产品的档次、质量、商标都会产生不同的倾向性。倾向于选购高价产品的消费者，总认为各类产品各有不同的质量，而质量又是与价格密切相关，名牌产品是高质量的标志。因此，在选购商品的过程中，对高价、高质、名牌带有明显的倾向性。倾向于购买低价产品的消费者，在价格心理上则认为价格不能完全代表质量，在每类产品各档次之间的质量差别不会很大，商标的社会意义与实际意义也不大，只要能购买到经济实惠的产品就满意，甚至不太理想也无所谓，即普遍存在着一种廉价心理倾向。

这说明，不同的消费者由于经济地位不同，购买经验与消费方式不同，对价格的理解不同，也可能对产品价格有着不同的心理反应和不同的选择倾向。

三、产品定价的心理策略

在产品定价过程中应充分考虑到消费者对价格的心理反应，这实际上是从"消费者对不同价格有不同的心里感觉"而派生出来的定价方法。研究定价方法中的心理因素，目的主要是通过对市场上某些定价方法与消费者心理相互关系的研究，帮助我们对心理性定价法进行有益的探索。

1. 非整数定价法

非整数定价法又称尾数定价法，就是给产品定一个带有零头数结尾的非整数价格。这是一种典型的心理定价法。其中主要是运用消费者对产品价格的感知差异所造成的错觉来刺激购买。实践证明，非整数定价法有以下几方面的心理作用：

（1）给消费者以定价准确的心理信息。

（2）给消费者以价格偏低的心理信息。

（3）给消费者以数字合意的心理信息。

当然，非整数定价法并非适用于所有的产品和所有的消费者。对于价格较高的产品采用非整数定价法，会显得过于烦琐。这样不仅不能使消费者满意，还会引起消费者的反感。因为有的消费者并不在乎价格中的这点"零头"，只要求方便和能满足某种心理需要。

2. 整数定价法

整数定价法也叫方便定价法，就是将价格尾数去掉或升为整数的定价方法。整数定价法能起到加强消费者对产品的记忆和加强产品形象的作用，并能使消费者产生一种高质量的荣耀感，还可方便价款找零。

3. 习惯价格定价法

所谓习惯价格，就是消费者对经常消费的产品，经过多次购买之后，对原有价格有了固定认识，形成了对这种产品价格在心理承受上的习惯性。消费者对某种价格的习惯性心理一旦形成是很难改变的。为此，在确定消费者购买频率比较高的必需的生活日用品价格时，应尽量采用消费者已经形成固定认识的习惯价格。

采用习惯价格定价，可以给消费者以价格合理的感觉和价格稳定的印象。提高价格的方法是多种多样的，比如，采取提高产品质量，增加产品功能，改变产品型号，或改换商标和包装等措施，先给产品以新的形象，然后再用新的价格代替原有价格，由此逐步形成消费者的新的习惯价格。

4. 折让优惠定价法

折让优惠价格包括折价与让价，所以又称为折让价格。这是一种以降低销售价格或给予购买者价格折扣等方式来争取销售量扩大的定价策略。其心理作用是刺激和鼓励购买者增加购买量和连续购买。

折让价格的形式很多，但一般有特定的优惠对象。例如，对购买的金额或数量达到规定限度的顾客给予一定幅度的折扣优惠；对经常购买某种产品的顾客给予价格上的优惠；对在产品试销期间带头购买的顾客给予优惠；对在销售淡季购买商品的顾客给予优惠，对促进产品销售有贡献的顾客给予优惠等。可见，折让优惠价格的心理作用是直接而显著的，是一种行之有效的促销手段。但是，利用折让优惠一定要实事求是，不要弄虚作假，否则就会失信于人。其后果是不仅不能获取应有的效果，反而会将原有的顾客赶走。

四、产品调价的心理策略

产品调价是由于影响产品价格形成和确定的某些因素发生了变化而对产品原有价格作相应变动的一种方法，包括提价和降价。

（一）产品提价的心理策略

从价格竞争的角度来看，产品提价会引起消费者和中间商的不满心理。因此，产品提价应讲究一定策略，使他们能理解并接受。一般来说，产品提价应按以下策略进行。

1. 提价幅度不宜太大、速度不宜太快

产品价格是直接反映市场经济状况的晴雨表，是关系到国家利益、企业利益、消费者切身利益的最敏感问题。从目前情况看，消费者最关心的问题之一仍是产品价格的稳定问题。因此，企业应根据消费者的这一心理因素，尽量控制对产品的随意提价，即使是在非提价不可的情况下，也要控制提价的幅度和速度，即提价的幅度宜小不宜大，提价的速度宜慢不宜快。要循序渐进，不能急于求成，要走小步，走一步看一步，而不能走大步，企图一步到位。

2. 掌握时机，适时提价

提价的时间性非常重要。因为任何一种产品的提价，消费者都会表现出一时的不适应性，甚至会激发出不满情绪。因此，产品的提价必须掌握时机，要在条件具备的形势下进行，以避免消费者不良心理现象的产生。比如，若在市场总体物价水平相对稳定的条件下大幅度地提高某产品的价格，定会引起广大消费者的抱怨，有的消费者甚至会拒绝消费该产品，这样对企业非常不利；如果是在市场总体物价水平处在高位上而且一直居高不下的条件下提价，消费者一般都难以察觉，即使察觉到了也能表示理解。

3. 宜被动提价，不宜主动提价

消费者对企业的主动提价和被动提价会产生两种不同的心理反应。所谓主动提价，从某种意义上说，就是在同行业中率先提价。一个企业先于其他企业给商品提价，会极大地影响消费者对该企业产品的消费。由此而造成的后果是不仅达不到预期的目的，反而会因消费者购买数量的减少而影响企业的经济效益，甚至影响到企业的形象。被动提价，简而言之，就是等竞争对手的同类产品价格提高以后自己才提价。这么做既可以巩固老客户，还可以发展新客户，而且对于以后的被动提价，消费者也是可以理解和接受的，也不会损及企业的形象和利益。

4. 宜间接提价，不宜直接提价

直接提价是指随着生产成本的增加和市场因素的变化而直接提高商品的价格。直接提价与

主动提价一样，会给企业带来不必要的麻烦和损失。间接提价是指企业维持原产品价格不动，只是采取减少有关费用开支的方法来达到经济效益提高的一种"变相提价"。因产品原因该提价而没提价，势必导致企业利润的减少甚至亏损。为了弥补这一损失，企业只有采取减少用于社会服务的部分开支，提高批发起点价，降低销售折扣率等方法，以"节约"开支，增加利润。间接提价利用消费者渴求物价稳定的价格心理来刺激购买。这种方法的采用，往往可以达到拓宽市场、增加销售、提高经济效益和占据市场竞争有利地位的目的。但是，因提高了批发起点价而降低了销售折扣率对中间商不利，所以需要做必要的解释工作或采取别的行之有效的补救措施。

（二）产品降价的心理策略

产品降价是企业参与市场竞争的重要手段之一。当然，产品降价的因素是多方面的，比如，因企业产品库存积压较严重，造成企业资金周转困难，影响企业的正常生产时，要考虑降价；因产品质量与自己相当的竞争对手已先于自己降价时，为了保持自己的市场占有份额，也必须降价等。但是，不论企业从哪方面的因素来考虑给产品降价，都要从消费者的购买心理出发，以达到促销的目的和企业营销目标的实现。为此，产品降价应着重考虑一些心理策略。

1. 降价次数宜少不宜多

消费者对产品提价会产生一种恐慌感，面对产品降价则会表现出一种不以为然的心理反应，特别是对那些频繁降价的产品，消费者更是不予理睬，有的甚至会产生一种反感情绪。因为在他们看来，好货不降价，降价无好货。企业频繁地给产品降价，一定是因为产品质量差，即使降了价也销不出去，才被迫一次又一次反复降价。因此，产品降价的次数要尽量少，最好能争取一步到位。

2. 降价幅度应能引起消费者的注意

消费者虽然最关心物美价廉这一问题，但从消费者的价格心理来看，并不都希望价格越低越好。产品降价幅度不宜过大，也不宜过小。降价幅度过大，消费者会认为是因为产品质量低劣才大幅度处理销售的，从而不愿意购买；降价幅度过小，消费者又会认为降价与不降价差不了多少，也不愿意购买。因此，降价幅度应以能引起消费者的注意为最好，但最大不应超过50%；否则，消费者会对商品质量产生怀疑。

3. 灵活运用直接降价与间接降价策略

直接降价是指直接降低某种产品售价的方法。间接降价是指维持原售价不动，只是采取增加折扣率等来销售产品的方法，实际属于一种变相降价。直接降价可以根据不同性质产品或不同销售场合，分别采取多次小幅度降价或一两次大幅度降价的方法来达到促销的目的，但是，这种方法也容易刺激竞争对手的相继降价竞销。而间接降价有一定的隐蔽性，可以暂时避免因刺激竞争对手而导致的全方位的降价竞销。

4. 宜主动降价，不宜被动降价

主动降价是指在本行业中，企业率先降低某种产品的价格，以达到促销目的的降价方法。被动降价是指在竞争对手降价后，自己的产品才开始降价的方法。在市场竞争比较激烈的情况下，如果企业的产品质量与竞争对手的产品质量相当或略优于竞争对手，主动降价往往可使企业处于有利地位，从而扩大市场占有份额，增加产品的销售量，提高企业的经济效益，甚至有可能挤垮竞争对手。即使企业的综合力量比较薄弱，采用主动降价方法，也可使企业占据主动地位，带来一线希望。主动降价方法一般只适于市场供求平衡或供大于求的商品。被动降价带有一定的逼迫性，大都是在处于无奈的情况下才采用。

价格调整损害顾客利益，影响企业形象

　　某汽车企业在汽车市场价格看跌的时候推出一款新型家用微型汽车，受到消费者的青睐，新车的定价采取了撇脂策略。面对当时的降价传言，企业的有关人士称近期内不会降价。但不出一个月，由于受其他品牌降价的影响，该款车降价幅度达10%。此次降价虽在意料之中，但该企业在消费者心目中的形象受到很大影响。

五、价格变动与消费者的心理、行为反应

　　产品价格不是固定不变的，它会随着生产成本和市场因素的变化而变化。对于产品价格的变动，消费者会表现出各自不同的心理反应。其原因是每一个消费者对商品价格的理解程度、经济地位和社会地位、个性心理特征不同；不同产品与人们生活关系的密切程度不同，人们对产品价格变动的心理承受能力也不一样。

（一）消费者的正常心理、行为反应

　　消费者对产品价格变动的正常心理、行为反应，表现在心理方面是对产品价格的变动显得无所谓，心理十分平静、自然、谐和，甚至表现出一种不以为然的淡漠，既不会为产品的大幅度降价而感到激动、兴奋，也不会为产品的大幅度涨价而感到惶恐、不安，一切顺其自然。至于行为方面，从总体来看，当价格发生较大变动时，需求量不会发生大幅度的增减变化，即当价格上涨时，需求量不会有明显的下降；当价格下降时，需求量也不会有明显的增加，一切都趋于平静和正常。

（二）消费者的反常心理、行为反应

消费者对产品价格变动的反常心理、行为反应具体表现在两方面。

1. 产品价格上涨时的心理、行为表现

当产品价格上涨时，特别是当某些产品价格上涨幅度比较大时，其心理与行为表现为：

　　（1）认为价格上涨是通货膨胀所造成的恶果，于是减少储蓄、大量抢购，觉得存钱不如存货保险。

　　（2）认为某产品之所以涨价，是因为产品质量好，属于畅销紧缺产品，若不及时购买，以后有可能买不到，于是争先购买。

　　（3）怕产品价格继续上涨，认为现在不买，以后就要多出更多钱才能买到，还是早买为好。

2. 产品价格下降时的心理与行为表现

当产品价格下降，特别是下降幅度比较大时，会有以下心理行为反应：

（1）认为产品降价是因为其质量低劣想尽快脱手，降价无好货。所以，对降价产品一般不予理睬。

（2）认为产品降价是因为可能有新的产品上市。老产品降价是为了处理积压库存而为新产品的上市让路，所以，一般也不予购买。

（3）认为既然已经降价了，就会继续降价，还是先等一等再说，所以持币待购。

总之，不论任何时候、任何情况下的产品价格变动，都会出现消费者的正常与不正常的心理与行为反应。我们所要做的工作是，通过对这方面的心理现象的研究，正确地引导消费者的不良心理反应，使之走上正常的消费轨道，从而使我们的市场营销工作得以顺利进行。

●课堂训练

1. 描述自己一次外出成功购买商品的经历，并分析自己这次购买行为的成功和不足之处。该商品的销售在价格方面是否采用了本章的定价、调价等方面的策略？

2. 你是怎样看待我国旅游产品的定价的？它有何弊端？

●案例分析与讨论

不二价

在台湾，制鞋业较发达，因而竞争也激烈。台北市的金华皮鞋公司在经营上常出别人不敢轻易尝试的新招，并取得意想不到的效果。

一天，地处延平北路的金华皮鞋公司门口，挂出了"不二价"的特大招牌。所谓"不二价"即不还价。这在当时的延平北路可谓风险冒得太大，因为人们已形成一种概念，买东西照标价付钱是最傻不过的事。久而久之，厂商们索性把售价提高两倍左右，以便还价时折扣，也好让买、卖双方满意。金华公司实施"不二价"不久，很多顾客对某双皮鞋非常中意，可就是由于根深蒂固的"怕吃亏"心理，总觉得照标价付钱亏了，使许多眼见成交的生意吹了。

金华遇到了历史上最冷清的时期。许多职工抱怨："创什么新，干脆恢复原先的作法，用虚浮价格来满足顾客拣便宜的心理。"公司老板叫杨金彬，主意是他出的，听到职员们的抱怨，杨考虑："以自己多年经营皮鞋的经验来看，此次打出'不二价'新招，是有点令人发寒；但从价格上看，本公司售价是依据皮鞋质料、做工、市场状况而确定的，且比别人的标价低一倍，自己没有亏待顾客。"经再三权衡，他认为"顾客会货比数家，再来金华的"，便决定挺一阵子。

果然不出杨老板所料，时隔不久，金华公司门庭若市，这是因为许多顾客到可以还价的商店购买打折皮鞋后，价格往往比"金华"高。因此，顾客们纷纷回头光顾金华。

不二价的真正用意，总算被顾客了解并接受了。许多厂商看到"金华"的成功，纷纷效法，渐渐地也搞起了不二价和公开标价。现在，到延平北路，再也不见以往那种漫天要价和顾客大杀价的现象了。

不二价、公开标价并非新鲜事，在我国大陆商店可谓司空见惯。问题的关键是在"不二价"的背后，应当是公平合理的明码标价。此外，随着市场状况的变化，消费潮流的更新等，价格最终还是会变的。市场经营者切不可东施效颦，死抱"不二价"不放。

问题：

1. 金华皮鞋公司实施"不二价"成功的关键何在？
2. 你作为一位老板，是欣赏还是否定杨老板的做法？欣赏什么？否定什么？

●补充阅读资料

随意变价与错误估计竞争对手的反应

爱多VCD曾是家喻户晓的中央电视台黄金时段广告标王，但1997年下半年错误的价格策略，改变了VCD行业的竞争格局。1995年8月，广东中山爱多电器公司正式成立；同年12月，第一批VCD出厂。1996年，借助国际影星的广告促销和香港回归题材，爱多闯入VCD行业前三名。1997年春节，公司日产2万台VCD，仍供不应求。但1997年春节一过，销售淡季就到了，公司库存近10万台。爱多在分析了VCD市场情况后，决定大幅度降价。一方面想以低价策略扩大市场份额；另一方面，预计每台VCD赚六七百元的高利润不能长久维持。在"阳光行动计划"的包装下，爱多发动了降价风暴，5种型号平均降幅25%。此次行动，不仅引发了VCD行业的全面降价（半年之内VCD降幅近45%），而且使爱多大获全胜，爱多的市场份额迅速上升，跃居行业第二，知名度跃居第一，树立了行业领导品牌的形象。

1997年夏季过后，降价行动的一个意想不到的后果出现了，爱多产品在全国开始断货。根据以往的经验，每年的10月至第二年的2月是VCD销售的黄金季节，每月的销量在20万台以上。这时有人提议，如果每台涨价250元，5个月就能净赚2.5亿。尽管有人对涨价持不同意见，但爱多的决策者认为，爱多涨价后主要的竞争对手会跟进，采纳了涨价意见。但在爱多每台涨价250元后，不仅主要竞争对手没有跟进，大部分厂家也没有跟进。结果，爱多机出现滞销，9月份销量下降一半，10月份销量又下降一半。销量大幅度下降的同时，回款也出现问题。滞销带来的另一个严重后果，就是给一些小厂家带来喘息之机。这次涨价之后，VCD行业的竞争格局逐渐由新科、爱多、万利达"三足鼎立"变为"群雄并起"。

问题：请分析爱多的涨价有哪些不足？为何爱多涨价会以失败告终？

你如何看待中国的石油价格

近几年，随着国际油价的持续上涨，中国油价连续几级跳，93号汽油从2.3元/升在不到一年时间就升到6.08元/升，每当国家不同意涨价就出现加油排队的现象，迫使国家同意涨价，但现在国际油价持续下跌到最高价的一半以后，国内油价却没有下降，造成国内众多消费者极大的不满。但中国石油巨头说降价需要有一个消化原来库存高价油的时间，所以降油价有一定的滞后性。请问为什么会出现这种现象？中国石油为何不会失败？

●课外训练

1. 以小组形式调查几家大型或中小型商场或企业的产品定价资料，并分析这些企业分别运用的产品定价的心理策略和技巧。

2. 成立价格小组，对所实习商场的所有产品按照定价的心理策略进行定价，比较各个小组的定价策略差异，并相互补充和改进，形成最佳定价方案，争取在所实习商场实施。

●本章小结

本章重点研究产品定价的心理策略，分析了几种心理策略对新产品的定价和产品销售的影响。介绍了商品调价的心理策略和技巧，对于企业来说，涨价时应该被动和间接，降价时应该主动和直接。分析了价格变动引起消费者正常心理、行为反应和不正常心理、行为反应的表现形式。

●复习思考题

1. 试述商品价格的心理功能，消费者有哪些价格心理特征？这些心理特征是怎样产生的？
2. 商品价格变动会引起消费者哪些心理、行为反应？具体有哪些表现？
3. 试述商品定价的心理策略，商品调价有哪些心理策略？

第十章　产品命名、商标设计、包装的消费心理分析

●知识目标

1. 了解产品命名体现的心理功能和使用的心理策略

2. 了解商标体现的心理功能和设计使用的心理策略

3. 了解产品包装体现心理功能和使用的心理策略

●能力目标

能够根据产品营销需要设计产品的名称、商标和包装以满足消费者的心理需要

●教学重点

1. 产品命名使用的心理策略

2. 商标设计与使用体现的心理策略

3. 产品包装使用的心理策略

一位母亲带着自己的小孩到一间超市里购物，在购物过程中小孩东看看西瞧瞧非常开心，要妈妈买这买那，看到旺旺珍棒要买，看到玩具笔要买……但是妈妈以各种各样理由哄骗小孩，然后离开该购物位置，购物结束后妈妈到收银处交钱，小孩看中了一款棒棒糖，非常喜欢，非要买不可，妈妈说："这个不好吃，是专门骗你的，不要买了，回去给你做好吃的！"但小孩死活都不愿意，哭闹着要买棒棒糖，妈妈没有办法，只得给他买了两个，小孩最后还说："妈妈什么都不给我买，以后我再也不随妈妈出来了。"

问题：为何小孩到超市后对这么多商品都很喜欢？

第一节 产品命名的消费心理分析

●情景案例

好兆头"金利来"

"金利来"商标是目前香港及东南亚等市场上叫得最响的牌子。据说，当年尼克松访华前挑选领带，就相中了"金利来"。但是，该商标当初不叫"金利来"，而叫"金狮"（Gold Lion）。金狮是从英文直译的。开始用"金狮"来做领带和衬衣商标，产品用料精细，做工考究，包装也花了不少工夫，但就是销路不畅。老板曾宪梓先生为此迷惑不解。有一次他去拜访一位友人，带去一包水果和两条"金狮"领带，这位友人看了商标后开玩笑地说："快把领带拿出去，'甘输'不吉利。"原来"金狮"在广州话里与"甘输"的发音相近。这一遭遇启发了曾先生，使他恍然大悟。他认为"金狮"这个名字不好，特别是香港人喜欢赌马和买股票，谁敢带"甘输"的领带和穿"甘输"的衬衣呢？曾先生整日苦苦思索着如何更改产品牌子的问题，在一次去澳门的船上，终于想出了"金利来"这个名字。"金"是英文的直译，"利来"是按英文的音译。这么一改，对香港人来说是好兆头（吉利），从此"金利来"这个牌子就打响了。

问题： 金利来的命名给我们以什么启示？

在商品经济比较发达的今天，如果没有产品名称、商标和包装，显然会给产品的正常流通和消费者的购买活动带来极大的障碍，其混乱局面也是不堪设想的。正是由于有了产品名称、商标和包装，才能使产品顺畅流通，使消费者辨认出所要购买的各种产品。作为产品生产和经营的有关人员，懂得并掌握产品的命名、商标和包装的有关知识，并运用这些知识来参与指导产品生产和引导消费者的消费，有着重要的现实指导意义。

一、产品命名的心理功能

产品名称是生产者对产品赋予的称谓。它是在一定程度上反映产品某些特征的文字称号。一个好的产品名称，不仅能使消费者易于了解产品的特征和记忆产品的形象，而且还能刺激消费者的购买欲望。因此，在给产品命名时，应该考虑体现以下心理功能：

1. 反映特性

产品名称应该能准确而又迅速地传达所代表的产品的基本性能、用途、成分或形状，使消费者只要看到或听到产品的名称，就能对产品的某些特性有一定程度的了解，使之能较快地认识或接受该产品。

2. 容易记忆

产品命名应能高度概括产品的特性，并力求文字简练，朗朗上口，易读易记。根据人们的记忆规律，产品命名最好在五个字以内，太长了就不容易记忆，进而影响商品信息在消费者之间的相互传播。另外，产品命名还应考虑产品主销对象的一般知识水平，避免生僻、绕口和让人费解的字句；避免多数人看不懂的名词、术语和方言；避免不必要的洋名、怪名。

3. 引人注意

产品名称必须具有一定的情感色彩，没有情感色彩的产品名称是不容易引起消费者的注意的。有的产品名称具有相当的美感，例如飘柔洗发水中的"飘柔"是飘逸、柔顺之意。当消费者第一次看到或听到这样的产品名称，就会立刻引起他们的注意，并会自然而然地在心里产生一定程度的美感，从而形成对该产品的良好印象，产生购买的动机。

4. 启发联想

产品名称应具有启发消费者有益联想的功能。寓意深远的、具有一定艺术魅力的商品名称，往往可以引发消费者的各种美好的联想。因此，在确定产品名称时，应充分认识到引起联想的重要作用，使产品名称具有科学性、趣味性、艺术性和独特性，同时还应注意避免雷同和一般化。

二、产品命名的心理策略

产品命名的心理策略，实际上就是怎样根据消费者的心理需要来确定产品名称的方法。产品命名就是根据各种产品不同的性能、特点来进行某种程度的概括，给产品安上一个特定的名称，以突出产品的个性特征。为此，产品命名必须考虑消费者的心理需要，要能给消费者的心理活动以某种刺激。目前，常见的产品命名方法主要有下列几种：

1. 以产品的主要效用命名

即根据产品本身的性能和功用来给产品命名，这是一种最普通的命名方法。这种命名方法的作用在于：借助语言文字的高度概括，直接反映产品的主要性能和用途，使消费者一听其名，便知其物，以帮助消费者迅速了解产品的功效，缩短认识产品的过程。这种命名方法多在为日用工业品、医药品之类产品命名时使用。

2. 以产品的主要成分命名

这种命名能直接反映商品的主要成分。有不少产品是用多种原料制作而成的，而各种原料的含量又是不相同的，如果能将其中的主要原料在产品名称中体现出来，往往可以起到促销的作用。这种命名方法的作用在于：借助语言文字的提示，提高产品的地位，并区别于其他同类产品，以吸引消费者的注意，增强对产品的信任感，促进购买欲望。这种命名方法一般适用于医疗保健用品、食品和化妆品等。

3. 以产品的产地命名

即以产品的著名出产地命名。这种命名方法多用于颇具名气的土特产品和名牌产品。因为这些产品往往是利用当地独特的原材料或采用当地历史悠久的传统工艺制作的，用其产地命名，有以下作用：借助语言文字的标示，可使消费者产生质量上乘、独具特色、真实可靠的印象，产生仰慕、信赖心理，激发信任感。用产地命名的产品有：茅台酒、沙田柚、龙井茶、君山银针等。

4. 以人名命名

即以产品的发明者、制作者的名字或相关的历史人物、传说人物的名字命名。这种命名方法在具有悠久历史的土特产品中应用比较多。例如，赵子龙酒、麻婆豆腐、王麻子菜刀、张小泉剪刀、华佗膏等。这种命名方法的作用在于：借助语言文字的媒介，把特定的人和特定的产品联系起来，并借助消费者对名人的崇敬、对高手的信赖、对伟人的崇拜心理，达到"借物思人，因人忆物"的目的，从而引起消费者的记忆和联想，留下深刻的印象，产生对商品的好感，激发购买动机。

5. 以产品的制作方法或制作过程命名

这种方法多在为有独特制作工艺的商品命名时使用。例如，二锅头、倒缸酒、三蒸酒、双蒸酒等。这种命名方法的作用在于：借助语言文字的明示，使消费者从产品名称中了解到独特的制作工艺，从而提高产品的信誉，给消费者以产品质量可靠、值得信赖的感觉。

6. 以产品的外形命名

即以产品的外观形象命名。这种方法多用于食品、药品、工艺品等的命名。例如，动物饼干、黑木耳、宝塔糖、佛手等。这种命名方法的作用在于：借助语言文字的描述，突出产品的外部形象，引起消费者的注意和形象思维，产生记忆效果和鲜明的印象，满足消费者的心理需要。

7. 以形容词或褒义词命名

即以形象、赞许的词给产品命名。这种方法多用于用途比较广泛的产品命名。例如，长寿面、百岁酒、万能胶、清凉油等。这种命名方法的作用在于：借助语言文字的提示，突出产品的性能和功效，以强化消费者购买产品的情感色彩，产生美好联想，满足新奇心理和实惠心理的要求，增加购买次数。当然，采用这种命名方法时，应实事求是，不要过于夸张，以免引起消费者的反感。

8. 以外文译音命名

即直接以外文译音给产品命名。这种方法一般用于进口产品的命名。其作用是：为了简便易懂，直接使用外语名称，这样，不但可以克服外来语翻译上的困难，而且还可以满足消费者求新、求异等心理需要。例如，阿斯匹林、吉普、威士忌、涤纶等。必须指出的是，用外文译音命名的方法，不可不用，也不可多用，更不可将某些国产产品也冠以莫须有的"洋名"来混淆视听、欺骗消费者。

总而言之，产品命名的原则是：要从消费者的心理需要出发，简单明了、赋予含义、具有特色、便于记忆和传播；要避免故弄玄虚、哗众取宠、牵强附会、不着边际，或者给商品安上一个庸俗、黄色的名称。坚持这些原则给产品命名，可给消费者以美的享受，激发其购买动机。

第二节　商标设计的消费心理分析

●情景案例

出口受阻，借助"施特劳斯"

上海钢琴公司是我国主要钢琴生产企业之一，该公司生产的上海牌、英雄牌、聂耳牌钢琴，在市场上有一定影响力。但这些商标不为国外消费者所熟悉，产品出口受限制。为此，公司决定重新启用已经停用 30 多年的"施特劳斯"商标，并组织力量，重新设计研制了新一代直式、卧式系列中高档钢琴，在 1989 年春季广交会上引起外商的兴趣，纷纷要求订货，首次出口即超过 1 000 架。目前，这种钢琴已销往西欧、美洲、中东、东南亚、澳大利亚等十几个地区和国家。

问题： 为何这个商标可以打开国际市场？

产品作为一种实物形态，对消费者是最直接的刺激物，并且能够引起消费者的直接反应。但是，产品一般是被包装蒙盖着的，消费者往往只能在使用产品的过程中才能全面感受到产品的刺激。因此，在产品的外部，还必须有一种标志来加强对消费者的刺激，加强条件反射的作用，使消费者进入对产品的间接认识过程。这种外部标志就是商标。

一、商标的功能

商标是区别不同产品、劳务或企业的一种特定标志。它表示产品的独特性质，并区别于其他同类产品。这种标志通常是用文字、图案或二者相结合的方式来表示的。在市场营销活动中，商标的功能早已被人们所认识。从古至今，生产者每生产一种产品，总是要在产品上附着一个标记（商标），以区别于其他同类产品和保护自己的品牌；经营者在购销活动中，总是选购那些适销的品牌产品，以获取较高利润和保护自己的声誉；消费者在购买产品时，也总是要"认牌购物"，以获得心理上的满足。这些现象足以说明商标的作用。因为商标总是代表着一定的技术和质量标准的，总是与企业的声望、信誉和责任相联系的，总是与生产者、经营者和消费者的利益息息相关的。商标有以下几种功能：

1. 识别功能

商标是产品质量的缩影。有了商标，消费者就可以在众多的同类产品中，辨认出自己所需要的某种品牌产品来。在实际购买活动中，很多消费者都是先确认商标，再购买产品的。

2. 服务功能

商标是产品的标志，消费者在使用产品的过程中，如果有什么疑难问题自己又不可能解决时，或者产品出现质量问题时，可利用商标迅速地找到生产者和经营者，及时获得咨询、维修和更换零配件等服务。

3. 传播功能

商标是一则"微型广告"。商标不仅可以便于消费者记忆，更重要的是可以把商标所代表的产品信息在更大的范围内传播，并能迅速地向各消费群体渗透，起着大众传播的作用。

4. 促销功能

商标是无声推销员。一个代表着一定质量水平的产品商标，会给消费者留下深刻的印象，从而增强信任感和购买欲，并产生惠顾心理，成为长期使用的忠实主顾。

5. 保护功能

商标具有极强的排他性。商标一经注册，便享有专利权，并受到法律的保护，他人不得仿造和假冒。这不仅可以保护正常的市场竞争，而且可以保护生产者、经营者和消费者利益。

从上述商标的各种功能来看，商标对市场营销活动的影响是非常明显的。一个设计独特的商标，不仅可以引起消费者的好奇心理，产生各种美好联想，而且可以诱发消费者的购买动机，产生购买行为，以得到心理上的满足。尤其是商标作为商品质量和厂商信誉的一种标志，更有力地影响着消费者心理活动和购买行为，并由此带来市场需求趋向名牌产品的变动。因此，作为生产企业，增强品牌意识，创出自己的名牌产品，尤为重要。

二、商标设计、使用的心理策略

（一）商标设计的心理策略

商标设计是灵活多样的，既可由数字、字母、词、图形等单独组成，也可以由它们组合而成，还可以产品的包装和容器的特殊式样等构成。商标的设计，不管是在商标名称的选择上，还是在形象的设计上，都是非常讲究的。一方面要注意法律责任和社会效果，不要违反商标法和商标管理条例，要避免生产难以注册商标的东西；另一方面，必须特别注意组成商标的材料对消费对象心理上的各种刺激，不能造成消费者在购买产品时识别上的困难或混乱，不能触犯主销对象忌讳的词语和形象或使人反感的标志。更重要的是，要注意适应消费者的各种心理需要，要有意识地运用心理学原理，诱发消费者对商标的注意、记忆和偏爱。实践证明，适合消费者心理的商标设计，对商标功能的发挥是至关重要的。商标的设计应注意下列心理策略与要求：

1. 图文简洁鲜明，易于识别记忆

人在单位时间里所接受的信息量是很有限的，对商标的注意时间则更短。如果商标的设计过于复杂难懂，消费者就不易辨别和记忆，这势必影响消费者对商品或企业的认识，为此，商标的设计必须简洁、鲜明、形象、生动、易读、易记。即其图案画面不可过于复杂难辨，宜简洁醒目；其色彩不可杂乱斑斓，宜单纯明快；其文字不可过长和生僻难懂，宜简练和易于理解；其图案与文字的组合不可生硬勉强，宜自然和谐。这样消费者就可以在比较短暂的时间里，准确地接受商标所传递的有关信息，留下清晰而深刻的印象。例如，麦当劳的商标就统一使用一个醒目的"M"字母，简单明了，便于记忆。这样醒目的一个"M"字母，向人们暗示着麦当劳是一个有"食物、人群和欢乐"的地方，吸引年轻人及孩子们的眼球。

麦当劳的商标

2. 寓意善良美好，启发思维联想

在市场购买活动中，消费者往往会将商标的图案和称谓与其所代表的商品用途、质量以及自身的心理需要联系在一起，从而产生一种对商标的喜好或厌恶的心理现象。这种现象，实际上就是商标联想心理。因此，商标的文字和图案设计，应力求具有美好的含义，并能启发消费者的自觉思维和有益联想，从而产生购买动机。例如，"富贵鸟"皮鞋，消费者就会自觉不自觉地将这种鞋与富有、名贵等联想在一起，加上这种鞋外观造型好，质量优，穿着舒适，深受消费者的喜爱。又如，若用"白花"做商标，消费者就会联想到产品质量低劣，如果买这种产品，就等于"白花钱"，于是会拒绝购买。由此可见，一个好的商标，对于消费者是具有较强吸引力的。

3. 个性独特显著，形意表达一致

商标不仅代表一定质量的商品，而且代表一定性质的企业。商标主要是一种视觉识别标志，目的在于迅速而准确地传递特定的信息，使消费者一看到商标，就能比较容易地联想到它所代表的对象。因此，商标设计必须别出心裁，独具风格，富有特色，包含个性，把自己所代表的产品与其他同类产品明显地区别开来，并能直接或间接地把企业的性格和服务精神显示出来。另外，商标的形意表达要一致，即商标及其组成材料的含义、形状、音韵、情调等应能与它所代表的产品实体的性质、特征相协调。在激烈的市场竞争形势下，没有显著个性的、形意一致的商标，企业很难达到创牌子、树形象的目的。

4. 尊重习俗，避禁忌

商标的设计还应注意尊重民族、地域、宗教等的风俗或习惯，要特别注意避免采用主销地区和对象忌讳的形象、文字、颜色作商标。不同国家、不同地区的人们有各自不同的禁忌。因此，在设计出口商品的商标时，除了做到充分保持我国的民族特色外，还必须深入了解各个国家和地区的禁忌情况，以防止产生某种误会而影响产品的销售。

总之，商标的设计一定要有利于消费者的视听、理解、记忆和传播，要有利于产品的销售和树立良好的企业形象，一句话，就是要有利于消费者的心理活动。名牌产品的坚实基础和坚强后盾是成功的商标设计和过硬的产品质量以及优质的售后服务。

（二）商标使用的心理策略

商标的成功设计固然十分重要，但是，更重要的还在于商标的巧妙运用。商标运用的策略

不同，商品销售的效果也是大不一样的。要想充分发挥商标的功能，特别是要想充分发挥商标的潜在功能，不讲究一点商标使用的心理策略是不行的。商标使用的心理策略主要有两种：

1. 使用统一商标

使用统一商标，就是指一个企业所生产的全部产品都标以同一种商标的方法。这一策略的运用，有利于缩短消费者对企业和商品的认识过程，有利于提高企业和产品的知名度，有利于开拓市场的深度和广度。消费者要认识一个企业和该企业的产品，总是需要一定时间的。当消费者初次使用一个企业的产品时，如果觉得该企业的产品质量好，便会重复购买使用；如果这个企业也同时生产同一商标的别的产品，由于该消费者对该企业的产品质量早已产生了一种信赖感，势必会优先购买和使用该生产企业的其他产品，这就是消费者的惠顾心理。因一种产品在消费者心目中建立了良好的商标形象而连带其余产品的大量销售，这对企业无疑是一笔巨大的财富。当然，企业要运用这一商标策略，重要的一点是要把住质量关。如果做不到这一点，就会有"全军覆没"的危险。

2. 使用独立商标

使用独立商标，就是指对一个企业生产的各种产品分别标以不同商标的方法。这一策略的运用，有利于企业增加产品品种，拓展销售市场范围，提高经济效益；有利于消费者区别商品的质量差异，满足不同消费者的心理需要。由于消费者存在着个性心理的差异，而且对同一商标的理解程度和喜好程度也是不相同的。根据消费者的这些心理特点，给同一质量的相同商品设计不同商标，可以引起消费者的兴趣和好奇，可使消费者对商品产生一种新鲜感和购买动机；给不同质量的相同商品设计不同商标，可以使消费者依据商品价格上的差异来判别商品质量的优劣，进而选购符合自身需要的商品。从企业的角度来看，设计多种商标，可以满足不同主销对象的消费习惯和消费心理需求，可以在一定程度上避免因某种商品的失败而损及企业全部商品的风险。当然，商标的设计不能太多太杂，否则，会削弱商标的宣传优势，给消费者以混乱的感觉。

综上所述，适应消费者心理需要的商标设计，对市场营销活动的影响是客观存在的。名牌商品之所以能获得消费者的信赖和偏爱，正是由于商标所代表的商品实体具有优良的物理性能和心理功能。可见，在消费者心目中富有威望的商标，是企业的一份巨大的、无形的财产，它可以给企业带来高额、甚至超额利润。因此，企业一定要树立名牌意识，在注意商标设计的同时，也注重商品质量和服务质量。只有这样，才能创造出自己的名牌产品，才能获得更高的经济效益，才能在激烈的市场竞争中永立不败之地。

第三节　产品包装的消费心理分析

●情景案例

日本产品的包装

日本产品讲究包装主要体现在包装盒的装潢设计以及包装纸的图案、色彩搭配等方面，充分突出视觉效果，形成强烈的视觉冲击，让消费者觉得包装非常考究。在日本的百货商店或超市中可以看到，食品、饮料以及其他生活用品的包装基本上是普通的纸盒，这些盒子的外观设计不仅方便实用，而且图案和色彩搭配非常协调和美观，印刷也很精致，这在无形中提高了产品的品位，也提高了该产品在人们心目中的价值。日本包装设计在吸收外来文化的同时，更加强烈地意识到弘扬本民族文化传统的重要性，在传统与现代、东方与西方之间找到了一条适合本国包装设计发展的道路。因而，日本的设计既有强烈的时代特征，又蕴涵深邃的东方文化精神。他们用30余年的时间走完了西方近一个世纪的发展路程，并形成独特的日本风格。他们甚至将文字艺术融入包装中，不仅准确地传递商品信息，更使得包装格调高雅别致，富有鲜明的文化气息和民族特色。

问题：日本的产品包装对我国产品有何启示？

产品包装不仅有其基本物理功能，而且有显示商品、传递信息、吸引顾客、刺激消费的作用。很显然，包装已成了商品的重要组成部分。因此，搞好商品包装的设计工作是市场营销活动的重要一环，研究消费者对包装、心理反应，对于科学地做好包装是不可缺少的前提条件。

一、包装的心理功能

商品包装对消费者购买心理活动的影响主要有以下六个方面：

1. 识别功能

包装是产品差异化的基础之一。一种商品的包装，一般都有相对固定的材料、图案和颜色，以显示其独特性并区别于其他品牌的产品。在初次购买活动中，消费者只要对产品包装稍加认识和记忆，就可把各种产品区别和辨认出来，而且在以后的购买活动中，只要一接触产品包装的外观，即可立即辨出不同厂家生产的不同产品，很显然，这就加快了购买行为中的心理活动的认识过程，节约了选购时间。

2. 指示功能

包装上除了必要的色彩外，一般标有产品的品名、规格、型号、等级以及产品的性能、特点、使用方法、注意事项等内容。消费者在购买产品的过程中，不需开启包装，即可获得产品的有关信息，从而加快对产品认识过程中的感知、思维、情感、意志等心理活动的速度。

3. 便利功能

产品包装可以给消费者提供各种便利。坚固的包装或附有提手的包装等，便于消费者搬动和携带；罐装包装、真空包装等，便于消费者保存；等级包装、分量包装等，便于消费者选购；印有使用方法、注意事项和分类标记的包装，便于消费者使用和操作等。

4. 美化功能

设计精美漂亮、富有艺术魅力和时代特色的包装，不仅能紧紧地吸引消费者的视觉，唤起消费者浓厚的兴趣，同时还能起到美化产品，乃至美化人们生活环境的效果。同时一种产品有漂亮、赏心悦目的包装，除了能使消费者产生"先入为主"的心理效应外，还能满足其审美欲，也因此提高产品的外观质量，并由此刺激消费者社会性需要和某种心理性购买动机的产生。

5. 联想功能

好的产品包装不但能较真实地反映产品的外观质量，而且还能间接地反映产品的潜在效果，从而引发消费者的种种联想，激起购买动机，坚定购买信心。例如，精致华美的包装能使消费者产生高雅名贵的感觉；朴素大方的包装能引起消费者产生经济实惠的联想；彩色摄影包装能使消费者产生使用效果的联想等。

6. 增值功能

消费者都懂得这样的道理：相同质量的产品，包装较好的，其销售价格就会高一些，包装差一点的，其销售价格就会低一些。原因是不同质量的包装所花的费用是不相同的，表现在产品价格上自然就会有高低之分了。由此可见，包装是可以提高产品身价的，良好的包装不仅能赋予产品一种特殊的象征，建立产品的高贵形象，而且还能引起消费者的极大兴趣和偏爱，并产生购买的动机。

二、产品包装设计的心理策略

随着生产的发展、科技的进步，市场的繁荣和人民生活水平的不断提高，消费者对产品包装的要求也越来越高，其中，心理需求的成分也在不断增多。因此，为了使产品更具吸引力，生产企业在设计包装时，不论采用什么材料、形状和颜色的包装，都必须从消费者的心理需要出发，使产品包装的心理功能得到充分发挥。

在市场竞争中，生产者如何通过不同形式的包装设计来展开对消费者的心理激励而引发他们的购买欲望，这里面是大有文章的。实践证明，不同形式的包装在消费者心目中所产生的心理效果是大不相同的。现行市场上各种形式包装的产生，实际上就是由于消费者的各种心理需要不同而引起的。因此，采用什么样的包装形式，已经成为企业在市场竞争中的重要营销策略。根据消费者不同的心理需要，包装设计的心理策略一般有以下四个方面：

1. 按消费习惯和实用需求心理设计包装

对包装的消费习惯是消费者在长期的消费实践中逐步形成的，或者是由于消费的需要等原因形成的。这种习惯性一旦形成，一时之间是难以改变的。因此，按不同消费者的消费习惯和实用需求心理设计包装，既能满足消费者的心理需求，又有助于产品的销售，是一种重要的心理策略。其主要策略如下：

（1）惯用包装。

这是指某种或某类产品长期沿用的、特有的包装形式。由于这些产品都具有某些方面的优良特征，深受广大消费者的欢迎，于是，这种包装在消费者心目中已和其内部包装的产品化为一体，甚至包装也已成了产品的化身。

（2）份量包装。

这是指将产品按不同份量分装的包装形式。消费者都有各自不同的消费习惯和不同的经济收入或生理特点，采用分量包装形式，可以给消费者带来方便和满足其心理需要。

（3）配套包装。

这是指将用途相同，品种、规格、花色不同的数件产品组合成为一件的包装形式。例如，一套不同音调的笛子，一套不同规格的梅花扳手，一套不同效果的护肤品等。这样的包装形式主要是给消费者的购买和使用带来方便，有些产品采用这一包装形式，还可增添新鲜感和名贵感。

（4）系列包装。

这是指同一企业生产的用途相似、品质相近的产品，都采用图案、形状、色彩相同或相似的包装形式。例如，"美加净"系列化妆洗涤用品系列包装，"旺旺"食品系列包装等。采用这种包装形式，便于消费者识别产品的生产者，缩短对产品的认识过程，产生信任感。

2. 按消费水平设计包装

由于消费者的家庭收入水平不同，家庭负担轻重不同，生活方式的标准不同，以及受消费风气、民族风尚和社会性需要等因素的影响，对产品包装的要求也是各不相同的，有的追求高贵华丽的包装，有的喜爱朴实大方的包装，有的注重包装的外观欣赏价值，有的讲究包装的内在实用价值等。因此，各类产品包装应根据产品的不同特点和消费者的实际消费水平来设计，做到既要有档次上的区别，又要有式样花色上的区别，以适应不同消费者的消费要求。常见的设计策略有以下几种：

（1）等级包装。

这是指与所包装的产品的价值或档次相适应的，在包装质量、用料、式样和装潢上有差别的、不同级别的包装形式。消费者在购买不同档次产品时，总希望包装的档次能与包装内产品的档次相符，即喜欢用包装的价值去衡量产品的价值。因此，包装的设计应做到包装级别与产品级别相一致。在同类产品中，给高档次的产品配以高等级的精美包装，以突出产品的名贵高雅；给低档次的产品配以低等级的普通包装，以突出产品的经济实惠。

（2）特殊包装。

这是一种为市场稀缺、价钱昂贵、用途特殊的那些极为贵重的产品而设计的具有较高欣赏价值和专门用途的包装形式。这种包装形式多用于稀缺名贵的中药、艺术珍品、文物古董、珠宝首饰与名家精制笔、墨、砚石等贵重物品。这种包装设计构思巧妙奇特，用料名贵，制作工艺精湛，绘涂色彩华丽，对产品有较强的保护作用。采用特殊包装形式，既能显示内装产品的贵重特点，又能激起消费者的珍爱感。因此，凡是贵重产品应有相应的包装，以满足消费者求名、求美等心理需要；否则，这种产品在人们心目中的贵重感就会降低。

（3）礼品包装。

这是指那种装饰华丽、富有欢庆情调和美好寓意的包装形式。在人们的日常生活中，往往少不了亲友之间的相互往来和馈赠礼物。例如，用于新年祝贺的礼品包装，印上"恭贺新禧"、"年年有余"、"吉祥如意"等红字彩贴；用于老人祝寿的礼品包装，印上"福"、"寿"等字样；用于新婚祝贺的礼品包装，印上红双喜字样，并扎上红绸彩带等。尽管礼品包装比一般包装的价格要高一些，但它增加了礼品的价值，并能使人产生各种美好的联想，消费者是乐意接受的。

（4）简便包装。

这是指成本低廉、构造简单的包装形式。由于有的消费者在购买产品时，只注重产品本身的质量，而对包装要求不高，特别是购买那些低值的消费品时，更希望节俭一些的包装，以节省开支。简便包装形式一般用于普通日常用品和低值消费品。其心理意义是使人产生经济实惠感。

（5）复用包装。

这是指能周转使用和重新利用的包装。例如，建筑用涂料包装、液化气钢瓶、啤酒瓶、汽水瓶等，都可以重复多次使用；罐装饼干、听装茶叶、瓶装啤酒等，内装物品用完后，其包装都可以重新利用，并能使用较长一段时间。许多消费者就是因为受到精美包装的吸引，或者想利用这个包装作其他用途而购买产品的。很显然，复用包装有着一箭双雕的作用，既增加了产品的价值和美感，又符合消费者节约消费的心理需要。当然，设计复用包装也要考虑消费者的实际购买能力，不能一味地追求华丽、高档。

3. 按照消费者性别、年龄设计包装

商品经济越发达，市场越需要细分，商品包装也一样。由于消费者的性别、年龄、生理因素和心理因素的差异，对产品包装的心理要求也是不一样的。针对这些情况，包装应根据主销对象的不同性别和年龄特点来设计，使之能符合其购买心理。

（1）男性用品包装。

男性用品包装应符合男性消费者的一般心理需求，在设计上要体现男性的粗犷、强健、刚劲、庄重、有力等特点，要充满男性的气质，突出科学性和实用性。

（2）女性用品包装。

女性用品包装应符合女性消费者的一般心理需求，具有女性的一般特点，充满女性的气质，在设计上要求清秀、温柔、典雅，突出艺术性和流行性。

（3）少年儿童用品包装。

少年儿童一般不注意包装所用材料的质量和包装技术，而只注意包装的直观美感. 他们出于自己那种活泼、幼稚、天真、可爱和带有幻想色彩的心理，要求自己所购买的产品包装形象生动、色彩浓烈，突出知识性和趣味性。

（4）中青年用品包装。

中青年是市场消费的主流，这部分消费者对包装的内在质量和表现手法的一般要求是：设计独特、造型别致、工艺精良、式样新颖、美观大方，具有一定的科学性和流行性。

（5）老年人用品包装。

由于生理变化和心理因素的影响，老年人对所购买产品的包装要求主要侧重于能保护产品和使用方便两个方面。有些文化程度高、有艺术爱好的老年人，还喜欢某些有一定欣赏价值的包装。老年人还特别喜爱有益于身心健康和延年益寿的福乐、康泰等图案。老年人对包装的一般心理要求是朴实、庄重、大方、安全，具有传统性和实用性。

4．按照消费者的风俗民情设计包装

由于消费者的民族不同、地域不同，所形成的各种风俗习惯也不同，在消费心理上，对产品包装的要求和爱好也各不相同。从民族差异来说，汉族人一般比较喜欢端庄、素雅、美观、大方的包装；有些少数民族则喜爱色彩浓烈、鲜艳的具有民族特色的包装；回族和维吾尔等民族，他们绝对不会购买有猪图案包装的产品；还有不少人不喜欢有猫头鹰图案包装的产品。从地域差异来说，不同地区的消费者对产品包装的心理需求也是有所不同的。南方人喜欢精细灵巧、造型优美、色调明快的包装；北方人喜欢浑厚大方、粗犷刚劲、色彩对比度较强的包装。从城乡差异来说，城市人喜欢典雅别致、色调明快、具有一定科学性和艺术性的包装；乡村人一般喜欢美观大方、色彩艳丽、具有一定传统性和实用价值的包装。

上述所有包装设计的心理策略只是就一般情况而言的。实际上，由于消费者个性心理特征的不同和喜好的差异，对包装的心理需求也是有很大差别的。比如，有的少年儿童就喜欢与成年人比较而追求有中青年特色的包装；老年人也不是都偏爱有传统色彩的和朴素大方的包装；乡村中喜爱典雅、新潮、独具特色包装的也大有人在。因此，在包装的设计方面，除了充分考虑主销对象的一般心理需求外，还应尽可能地照顾到不同的个性心理需求。除此之外，包装容器上还应标上一些提示性的、鼓动性的或解释性的标识语，以方便消费者的选购。

●课堂训练

1．列举一种产品或服务，请你为其取一个有创意或有良好效果的名字并说明原因。
2．请你为某种产品或企业的服务设计一个商标，并分析其含义。
3．你对命名公司是怎么看的？

●案例分析与讨论

SONY 为什么会成为世界驰名商标

日本索尼公司现任董事长盛田昭夫有句名言："商标就是企业的生命，必须排除万难捍卫之。"早期的索尼公司叫"东京通讯工业公司"，其改为现名的过程令人深思。

20世纪50年代中期，日本东京通讯工业公司生产的磁带录音机开始打入欧美市场。由于讲字母国家的人读日文很拗口，欧美商人难于记住该公司名称。盛田昭夫和他的智囊们决定给公司起个朗朗上口、易读易记的新名，并希望新的公司名称在全世界任何国家都发音相同，在全球叫响。他们苦苦思索，什么样的罗马拼音字母组合才能满足这个通向胜利的愿望呢？

当时，SONNY 在欧美国家十分流行，是"SONNY BOY"的简称，意为"可爱的小家伙"，这引起盛田昭夫等人的注意，认为这一含义正是东京通讯工业公司的象征。美中不足的是，这个词的发音正好与日文中的"损"字相同，令人忌讳。他们突发奇想，灵机一动，将原词五个字母中去掉一个"N"，成为 SONY，于是一个价值无法估量的商标诞生了。

索尼公司最初设计的索尼商标，是在四方形图案里面写着 SONY。使用一段时间后，公司发现，这种商标的广告效果并不十分令人满意，花钱费力也达不到使世界所有人都记住的目的。于是公司毅然删去商标图案，只用 SONY 四个字母做为产品标记，并一直沿用到现在。

索尼在市场叫响后，被日本一家食品公司侵权盗用，将公司叫"索尼食品公司"，产品牌子改为"索尼巧克力"。许多消费者只知索尼公司以生产电器产品著称，以为索尼公司财务困难而去生产巧克力。索尼公司为挽回公司声誉，进一步树立公司形象和产品形象，打了为时四年的商标官司，最后以胜诉告终。目前，索尼公司已在世界 170 个国家和地区进行了商标登记，以保护索尼商标。

问题：

1. 索尼公司成功地运用了哪些心理策略？
2. 索尼商标四步曲给你哪些启发？
3. 你认为哪些企业产品是中国、乃至世界的驰名商标？

"十里香"改换门庭，老"解放"重获解放

商标是产品的标志，是企业的无形财产。我国企业过去对此认识不足，吃了不少苦头。四川省有个青居副食品厂，多年来生产有名的"十里香"牌冬菜，深受群众欢迎。可是，现在他们的冬菜不能叫"十里香"牌子了。因为尽管他们的冬菜质量好、名气大，却没有注册商标。"十里香"商标由另一家食品公司抢先向工商局提出了注册申请，并被核准。于是，青居副食品厂就被依法停止使用"十里香"这个商标了。

类似这样的事情不乏其例，长春第一汽车厂生产的"解放"牌汽车几乎家喻户晓，但由于他们没有注册商标，大名鼎鼎的"解放"牌商标也被一家汽车配件厂注册了。几经交涉，注册厂从大局出发，发扬风格，让出这个商标，第一汽车厂才得以注册"解放"商标。

问题："解放"商标被人注册给我们什么启示？

没有疲软的市场，只有疲软的产品

金嗓子喉宝，一种由广西金嗓子制药厂（原柳州市糖果二厂）利用中国中草药制成的保健咽喉糖含片，问世仅仅四五年，即从强手如云、竞争激烈的咽喉含片市场中脱颖而出。目前居于全国药店咽喉含片市场前列，畅销全国，年销售额近 3 亿元，并仍保持迅猛的发展趋势，产品的知名度、美誉度名列同类产品前茅。

20 世纪 90 年代初，糖果行业产品滞销，竞争加剧，成本上升，假冒产品横行并冲击着市场，大部分糖果厂面临困境，甚至一些厂已经倒闭。这时柳州市糖果二厂厂长江佩珍与助手们在中央一位主管经济领导的指导启发下，毅然决定开发难以假冒的高科技产品，并从糖果行业转向利润较高的制药行业，成立了金嗓子制药厂。由此转危为安，在激烈的市场竞争中站稳脚跟。其成功的原因很多，其中主要因素有两个。

（一）产品研制

20 世纪 90 年代初期和中期，咽喉片市场经历了数十年的广告大战之后，各名牌均已确立其统治地位，草珊瑚、西瓜霜、健民咽喉片等已占有市场的大部分份额，新产品虽层出不穷，均未能撼动它们的统治地位。然而，市场研究发现，咽喉含片均为药粉压制而成，一含即溶，很难在咽喉部较长时间保持药效，含片一般较小，药量不足，对急性咽喉炎或咽喉不适应者如

不大量施药，见效较慢，而润喉糖却无治疗作用。这样，两类产品之间存在一个空缺，即中间型治疗保健产品。

对潜在消费者更进一步的研究表明，一种能短时间产生良好的抑制咽喉不适、治疗急性咽喉炎并能较长时间保持作用的含片是大受欢迎的产品。于是，江佩珍厂长三到上海求援，找到了华东师范大学的王耀发教授，共同开发出了新产品——喉宝。

因此，一种含有多种中草药成分，能在短时期之内对咽喉炎症产生强烈、良好的效果，显效时间长和高附加值的咽喉含片根据市场需要诞生了。

（二）产品的命名与包装

当时，一般同类产品均称含片和喉片，在新产品推出上，若按旧的思维定式，在资金短缺、知名度为零、各方面条件无法与老牌药厂竞争的情况下，是无法打开市场并短时间内成为名牌产品的。

因此，在命名上，用"喉宝"区别于普通喉片，用"金嗓子"作为品牌名字，有直接强烈的功效暗示及美誉品牌的作用。这样，金嗓子喉宝这个名字一诞生，便占据了名字上的优势，与同类产品有明显的差别性。

在包装上，针对同类产品一般用小塑料盒装，分量不足的特点，采取了10片2板包装（2盒1疗程），用金黄做基本色，区别于其他同类产品。

综上所述，金嗓子喉宝的研制、命名和包装是在了解消费者需求的基础上进行的，改变了过去"我有一产品，应设法让大众接受"的观念，而是"消费者需要这种产品，我就研制这样的产品并进行相应的命名与包装，以满足其需要"。

包装的魔力

一提到包装，人们马上就会想到其保护商品的功能。其实，包装魔力的真正来源是它的促销功能。如今，包装的保护功能在日益弱化，而促销功能在逐渐加强。包装已经成为企业促销的一个重要工具。

美国有一家食品公司新推出了一种巧克力，由于与其他公司生产的巧克力没有什么两样，即使物美价廉也无人问津。后来，该公司改变了营销策略，为巧克力设计了便携式华丽包装，突出其礼品糖果的特性，将售价提高了好几倍，结果生意却出奇的好。

改革开放之初，香港商人把四川的坛装榨菜大批买入，然后打破大坛，换塑料袋分装，转手卖给其他国家，不仅售价翻了一番，而且更受青睐。

东西还是原来的东西，只因包装有所改变，销售效果却大不相同。类似的例子，在实际的经济生活中不胜枚举，由此足见包装的魔力。包装能够创造需求，能够使产品畅销，这已是不争的事实。

（一）包装是沉默的推销员

美国有人做过一项调查：进入商店买东西的顾客，有60%左右会改变初衷。比如，原来要买低档货，最终买了高档货；原来要买甲牌子，最终买了乙牌子。这种改变，很大程度上是包装造成的。虽然现代社会的消费者的信息来源很多，但在实地购买时，包装对其购买行为的影响最直接、最强烈。特别是在自选商场，消费者可以直接接触产品，当他们穿梭于琳琅满目的商品丛中，包装的推销作用是可想而知的。

扩大差距的结果是使消费者对某种产品形成较为固定的印象——商标或包装印象。商标或包装印象使商品的个性特征有了具体的形象，商品因此更具魅力。

（二）包装是一种广告工具

广告的作用无非是使消费者知道并了解某种商品，从而引发他们的购买欲望。为此广告要使商品显露在消费者面前，通过吸引、劝说和诱导影响消费者的购买行为。包装无疑具有广告最基本的显露功能，这就使它有可能成为一种特殊的广告。虽然包装不能直接劝说和诱导消费者，但是设计良好的包装能够通过其显露功能，紧紧地抓住消费者的注意力，默默地影响消费者的购买行为。

（三）包装是产品特色的放大镜

商品有什么特色，不亲自用一用是不易了解的。所以对于许多产品，尤其是新产品来说，让人们了解其特色就成为企业面临的一个重要问题。包装可以通过引人入胜的造型，以及印刷在包装上的图片和文字，突出产品的特色，使消费者在接触到产品的一刹那便对所售产品有一个大致的了解。

（四）包装是营销策略的缩影

一个设计良好的包装，以一种物化的形式体现着一个企业的营销策略。企业的目标市场、企业所采用的产品价格和分销策略都在包装上有所体现。如果企业的目标市场是收入较低的消费者，那么包装宜朴实，不宜过分华丽，否则目标顾客便不敢问津；如果产品要树立一个高质量的形象，包装首先必须是高质量的。

（五）包装可以带来安全感

产品包装最原始、最基本的功能是保护产品，防止产品破损、渗漏、腐烂变质等。随着经济的发展，市场观念的变化，包装的这种保护功能本身也发生了变化。它通过带给消费者安全感发挥促销作用，对于那些易破损、易渗漏和易霉变的产品尤其如此。

（六）包装可以提供方便

同一种酒，如果把两三瓶捆扎在一起，顾客购买两三瓶的时候携带起来就很方便。因此，改变产品包装，为消费者提供方便，可以争取那些犹豫不决、为无法携带而发愁的顾客，从而促进产品销售。

问题：你对以上对包装的分析有什么看法？

●补充阅读资料

产品包装设计的四大要素

产品包装的设计必须突出四大要素：色彩、形状、字号和商标。

（一）色彩

色彩是指附着于包装外表的图案、文字等的颜色。色彩是最具吸引力的一大要素。首先映入消费者眼帘、使之产生视觉的就是色彩。从我国的消费习惯来看，消费者大都喜欢色彩艳丽、图案生动、寓意美好、对比度强烈的色彩包装。如果包装色彩暗淡，图案模糊不清，主题表达不明，消费者是不会喜欢的。因此，包装应注意色彩的协调性，在色彩处理方面，应尽量少用冷基调色彩，多采用一些具有某种象征意义的色彩，如象征着青春、生命的绿色，象征着高贵、威严的紫色，象征着热情、喜庆的红色，象征着智慧、安静的蓝色，象征着纯真、洁净的白色等。

（二）形状

造型优美、独特的包装，往往能给人以艺术享受，使人产生美的联想，有些还具有收藏价值。随着人们消费水平的日益提高，包装已不仅仅是一种用于盛装、裹束产品的容器，而是一种具有一定科学性、时代性、艺术性的工艺品。有些包装之所以备受消费者的喜爱，就是因为其造型符合消费者的心理需求，能产生较好的心理效果。一般说来，包装的造型在突出产品的基础上，主要应突出其实用性和欣赏价值，以方便消费者携带和使用，并可美化生活环境。为此，包装形状可采用异常式、系列式、开窗式，便携式、仿古式等。

（三）字号

这里所说的字号，是指附着于包装外表的产品名称。包装装潢的设计除了必要的图案和有关文字外，最重要的就是对产品名称的构思。附着于产品包装表面的商品名称，其位置的高低、文字的大小、字体的选择等都是非常讲究的。消费者要认识产品，总是从认识包装、字号开始。对货架上存放的各种形状和颜色的包装产品，消费者的目光停留在每个包装盒上的时间仅是短暂的一刹那，在这稍纵即逝的一瞥之间，产品字号必须吸引住消费者的目光，并留下鲜明的印象。因此，字号的设计一定要醒目，要用比较艳丽的、具有鲜明对比的颜色和字体，以便吸引消费者的视线，引起他们的注意。

（四）商标

商标除了附着在产品实体表面之外，还要附着于包装的表面。商标是消费者辨认产品和企业的重要标志之一，也是消费者获得应有服务的重要线索。在包装表面的恰当位置印上商标，可使消费者在较短的时间内找到所要购买的品牌的产品。因此，商标应放在引人注目的突出位置，以便消费者识别和选购。商标的大小要适宜，一般不应大于产品字号。

●课外实训

以个人为单位，全班组织一次产品包装比赛，并评选出相应的等级。

●本章小结

商标是区别不同产品、劳务或企业的一种特定标志，具有识别功能、服务功能、传播功能、促销功能、保护功能。产品名称是生产者赋予商品的称谓。它是在一定程度上反映产品某些特征的文字称号，具有反映特性、容易记忆、引人注意、启发联想的心理功能，产品命名的方法有许多种，企业要根据自己的实际来选择适当的命名方法。包装不仅具有以上基本物理功能，而且具有显示产品、传递信息、吸引顾客、刺激消费的作用。显然，包装已成了产品的重要组成部分。

●复习思考题

1. 产品命名体现出哪些心理功能和心理策略？
2. 什么是商标？商标的功能有哪些？

3. 试述商标设计和使用的心理策略。

4. 产品包装有哪几种心理功能？

5. 试述产品包装设计使用的心理策略。

第十一章 分销渠道的消费心理分析

●知识目标

1. 掌握分销渠道的概念及其特征

2. 掌握分销渠道的结构以及设计与选择

3. 阐述批发商业的概念、作用与消费者的消费心理

4. 阐述零售商业的概念、作用与消费者的消费心理

●能力目标

能够利用消费者的分销渠道消费心理合理选择产品的销售渠道，保证产品销售有一个合理畅通的渠道

●教学重点

1. 分销渠道的特征与结构

2. 分销渠道的设计与选择

3. 不同分销渠道的消费者的消费心理

格力与国美的渠道纠纷

被媒体炒得沸沸扬扬的国美、格力角力事件已经持续一个月，但依旧是媒体热炒的话题。它们何时能尽弃前嫌，实现双赢合作，也令业界高度关注。格力电器董事长朱江洪接受记者专访时表示，在平等的条件下，格力还是非常乐意和包括国美在内的不同销售渠道进行合作的。但他同时强调："我认为当前中国空调市场存在一种销售模式垄断市场的情况。"下面是专访问答情况：

记者（下称"记"）：最近，厂商关系是空调行业非常关注的一个话题，有人认为大型零售商垄断流通渠道将是未来空调销售的主流模式，您怎么看待这个问题？

朱江洪（下称"朱"）：我认为中国目前不存在一种销售模式就能够垄断市场的情况。前段时间很多媒体对格力销售模式大肆炒作，批评格力模式已经过时，其实是他们不了解实际情况，也不清楚中国空调行业的现状，这样的报道是不负责任的。

事实上，中国空调市场必须要管，管得越好，市场越稳定。格力的销售模式是对于市场的一种管理，一种规范。我们会按照企业自身现状实施适合自己发展的销售模式。如果一些大型零售商或连锁店仗着大商场人气旺就"店大欺客"，提出苛刻条件，甚至降价后店家亏损，也要让企业买单，这样只会搞乱市场。

另外，商家销售企业的产品本身也需要承担责任，负起风险。厂商之间应该在平等的条件下进行合作，不能一方提出苛刻条件就要另一方接受。如果我们答应了苛刻条件，无疑会得罪其他经销商。当然，进不进国美无所谓，我们在国美的销售量还不到整个销售量的1%。

记：这是否意味着格力征战这个年度空调市场，将抛弃与国美电器的合作？

朱：格力的销售模式是针对各地不同情况，实现多渠道全面开花，既不会放弃大卖场、连锁店，同时也要进专卖店。格力没有针对国美电器，也不是要永远抛弃国美。如果双方能真诚合作，在平等的条件下合作，格力还是非常乐意和它们合作。

记：在多渠道发展方面，格力是否有一个规划，或者说您期望专卖店、连锁店等各个渠道大致能占多大比例？

朱：我们希望各个渠道都能最大化发展。格力空调的重点渠道是大商场，但不仅依靠大商场。我们在选择销售渠道上有严格的标准。国美胜在人气，但它也不是什么都好，最关键还是要看销售情况。过去在很多市场上我们就没进国美，它们求我们进我们都不进，像在重庆、深圳、湖北等地。

问题：通过上面的记者专访，结合本章内容进行分析国美与格力为何会出现矛盾？

一、分销渠道的概念及特征

分销渠道通常指产品流通渠道，是指产品从生产者那里转移到消费者手里所经的通道。在一般情况下，这种"转移"需要中间环节（如中间商、代理中间商）的介入。因此，分销渠道又可理解为产品从生产领域向消费领域运行过程中经由中间环节或机构转移的市场营销活动。分销渠道具有以下特征：

（1）分销渠道是一个由不同企业或人员构成的整体。

（2）分销渠道是指企业某种特定产品或服务所经历的路线。

（3）研究分销渠道应联系相关产品。

（4）企业的分销渠道相对固定化。

分销渠道的设计是企业的重要决策之一，它有时甚至会决定其他相关策略的制定。如企业有时由于找不到可行的分销渠道而被迫放弃原先的某个尚存潜力的目标市场。当然，产品、价格、促销等因素需要分销渠道的配合，并对其有一定的限制作用。

二、分销渠道的功能

分销渠道具有以下一些功能：

（1）研究，即收集制订计划和进行交换时所必需的信息。

（2）促销，即设计和传播有关产品的信息，鼓励消费者购买。

（3）接洽，即为生产商寻找、物色潜在买主，并和买主进行沟通。

（4）配合，即按照买主的要求调整供应的产品，包括分等、分类和包装等活动。

（5）谈判，即代表买方或者卖方参加有关价格和其他交易条件的谈判，以促成最终协议的签订，实现产品所有权的转移。

（6）实体分销，即储藏和运输产品。

（7）融资，即收集和分散资金，以负担分销工作所需的部分费用或全部费用。

（8）风险承担，即承担与从事渠道工作有关的全部风险。

三、分销渠道结构

按照销售渠道的长度不同，分销渠道可以分为不同的渠道结构。生产资料与消费资料的对象不同，其销售渠道也有不同的分销渠道结构。

1. 消费品分销渠道结构

（1）生产者——消费者。

（2）生产者——零售商——消费者。

（3）生产者——批发商——零售商——消费者。

（4）生产者——代理商——批发商——零售商——消费者。

（5）生产者——代理商——零售商——消费者。

目前，在我国消费品流通领域中，分销渠道结构的（1）（2）（4）（5）型结构，除是个别消费品的主要零售方式以外，从市场总体来说还是辅助性的零售方式，（3）型结构是消费品分销渠道的主要的、基本的销售方式。消费资料渠道结构如图 11 - 1 所示。

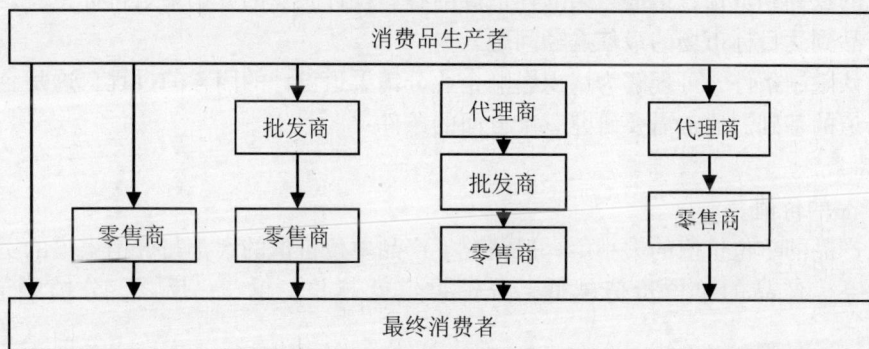

图 11 - 1　消费资料营销渠道一般结构图

2. 生产资料分销渠道结构

（1）生产者——工业品用户。

（2）生产者——工业品经销商——工业品用户。

（3）生产者——代理商——工业品用户。

（4）生产者——代理商——工业品经销商——工业品用户。

第四种零售方式与消费品的第三种零售方式基本相同，只是由于某些原因，不宜由代理商直接卖给用户，而需要经销商这个环节。例如，产品的单位销量太小，或者需要分散存货，以便向用户迅速交货，经销商的存储服务就十分必要。生产资料分销渠道结构如图11－2所示。

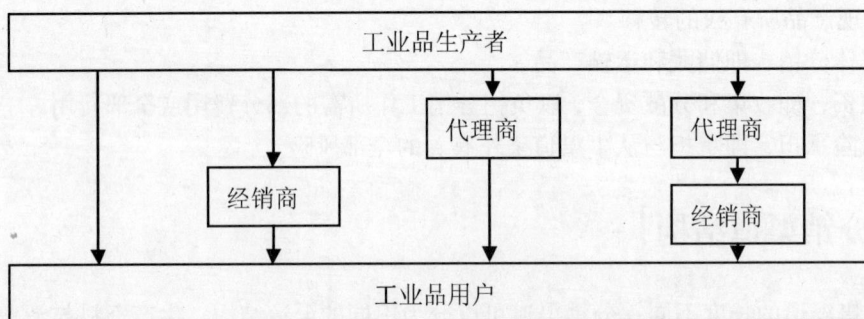

图11－2　生产资料分销渠道一般结构图

四、确认限制条件

企业对分销渠道的设计，一般包括两方面的内容：一是对渠道结构的设计，即是选取少层次、少环节的短渠道，还是多层次、多环节的长渠道，是选取个别式（也称单独式）还是双重式（也称复式）渠道；二是对具体渠道成员即中间商的设计，要在对不同类型中间商的分析的基础上，决定选取的类别及具体的中间商。

渠道设计与选择是分销渠道策略的核心，它包括确定渠道模式、确定中间商数目和规定渠道成员彼此的权利和责任、渠道方案的评估等内容。设计企业的分销渠道目标主要是解决如何发掘企业产品到达目标市场的最佳途径问题。

所谓确认限制条件，可理解为认识影响企业分销渠道设计的因素的过程，这是企业选择适合的分销渠道的基础。通常需要研究三个方面的条件：

1. 产品条件

（1）产品的价值。

它是指产品的单位价值的大小。一般情况下产品单位价值的大小与分销渠道的宽窄、长短成反比例关系。产品的单位价值越低，分销渠道就越长、越宽；反之，分销渠道就越短、越窄。

（2）产品的时尚性。

凡产品的式样或款式变化比较快的，一般宜采取少环节的短渠道。如家具、时装、玩具等产品，应尽量缩短分销渠道，减少中间环节，以避免由于时尚变化引起产品的过时，造成积压。短渠道也有利于信息的反馈，使生产者及时了解消费者需求的变化，适时地调整产品结构。

（3）产品的易腐易毁性。

指不易存储、不易运输的产品经营。易腐的鲜活产品应尽量缩短分销渠道，迅速把产品出售给消费者。在交通不发达的过去，这些不易储存和运输的产品的流通半径就更短了。今天尽管储存和运输条件改善了，但经营水果、蔬菜、鲜鱼肉类的企业，渠道环节要尽可能地少，渠道要尽可能地短。对不易长途运输的易毁、易损性产品也应采取短渠道就地就近销售。如对包装不过关的易毁物品和冰箱等耐用消费品，应尽量减少中间环节，以最大限度地避免损耗。

（4）产品的体积与重量。

体积过大或过重的产品，应采用少环节的短渠道，如建筑机械，大型农机具，各种体积大、重量大的机器设备，要选择较短的分销渠道。有些轻泡产品尽管重量轻，但体积大，也适宜采用较短的分销渠道，如生产工程用泡沫塑料、瓦楞纸板等产品的企业，一般情况下，应设置在接近消费的地区，其销售环节宜少，以直接渠道为宜。

（5）产品的技术与服务要求。

凡技术性较强而又需提供售前、售中、售后服务的产品，企业应该尽量直接卖给消费者，以便于企业销售人员当面介绍产品，专门技术人员提供各种必要的服务。多数工业品和耐用消费品最好"产销见面"，即便需要中间商的介入，环节也要尽量地少。

（6）产品的季节性。

对季节性生产、常年消费的产品，或常年生产、季节性消费的产品，渠道的设置应不同于无季节性生产与消费的产品。季节性越强的产品，越适宜采用稍长一些的渠道结构；反之，则适宜使用短渠道。对季节性强的产品采用长渠道、多环节，主要为了充分发挥各种类型的中间商的作用，保持生产的连续性和供应的不断档。

（7）产品的经济生命周期。

对处于不同经济生命周期阶段的产品，渠道也应有所不同。对处在试销阶段的新产品，生产企业为了尽快打开销路，通常采用强有力的推销手段去占领市场。为此，企业可组织自己的推销队伍，通过试销门市部、专营店等各种零售方式与消费者直接见面。当然，如中间商推销得力，新产品也可以采取间接渠道结构销售。处在饱和阶段（或叫成熟期）的产品，以间接渠道销售的居多。

（8）产品的用途。

用途广泛的、通用的、标准的产品，因为有统一的规格和质量要求，整齐划一，可采用间接销售渠道，而专用性强的产品，如专用设备、特殊品种和规格，以及特殊用途的产品，往往需要生产者和用户直接商议产品质量、规格等方面的要求。因此，宜采取直接销售渠道结构，不经过中间环节为好。

2．市场条件

市场条件的分析，指对特定的目标市场影响分销渠道设计的因素的考虑。

（1）目标顾客的类型。

目标市场的顾客是生活资料的消费者还是生产资料的用户，这分别属于两类不同的市场。

（2）潜在顾客的数量。

顾客的数量决定市场的规模，潜在顾客的多少决定着购买量的多少，决定着市场的大小。潜在的顾客多、市场大，需要中间商为之服务；潜在的顾客少，则可由厂家直接供应。

（3）目标顾客的分布。

目标顾客的分布情况，对销售渠道的设计关系重大。目标顾客集中，企业有条件采用直接式渠道销售。反之，目标顾客分布得很分散的企业，往往采用间接式渠道，通过中间环节销售产品。

（4）购买数量。

主要指消费者或用户一次购买产品的数量，常称为"批量"。客户购买批量大的，可以采用直接销售渠道结构，客户购买批量小的，则利用中间商销售最有利。

美国天美时钟表公司原来准备通过传统的珠宝商店，出售它的价格低廉的天美时牌手表，可是遭到很多珠宝商店的拒绝。公司只得寻找其他渠道并设法通过大众化商店出售它的手表。由于大众化商店的迅速发展，结果大获成功。

雅芳公司由于无法打入正规的百货公司结果便选择了挨门挨户推销术，结果比通过百货公司销售的大多数化妆品公司所赚的钱还多得多。

（5）竞争状况。

企业在设计渠道时，要分析和研究市场上经营同类产品的竞争企业的渠道设置。经过分析研究，一方面可以从竞争者那里得到启发，参考对方的渠道结构；另一方面是要根据竞争企业采取的分销渠道策略而制定相应的市场分销渠道策略，以争取竞争中的有利位置。

除以上诸方面因素外，还要考虑消费者购买不同产品时接近渠道的心理需求和目的。

3. 企业自身条件

企业在选择渠道时，既要分析外部条件，即产品、市场状况，也要分析企业内部状况。企业自身条件分析，包括企业规模、声誉、管理能力、销售经验、售前、售后服务情况等多方面因素。

（1）企业的规模和实力。

规模大的企业，往往资金力量雄厚，本身就拥有一定的仓储能力，有自己的营销队伍，或者有条件设专门的营销部门。这样的企业往往愿意自己对渠道的控制程度高些，或者要求渠道短些，这是可能做到的。而规模小，资金力量不强的企业，一般不具备这些条件，往往需依靠中间商为其提供销售服务。

（2）企业的声誉与市场地位。

生产者、经营者和消费者都在选择对方，声誉就是一个重要的条件。对生产企业或经营企业来说，声誉越高，设计的余地就越大，选择的实力就越强；相反，声誉不高或没有地位的企业，设计的余地就比较小，这对分销渠道结构是有重要影响的。

（3）企业的经营管理能力。

这主要取决于领导者、管理者和职工队伍的素质。如果领导管理经验丰富、经营推销能力强，职工的业务素质高，设计分销渠道的主动性就大，决策权也大；否则，就要依靠其他企业，从客观上说营销渠道的选择权就小了。

（4）控制渠道的要求。

企业若决定采取间接渠道结构，就需要与中间商协调、配合。不同的中间商又有自身的经济利益，是独立于企业之外的企业，要求对中间商的控制程度很高绝非易事。

五、选择渠道成员

分销渠道的择定，首要问题是确定需不需要中间商从事销售活动，决定是采用直接式渠道结构还是间接式渠道结构；是采用垂直式分销渠道结构，还是水平式分销渠道结构；是单一渠道结构，还是多渠道或者是复式渠道。一旦企业的渠道结构确定下来，紧接其后的是选择具体的渠道成员，即作出由什么样的中间商来销售本企业产品的决策。在选择经营本企业产品的具体中间商时，要做好以下两个方面的分析和研究。

1. 识别和择定主要渠道对象

包括三方面的内容：中间商的类型、中间商的数目、生产者与中间商之间的权利与义务。

（1）中间商的类型。

企业首先要做的工作是辨明市场上目前正从事本企业产品经营的中间商的类型。一般有以下几类：

第一类，代理商。企业选择代理企业（或个人），通过代理机构向消费者与工业用户出售产品。常常有这种情况，为了更好地调动代理企业的积极性，生产企业可以给予某代理企业在特定地区独家代理的权利。

第二类，工业品经销商。企业寻找愿意经营本企业产品的工业品经销商，通过工业品经销商销售产品。企业也往往给这些中间环节在特定范围的独家经营权利，并给予较高的毛利。对于专业性、技术性较强的产品经营，生产企业还担当起对中间环节业务人员的专业知识培训的任务。

除了代理商、工业品经销商外，还有不同零售方式的批发商等企业可作为渠道成员进行设计。

（2）中间商的数目。

企业决定所使用的中间商的数目，既要考虑产品在市场上的地位及产品特征，又要考虑到企业的渠道结构，因此，这是一项富有策略性的选择。一般有三种选择形式：

第一，普遍性销售，又叫密集分销。生产企业对经销商不加任何选择，经销网点越多越好，力求使产品能广泛地和消费者接触，方便消费者购买。这种策略适用于价格低廉、无差异性的日用消费品，或生产资料中普遍使用的标准件小工具等的销售，顾客购买这类产品的要求主要是购买方便。

第二，选择性销售。生产企业在特定的市场里，选择几家批发商或零售商销售特定的产品，如采取特约经销或代销的形式把经销关系固定下来。这种渠道策略大都适用于一些选择性较强的日用消费品和专用性较强的零配件以及技术服务要求较高的产品的经营。这种策略可以获得经销商的合作，有利于提高经销商的经营积极性。同时，也可以减少经销商之间的盲目竞争，有利于提高产品的声誉。

第三，独家销售。生产企业在特定的市场区域内，仅选择一家批发商或代理商经销特定的产品。这种策略一般适用于新产品、名牌产品以及有某种特殊性能和用途的产品。采用这种策略，通常都要求生产者和经营者之间签订书面合同来保证彼此的权利和义务，如规定生产者不得把同类产品委托本区域内其他中间商，经销商则不得经营其他生产者的同类产品。同时，在协议中对广告宣传费用的负担、价格的优惠以及其他经销条件等都应作出规定，以便共同遵守。

（3）渠道成员的权利和义务。

为了保证企业产品顺畅通过各个必要环节，生产企业有必要明确渠道结构中各成员的权利和义务。主要有以下几方面：

第一，价格方面。价格直接涉及各个成员企业的经济利益，是个敏感的问题，生产企业必须慎重对待。通常采取的做法是，企业制定价格表，规定不同的中间商的不同折扣（也有采用批量折扣的）。价格表的制定涉及企业的总体策略，应持审慎态度。

第二，支付条件及销货保证。生产企业应对销售条件作出明确的规定并严格履行，其中主要的有支付条件及销货保证。生产企业为鼓励渠道成员提早付款，不拖欠的要给予一定的付款折扣。对某些原因造成的产品降价，生产企业应该设"降价保证"，明确规定哪些原因造成的产品的降价损失由生产企业承担，这样，可以解除经销企业在进货时的后顾之忧。

第三，地域权利，也叫地区权利。经销商、代理商最关心的问题之一是生产企业准备在哪些区域给其他经销、代销企业以经营特许权。一般的渠道成员总希望自己销售地区的所有销售实绩都得到生产企业的承认。因此，生产企业必须给予渠道成员一定的地区（域）权利。

第四，提供产品方面。生产企业应在产品的数量、质量、品种、交货时间等方面尽可能满足经销、代销企业的要求，各经销、代销企业应体谅生产企业的实际困难，不提不切合实际的要求。

第五，情报互通。生产企业及其经销、代销企业之间应及时传递本企业的产品生产或销售的信息以及所获得的其他市场情报，不能相互搞假情报或封锁消息，以便各方能按需组织生产和经营销售。

除以上方面，渠道成员之间在资金方面、经营收益方面、销售服务方面以及办理经销、代销手续的过程中，都应考虑到对方的利益和方便。

2．选择渠道成员

主要指在确定渠道结构及其类别的基础上，对具体构成渠道结构的每一个商业企业或机构的择定。选择过程中应全面考虑待选企业的状况。主要分析：

（1）与目标市场的接近度。

这是选择渠道成员的首要问题，生产企业应考察待选渠道成员是否接近生产企业的目标市场。

（2）财务状况。

财务状况是最重要的考察方面之一，这对于经销那些需要有相当资金支持的产品尤为重要。企业的财力雄厚与否，直接涉及企业地位的稳固度和竞争力。

（3）产品组合状况。

有以下几点需要考虑：第一，生产企业拟交付商业企业的产品与该商业企业现有产品线的关系，质量、规格、型号是否相近；第二，生产企业拟选定的商业企业是否有完整的产品组合。

（4）市场覆盖率（或占有率）。

指商业企业市场占有率或覆盖程度是否与生产企业的既定营销目标相符合。在专营性销售和选择性销售中，这一因素显得很重要。

（5）推销产品的能力。

对商业企业推销人员的数目，已经表现出的推销绩效，在同类企业中的推销力量的比较等都需要认真考察。特别是对工业品经销商或供大客户使用的产品企业来说，推销能力关系到企业的前途。

（6）储藏、运输能力。

此方面考察的产品需冷藏，生产企业希望经销商能更多地担负产品实体的储藏、运输任务时，便成为起决定性的选择条件。它既包括对商业企业储藏设备、运输物质条件的了解和分析，又包括对商业企业组织产品实体储运能力的考察。

除以上六个方面外，还应考虑中间商的声望和信誉、中间商的经营历史及经销绩效、对生产企业的合作态度与对经营拟交付产品的积极性、中间商的未来发展状况估计等。

六、渠道变化对消费者的心理影响

生产与经营企业的分销渠道的变化会对消费者的购买行为和心理产生很大的影响，具体来说主要表现在以下四个方面：

1. 改变了消费者的购物成本

由于消费者的习惯心理，当企业改变分销渠道时，消费者往往会按照原来的渠道发生购物行为，需要经过一定的时间才能适应新的分销渠道，在这之中必然会增加消费者的购物成本，除非原来的分销渠道已经严重不适应消费者的购物需要而改变。这时的改变如果降低消费者的购物成本，必然会得到消费者的青睐，从而强化消费者的购物行为，满足了消费者的方便心理需要。

2. 不同渠道给消费者的心理感受不同

大卖场给消费者以全面、方便、质量稳定、商品可靠的感受；士多小店则满足消费者求便的心理需要，且价格便宜；杂货店则使消费者以价格便宜的形象；批发店则给消费者以量多便宜的感觉。同时，不同的渠道给消费者对产品质量的评价也不相同，专卖店、大卖场产品质量可靠、产品高档，批发店、士多等则给消费者质量一般、产品低档的感觉。

3. 渠道改变，会导致消费者对企业及其产品的态度或看法的变化

这种变化可能是符合企业需要的，也可能是不符合企业意愿的。

4. 不同的渠道满足消费者不同的心理需求

特别是当产品本身具有一定的象征意义和代表性的含义，或消费者对于这类产品的需求心理性较强而务实性较弱时，则渠道就显得非常重要。

●课堂训练

分析你自己喜欢到哪些地方购买日用品、服装、家用电器、家具等产品，为什么要到那些地方购买这些商品？你认为你有哪些心理需求才到这些地方购买？

●案例分析与讨论

春兰是如何维系经销商的

江苏春兰集团实行的"受控代理制"是一种全新的厂商合作方法。代理商要进货，供销员必须提前将货款以入股方式先交春兰公司，然后按全国规定提走物品。这一高明的营销战术，有效地稳定了销售网络，加快了资金周转，大大提高了工作效率。当一些同行被"互相拖欠"弄得筋疲力尽的时候，春兰却没有一分钱拖欠，几十亿流动资金运转自如。目前，春兰公司已在全国建立了13个销售公司，同时还有2 000多家经销商与春兰建立了直接代理关系。

春兰的经验虽然简单易行，但并不是所有的企业都能学到手。因为春兰用于维系经销商的手段并非单纯是"金钱"（即预付货款），更重要的是质量、价格和服务。首先，春兰空调的质量，不仅在全国同行中首屈一指，而且可以同世界上最先进的同类产品相媲美。其次，无论是代理商还是零售商，都想从销售中获得理想的效益，赔本交易谁也不会干。而质量第一流的春兰没有忘记给经销商更多的实惠。公司给代理商大幅度让利，有时甚至高达售价的30%，年末给予奖励。这一点，许多企业都难以做到。再次是服务，空调买回去如何装？出了毛病找谁？这些问题不解决，要想维系经销商也是很难的。春兰为了免除10万经销商的后顾之忧，专门建立了一个强大的售后服务中心，有近万人的安装、调试、维修队伍。他们24小时全天候服务。顾客在任何地方购买了春兰空调，都能就近得到一流的服务。春兰正是靠这些良好的信誉维系经销商的。

问题：

1. 你对春兰维系与经销商关系的做法有何评价？

2. 从与经销商建立战略伙伴关系的角度，你认为春兰的做法中还有哪些值得改进的地方？

"舒蕾"的终端战略

1989年3月，丝宝集团在香港注册成立。经过13年的发展，其在中国洗化用品领域已与宝洁、联合利华等跨国巨头形成三足鼎立之势。1989年底，丝宝化妆品在中国内地面市。1996年3月，武汉丝宝集团的全新护理洗发露——"舒蕾"上市，按既定营销方案展开全国战役，一炮打响，掀起一股"红色"热潮，舒蕾风暴很快席卷了全国。舒蕾一上市，行动迅捷、执行到位，很快拿下了全国各地多数大型零售商场的阵地，这种快速营销避免了尚在萌芽时期就被大品牌扼杀的命运。销售和广告宣传运转开来，营销队伍体系也随之建立。

2000年，舒蕾销售回款额超过15亿元人民币，全国的市场占有率为15%，跃居洗发水市场第二名，作为单一品牌在市场上仅次于飘柔，超过了宝洁的海飞丝、潘婷等品牌，丝宝集团也由一个中小化妆品企业一举成为国内仅次于宝洁、联合利华的化妆品巨头。2001年，"奥妮皂角"、"百年润发"开始正面挑战宝洁洗发水王国，丝宝集团的"舒蕾"暗暗与宝洁、联合利华较量，还有一大批新生军加入了市场竞争行列，如"丽涛"、"飘影"、"拉芳"等一系列以前名不见经传的品牌纷纷亮相，一心要与宝洁争夺中国香波市场。激烈的市场竞争结果是：2001年，宝洁的飘柔市场占有率接近30%，仍独占鳌头，宝洁的海飞丝排名第二，丝宝的舒蕾紧随其后，市场占有率为6.1%，销售额上升到16亿元，成为中国洗发水领域的一匹黑马。

具体实施过程中，舒蕾在各地设立分公司，对主要的零售点直接供货并管理，建立由厂商直接控制的垂直营销体系，更有效的控制渠道终端资源，方便更多自有品牌的销售，并且充分保证经营一处、成功一处、收获一处，使资金迅速回笼，实现赢利性拓展。在各大卖场，舒蕾积极争夺客源，争取比竞争对手更多的展位与陈列空间，通过人员促销开发市场，最大限度发挥终端战略优势，促进消费者的品牌偏好转换到舒蕾品牌的产品，从而有效地遏制竞争产品的销售。经营业绩充分表明，舒蕾大量利用相对便宜的人力推销、终端促销来抢占洗发水市场，不失为"投入少，产出大，见效快"的营销利器，因此，丝宝的这种"人海战役"式的营销取得了较大成功。

问题：

1. 舒蕾能够在如此激烈的竞争环境中脱颖而出的原因是什么？
2. 丝宝集团的分销渠道有什么特点？

●补充阅读资料

不同分销渠道的消费者的消费心理

中间商是生产厂家的客户和伙伴，通常与企业营销力量一起构成企业的分销网络，因此企业的分销策略的成功必须建立在消费者对中间商的看法基础之上。中间商一般包括批发商和零售商两大类。

批发商业的存在是社会的进步，也是历史发展的必然结果，批发商业的存在具有非常重大的现实意义：第一，可以缩短产品再生产过程的流通时间；第二，减少流动资金的占用和产品库存；第三，有利于节省流通费用。

通过批发企业的经营活动完成了产品的集散任务，使得产品快速地从生产领域到达消费领域，批发具有集散产品、储存产品、提供产销信息、为生产和零售企业服务、承担市场风险和产品的推销与促销活动等基本功能。

批发商业一般可以分为四种大类：商人批发商、经纪人和代理商、制造商和零售商的批发机构以及其他类型的批发商。

零售商业的种类繁多，变化最大，构成多样的、动态的零售分销渠道体系，从不同的角度可以对零售商作不同的分类，常用的分类标准有：按照产品线，按照商店的价格形象，按照营业场所的特征以及零售组织形态分类。

由于批发商面临的客户主要是零售企业，零售企业面临的客户则是最终的消费者，对于零售企业来说，相当于生产资料购买者向批发商或生产厂家采购商品，其最终目的就是为了满足终端消费者对产品或劳务的需求，所以在此主要分析零售渠道消费者的消费心理需求。

人们常说："得渠道者得天下。"然而，企业真的是在关注渠道吗？其实不然，它们真正关心的是渠道中的消费者群。

前面我们对零售渠道进行了简单的分类，通过分类我们可以看出任何一个细分的渠道形态，其实都代表了一个细分市场的消费者群体的需求。那么，对所有渠道形态的不同特性的研究，对于企业而言，就显得非常的重要。

（一）超级商场与百货商场的消费者的消费心理基本特征

（1）喜欢舒适的购物环境，休闲和购物同步。

（2）喜欢经常的被惊喜：总是可以发现新鲜、时尚的新品；总是可以在经常购买的成熟产品上，惊喜地发现特价或促销的活动。

（3）通常会一次购买一周消费量的物品，所以倾向于较大包装和较大规格的便携式包装。

（4）休闲地漫步在卖场的货架之间，并不想着刻意去寻找某样东西，所以，也通常会受到强势展示品牌和顺手可及产品的吸引。

（5）信赖大卖场和百货商场，相信它们销售产品的品质、价格以及提供的服务。

（二）连锁超市消费者的消费心理的基本特性

（1）喜欢简洁的购物环境，花费较少的时间，同样可以买到所需要的全部商品。

（2）在超市的特价或促销的活动中，会获得惊喜。

（3）通常会一次购买几天消费量的物品，如果有极具吸引力的便携包装，也可以一次性买多一些。

（4）信赖超市，相信其销售产品的品质、价格以及推荐的产品。

（三）便利店消费者的消费心理的基本特性

（1）对日常便利物品的购买，通常选择小区门口的便利店，快速方便。

（2）通常是有需要了才去购买。

（3）除了特殊的物品，一次也就买一两份。

（4）信赖便利店，相信它们的产品品质是有保障的，提供的产品是经过专业挑选的。

（四）餐饮店消费者的消费心理的基本特性

朋友聚会和客户应酬是在餐饮店消费的最主要原因；应酬的对象，将决定消费的档次和价格以及传统或时尚风格的选择；口味和品牌通常是消费者选择产品的主要依据，现场的促销也往往会对消费者的选择起到很大的作用。

（五）专卖与经销店消费者的消费心理的基本特性

（1）可以与专卖店处获得品牌代理的产品，并可以享受到一定的配送服务、信用额度以及退换货等售后服务。

（2）可以在专卖店建立稳定和长期的关系。

（3）产品质量有保证，可以充分地选择产品，能够买到放心的产品。

（4）产品价格比百货商场或大卖场要便宜一些。

（六）批发市场与批发店消费者的消费心理的基本特性

（1）对价格优势有明确的需求，至于品牌以及售中售后服务无所谓。

（2）愿意自己运输，所以地理位置要交通便利。

（3）希望一次性可以采购到所需要的全系列产品，品种不怕多，不怕杂，高、中、低各类档次的物品要齐全，可以自己来选择。

依据六类渠道消费者的消费心理的特性，就必须制定与渠道特性与产品特性相对配套的一些产品与促销组合，比如：

大卖场和百货商场：时尚新品、品牌系列、便携包装、礼盒类包装。

连锁超市：成熟产品品项、便携包装。

便利商店：精选与消费者日常生活密切相关的成熟产品品项。

餐饮终端：适合餐饮消费特征的产品类。

专卖与经销店：具有一定市场管控能力的品牌产品。

批发市场与批发商店，成熟和成熟后期产品、低价格渗透产品、副品牌产品。

当然，对于渠道的研究仅仅涉及一部分内容，对于其他各种形式的零售商店的消费者有什么样的消费心理特征或消费行为习惯，还有待进一步研究。但是对于现代企业来说，分销渠道是否合理将直接影响企业产品的销售，企业要充分利用各种分销渠道就必须首先研究各种分销渠道对消费者的消费心理的影响，必须选择能够满足消费者消费心理需要的渠道，使得自己的产品能够以较快的速度得到消费者的青睐和市场的认同。

●课外训练

以小组形式（4~5人）分别到肉菜市场、货仓商场、超级商场、连锁超市、士多小店、批发商店或市场、百货商场进行消费者人群消费行为特征以及购买心理动机调查。

●本章小结

分销渠道决策是生产者最具有挑战性的决策，生产者对渠道的选择和设计由确定渠道目标与制约因素、确定主要渠道选择方案和评估渠道方案几个步骤构成。不同的零售商和经销商对消费者产生不同的心理影响，满足了消费者不同的心理需求。

●复习思考题

1. 简述分销渠道的含义与特征。
2. 分销渠道的结构有哪些？
3. 如何设计和选择分销渠道？
4. 分析分销渠道的变化方式以及其对消费者消费心理的影响。

第十二章 产品促销的消费心理分析

●知识目标

1. 掌握商业广告的心理功能

2. 掌握商业广告的各种媒体的心理特点

3. 理解与了解心理学的基本理论在商业广告中的运用

4. 掌握并理解公关交往与宣传的心理策略与技巧

●能力目标

能够利用广告对消费者的心理影响开展有效的广告活动，利用消费者的品牌消费心理，通过公关宣传活动促进产品的销售

●教学重点

1. 商业广告的心理功能和各种媒体的心理特点

2. 通过案例分析的形式掌握各种广告媒体的心理策略运用技巧

3. 公关交往与宣传的心理策略与技巧

第一节 消费者的广告心理分析

●情景案例

请得假王妃，引来众顾客

戴安娜是英国王妃，其美貌绝伦，仪态超群，令绝大多数英国人为之仰慕倾倒。1985年戴安娜与查尔斯王子举行婚礼，成为轰动英国和世界的新闻。其时伦敦有一家濒临倒闭的珠宝店的老板，认为如能抓住公众对王妃结婚盛典的专注心理，导演一出绝妙的广告剧，必定能使自己的珠宝店摆脱困境，大发其财。于是，他挖空心思地找到了一位酷似戴安娜的模特儿，对她从服饰、发型到神态、气质作了煞费苦心的模仿训练。然后，请她演

出了一出广告剧：

一天晚上，这家珠宝店灯火辉煌，老板衣冠一新，神采奕奕地站在店门口，像是在恭候要人光临。此举顿时吸引了不少过路行人驻足观望。不一会儿，一辆高级卧车缓缓停在门口，酷似戴安娜的模特儿从容地从车上走下，嫣然一笑，向聚拢过来的行人点头致意。众人以为戴安娜王妃来了，蜂拥而上，欲一睹王妃的风采。有的青少年还为吻了"戴安娜"的手而得意非凡。事先接到珠宝商暗示"嘉宾"将要光临的电视台记者已经来到这里，此时急忙打开摄像机。警察怕影响"王妃"的活动，急忙维持秩序。珠宝店老板笑容可掬、彬彬有礼地接待"王妃"参观，店员相继介绍项链、耳环、钻石等贵重首饰。"戴安娜"面露喜悦之色，赞不绝口，挑选了好几件。

第二天，电视台播放了这出以假乱真的新闻录像。因受老板的关照，被蒙在鼓里的记者，把它拍成了"默片"，自始至终没有一句解说词。屏幕上出现的只是热烈非常的场面和珠宝店的店容。这一下震动了伦敦全城，人们纷纷传播这个重要新闻。青年人、戴安娜迷们爱屋及乌，络绎不绝地跑来抢购"戴安娜"所喜欢的各种首饰。原来门可罗雀的珠宝店一下子变得门庭若市、生意兴隆、应接不暇，金钱也随之滚滚而来。几天的营业额竟远远超出开业多年的总和。

这则新闻惊动了皇宫贵族。皇家发言人马上郑重地发表声明："经查日程安排，王妃没有去过那家珠宝店。"要求法院追究珠宝店老板的责任。发了大财的珠宝店老板却振振有词地说，电视片中没有一句话，我也没有说嘉宾就是戴安娜，这在法律上不能构成犯罪，乃是围观的公众想当然地把模特儿当成王妃了！

问题：

1. 该商店老板的广告满足了消费者的什么心理？是否违法？
2. 该案例给你以什么启示？
3. 该商店老板运用了什么广告心理策略？

商业广告是商品经济的产物，是现代商品经济活动中一种影响力很强的宣传方式。广告的盛衰，往往标志着商业经济的发展程度以及商业工作的服务水准。富有思想性、真实性、艺术性和科学性的社会主义商业广告，对于促进生产、指导消费、加速产品流通、开展市场竞争、丰富人民的物质生活与精神生活，以及美化市容和影响社会消费风气都有着显著的媒介功能。

就现代商业广告的趋势来看，商业广告正向广泛采用、讲究信誉、注重诱导、内容艺术、走向专业等方向发展，商业广告的功能更为多样。从我国实际情况看，广告的心理功能主要有认识的功能、诱导的功能、教育的功能、艺术的功能、便利的功能、促销的功能。

一、商业广告主要媒体的心理特点

做商业广告的目的在于说服消费者接受并购买企业的产品和劳务。因此，商业广告的设计制作并不取决于广告主及其设计制作者的主观意愿，而需要紧紧围绕着消费者的需要，研究商业广告对消费者产生影响的心理过程及规律。同时，商业广告的内容本身只是一种信息，不具备独立的存在形式，而需借助一定的物质形态来承载和传播，这种承载和传播商业信息的物质形态我们称之为广告媒体。由于不同广告媒体具有不同的特点，对消费者的影响形式和效果也不相同，因此，分析不同广告媒体的心理特点，就成为商业广告心理的重要研讨内容。

广告媒体的种类很多，有报纸、杂志、广播、电视、路牌、招贴、霓虹灯、交通工具、直接推销函件以及商品劳务说明书等。其中报纸、杂志、广播、电视是目前主要的四大媒体。

1. 报纸广告的心理特点

报纸广告是一种印刷广告，它以简明、精炼的文字和图案传递商业信息。它自身的特点是覆盖面广、权威性强、传递迅速、费用低廉。从它对消费者心理过程的作用机理来看，具有感知者多、信任感强、刺激频率高、心理指向干扰大、缺乏持久性、刺激强度弱等心理特点。

2. 广播广告的心理特点

广播广告是一种音响广告，它以语言、音乐等有声手段作为传播商业信息的基本形式。其特点是传播迅速、覆盖面广、针对性强、权威性高。它一般具有感知强、吸引力强、保留性差、刺激强度有限等心理特点。

3. 电视广告的心理特点

电视广告是一种声像广告。它以音像的动态组合来反映和传播商业信息，是一种效果较好的现代广告手段。其特点是覆盖面宽、表现力强、广告效果明显。它一般具有权威性高、感染力强、保留性差的心理特点。

4. 杂志广告的心理特点

杂志广告也是一种印刷广告。它以图文为主要载体来反映和传播商业信息，自身具有专业性强、说服力强，留存性好等特点。它一般具有针对性强、影响力持久、吸引力强、传播面窄的心理特点。

以上主要广告媒体的心理特点为广告主选择适合的广告媒体提供了心理依据。不同企业应根据目标市场消费者的需求特点、商品的特性、企业自身的条件以及广告媒体的心理特点来拟订自己的广告计划，以获得最佳的广告效果。

二、心理学在商业广告中的运用

1. 发挥注意在商业广告中的心理效应

注意是心理活动对一定对象的指向和集中，它能使消费者的心理活动处于积极状态，对所选择的对象进行鲜明清晰的反映。商业广告作为宣传商品的一种特殊形式，只有引起消费者的充分注意，才能够为消费者所认识，也才能起到说服消费者的作用。因此，在制作商业广告的时候，应充分发挥注意的效用。根据注意的心理特点和影响因素，吸引消费者注意力可以从增大刺激强度、加大刺激元素间的对比度、增加刺激物的感染力、位置的安排、适当的重复、暗示的运用等多方面进行。

2. 发挥记忆在商业广告中的心理效应

当广告的刺激停止，消费者的注意力转移后，广告的说服力是否继续保存，心理过程还能否继续深化，在一定程度上取决于广告的记忆效果，即广告内容能否为消费者所识记、保持和再认。因此，如何增强商业广告的记忆效果，同样是商业广告心理研究的重要内容。

按照广告的特点和消费者的记忆规律，增强广告记忆效果的方法有采用直观、形象的方式传递信息，精简广告识记材料，适当重复变化，良好的广告节奏、韵律等。另外，较强的广告吸引力也是增强记忆效果的有效方法。

3. 发挥联想在商业广告中的心理效应

由于联想能够使人把握事物间的联系、活跃思维、加深认识，因此，在商业广告中注意联想原理的运用，就能够增强广告的感染力，有助于消费者对广告内容的理解和记忆，获得较好的广告效果。

根据消费者的联想规律和商业广告的特点，利用联想增强广告心理效应的主要方法有注意运用比喻、重视暗示默化、加强对比刺激。

综上所述，增强商业广告的心理效应，可从吸引消费者注意、增加记忆效果、发挥联想作用等多方面着手。除此以外，增强广告源的可信度、紧扣消费需要确定广告主题、调动消费者的积极情感等，都是增强广告心理效应的有效方法。

第二节　消费者的公关心理分析

●情景案例

强买过期面包的风波

某年秋天，一辆满载面包的汽车在美国某州的公路上急驰。这年，这个州发生了水灾，粮食供应紧张，面包脱销。汽车走到半路上，被饥饿的人们发现而团团围住了车子，要强买车上的面包。押货员感到十分为难，说什么也不肯把面包卖给这些人。这时，恰有几个记者跑来，探询所发生的事情。他们一听，觉得有趣：一方面，是饥饿的人们急需购买面包；另一方面，是押货员碍于公司的规定，怎么也不敢卖车上的过期面包。原来，这家面包公司的董事长有一项严格规定，凡面包发出3天没有卖完的，就必须由公司收回作废，一律不准再出售。这辆车上所装的就是必须回收的过期面包。

"傻瓜，送上门的生意都不肯做！"，"我们吃不上面包，而你们却要把车上的面包收回作废。你不能变通一下吗？"人们吼叫起来。"不是我不肯卖，"押货员哭丧着脸说，

"实在是我们老板的规定太严格。我们如果把过期的面包卖给你们了，我们的饭碗就给砸了呀！"

他遭到的仍然是一片抗议。记者代表人们说："先生，现在是非常时期，你就把这车面包卖了吧，总不能让这些饥饿的人们失望呀！"

押货员无奈，灵机一动，以神秘的表情，凑到记者耳边说："卖，我是说什么也不敢的，如果他们强行上车去拿，就没我的责任了。"

"那岂不是抢劫吗？"记者说，"如果他们把面包强行拿走，凭良心留下应交的几个钱，岂不就不是抢劫，而是强买了吗？"

大家恍然大悟，片刻，一车面包就这样被强买光了。押货员心眼很多，他要记者拍了几张阻止群众强拿面包的照片。"这就好了，"押货员说，"有了这些照片，我就不怕老板骂我了。"与记者分手时，他叮咛他们千万别把此事的底细披露出来，否则自己的饭碗就保不住了。

可是，没几天，这条消息仍然在报纸上被详细披露出来了，并且还刊登了现场照片，在广大消费者中引起了巨大的反应。

问题：

1. 请判断本例对该企业形象的实际影响是什么？
2. 该公司人员的处置是否妥当？是否表现出"信誉"和"诚实"问题？
3. 广大顾客看到这样的报道，会引起怎样的心理反应？

组织机构良好形象的树立，不仅依靠产品和服务质量，而且有赖于有效的人际交往活动和良好公共关系的确立。因此，认识公共关系及与公众交往的一般特征和心理机制，把握开发、利用它们的有效心理的策略和实用技术，就成为开展公共关系活动的必要条件之一。

一、公共关系的社会心理特征

公共关系是指在一定社会环境中出现的某种特定的社会关系，它是一个社会组织与其相关团体和公众之间形成的某种互惠互利、相互合作的新型的横向交往关系。从历史的角度看，它是商品经济以及与此相适应的现代化社会发展的产物；从现实的角度看，它是现代社会发展的客观要求和必要条件。

公共关系作为一种特殊的社会关系，客观地存在于人们的社会活动之中，因而在一定意义上具有不以人的主观意志为转移的客观必然性。但是，同其他社会关系一样，它赖以形成、变化和发展的主体是活生生的人，所以除了受人的生存、发展的各种客观条件因素的决定外，还要受到人们的社会心理因素的制约和影响。因此，公共关系还具有以下的社会心理特征：

（1）公共关系是一种以横向沟通为主的社会关系的特殊表现形式。

（2）公共关系以组织机构及其相关团体和公众的共同利益为基础。

（3）公共关系还是一种组织机构与相关团体和公众相互信任的信用关系。

二、公关交往的心理策略

交往是一项富于艺术性的活动。公关人员作为从事交往的"社交家"，就必须掌握一定技巧，把握好成功地进行公关交往的心理策略。具体来说，可运用的心理策略有：

1．把握交往的最佳时机

要成功地进行交往，首先必须选择最佳交往时机。根据交往对象的心理状态与当时的团体气氛，最佳交往时机可以是：

（1）交往对象出现心理不平衡状态时。

（2）团体中表现了集体荣誉感时。

（3）个人或团体的欢愉情绪涌现时。

2．充分使用语言魅力

公关交往的成功，还在于公关人员能充分恰当地使用交往符号。最常用的交往符号有两类：一类是语言符号，另一类是包括身姿、手势等在内的非语言符号。由于人类的语言丰富而深刻，因而语言使用得当就会给人留下深刻而美好的印象，产生吸引人并感染人的独特魅力。

语言魅力主要表现在语言能给人以诚挚感和幽默感，诚挚主要是指语言能给人以信赖感。这一点对公共关系人员来说尤为重要。

此外，公关交往中，使用委婉的语言也是一种用坦诚开放的沟通来对待别人的方式。委婉有三个方面的内容：一是尊重他人的感受，不作无谓的伤害；二是信赖对方，意识到他人的感受，并给予适当的重视；三是不去利用他人，占别人的便宜，而是给人以关怀和体贴。使用委婉语言有以下一些技巧：

（1）对一些容易引起敏感和激动的事情，要使用委婉语言，以避免不必要的心理刺激。

（2）说话要注意分寸和场合，避免语言粗鲁。

（3）不要触动对方心灵上的伤疤，不要伤害对方的自尊心。

（4）不用强制性的字眼说话。

总之，交往中借助委婉的语言可以使双方的关系更和谐、亲密。

3．强化非语言文化的功能

尽管语言文化有无穷的魅力，但在许多场合，非语言行为却比语言行为更具效力。尤其是当话题涉及人的感情时，姿态、手势、面部表情等都能起重要作用。心理学家奥·梅热普提出了以下公式：沟通效力＝38％的语调＋55％的表情＋7％的语言，这就说明了语调、表情等非语言成分在文化中的作用。

4．造成形式上的主动

为了实施自己的计划，就必须造成双方心理下的接纳与相容，以造成良好的交往定势。比如社会上各种迎来送往的礼节、谈话中的题外话的引入、讨论共同关心的问题等，都是为了确定相互的认可关系，以利于交往的顺利进行。当然，公关交往的心理策略很多，公关人员可在实践中去摸索和把握。

三、公共关系宣传的心理策略

一个组织机构想要在公众心目中确立自己的良好形象，除了必须运用广告传播信息的有效手段外，还应当开展大量有效的宣传活动，诸如通过座谈、报告、演讲、展览、游览、招待和向社会散发传单以及在报刊上发表文章等多种形式，向公众传播信息，来树立自己的形象和声誉。

因为通过宣传这一载体，组织机构就会取得对公众意识和行为的有效影响，进而形成和改变公众的心理定势。

公共关系宣传要达到预期的良好效果，不仅有赖于把握宣传对象的一般与特殊的心理要求，而且有赖于针对不同的情境采取相应的心理策略。下面我们简要介绍几种常见的心理策略。

1. 口头宣传的心理策略

口头宣传一般分为直接（面对面）与间接（利用广播、电视）两种形式。不过，公共关系宣传大都采用直接宣传的方式，即通过演说、报告、讲座、座谈、会晤、讨论等方式，以生动的口语对宣传对象进行说服和开导。这就要求宣传者必须注意语言的准确性、规范性、通俗性、鼓动性、幽默性和情感色彩，同时还必须根据听众的经验、知识水平、心理状态和习惯随时调整自己的表达方式，力戒高谈阔论。

2. 直观宣传的心理策略

直观宣传是指借助情绪感染力，以静态（如宣传册、口号、摄影和图片等）和动态（如团体操、模特表演和检阅等）的方法来刺激公众的视觉感知，使其形成或改变心理状态的一种具体宣传方式。这种宣传方式的主要功能在于：它能作用于公众的潜意识，促使公众审美心理活动的形成。这就决定了可供选择的心理策略和手段主要是：第一，把握色彩与情绪的联系，使场景形成某种"色彩重心"；第二，巧妙做到宣传内容的不完全表达。

3. 常用心理效应策略

常用心理效应策略是一种通过情境刺激引起公众特定心理效应的宣传方式和手段。通常情况下，公共关系宣传采用以下三种主要心理效应手段：

（1）"权威效应"。

它是由宣传者、信息来源的威望和声誉而产生的，使公众无保留地接受宣传信息、观点的影响力与效果的效应。心理学实验表明，如果宣传者具有很高声望，他的宣传就易于被公众所接受；宣传信息发自享有崇高威望的地方，也同样对公众具有强烈的心理影响力。当然，应用"权威效应"的前提是必须弄清楚公众是否真正承认这种权威，否则不仅不会产生权威效应，而且往往会适得其反，引起公众的逆反心理。

（2）"名片效应"。

这是在"权威效应"的作用下产生的心理效果的一种继续。运用这种方法，可以把自己宣传的观点列入公众所接受的观点中进行传播，造成宣传的观点与宣传对象已接受的观点相近，从而促使宣传对象接受宣传观点。一般情况下，"名片效应"的手法是：把公众所接受的但与自己的宣传无本质联系的观点也作为"名片"内容来介绍，使宣传者成为公众心目中

"受欢迎"的人，进而使宣传对象自觉地接受宣传的观点。

（3）"自己人效应"。

这也是"权威效应"心理效果的继续。它主要是通过宣传者与其对象在职业、地域、民族、研究领域等方面的共同性和相近性，给公众以"自己人"的心理印象，使其产生亲近、受欢迎的心理情绪，进而使人们最大可能地接受宣传的观点。

4. 超前宣传与同步宣传的心理策略

现代社会的一个基本特征就是变化节奏的迅速和加快，因此组织机构的宣传必须是迅速、及时和高效能的。对此，公共关系宣传可采用超前宣传的策略和手段。这是宣传活动中成功运用"首因效应"的一种有效方法。实际上，由最先传播的信息及其解释所促成的公众态度，在大多数情况下都与宣传者的预期目标相一致，从而会使公众形成一种心理障碍来抵制同最先信息和解释相对立的信息或解释。

所谓超前宣传，就是在公众预料的情势发生之前，使公众有相应的心理准备，从而达到避免错误解释的目的的宣传。超前宣传一般具有较大的难度，它要求公共关系人员具有较强的反映各种事态发展趋势的能力。在实际的公共关系宣传过程中，人们一般更多地运用同步宣传的策略。这种宣传一般是与某一事态的发展和变化同步进行的，因而可以在传播某一态势的有关信息的过程中，促使公众在较广阔的背景下作出正确的分析和判断。

此外，"追踪宣传"对于消除公众已产生的某种误解也有一定的影响力，但这种方法很难在广大范围内完全消除公众已形成的某种对组织机构的印象和认识，有时由于公众的逆反心理作用，也会使机构陷于更加窘迫的境地。所以，公共关系宣传应当尽可能发挥超前宣传和同步宣传的作用，避免或减少使用追踪宣传的"权宜之计"，才能收到良好的宣传效果。

●课堂训练

1. 请列举一个你比较熟悉的广告，分析其广告心理策略。

2. 良好的企业形象有利于企业产品的销售，那么良好的个人形象是否有利于有效地推销自己？请分析说明。

●案例分析与讨论

脑白金广告策略

在很多人看来，脑白金广告一无是处，更有业内人士骂其毫无创意、"土得令人恶心"。有趣的是，就靠着这在网上被传为"第一恶俗"的广告，脑白金创下了几十个亿的销售额，在2001年，更是每月平均销售额高达2亿，"巨人"史玉柱也翻了身，再次踌躇满志地重出江湖。土广告打下大市场，不是用偶然性能解释的。对其进行剖析，对我们一定能有不少启示。

（一）定位礼品 VS 曲线救国

"今年过节不收礼，收礼只收脑白金"的广告语就抢占了这么一个独一无二的定位——既与传统中用以送礼的烟酒等"不健康礼品"立有高下之分，又从主要把目标市场锁定在寻求保健效果者本人的其他保健品中凸现出来。正是这充满霸气地与礼品之间画上的等号，塑造出脑白金与众不同的形象，使得消费者想到礼品，不由就想到脑白金。在我们这样一个礼仪之邦，礼品市场有多大？这个等号的价值又有多大呢？其实，脑白金敢于画这个等号也只是洞悉了一个简单事实：由于我国经济水平的限制，保健品本身存在"买的不用，用的不买"的购买者与使用者分离的现象，保健品需求变成购买力在很大程度上是间接的。至于功效颇有争议的脑白金，走直接道路更加困难，所以礼品定位真是不得不走的"曲线救国"之路。

（二）感性路线 VS 理性路线

因为是保健品的缘故，按法律规定，脑白金不能在广告中宣传治疗功效。所以，脑白金除在软文广告中打打擦边球以外，其他广告对功用的宣传力度都很小。作为不可避免的结果，脑白金购买者对其持信任态度的仅为6.2%。也就是说，大部分消费者即使怀疑其功效却还趋之若鹜。态度与行动背离的这种现象用传统的"广告—认知—态度—购买行为"的消费者行为学模型是无法解释的。是消费者不理性吗？非也！美国营销学家米盖尔·L.雷认为，对某些产品，消费者没有获取其信息的动机或缺少分析产品信息的能力，在这种消费者低参与度的情况下，广告就能超越态度改变而直接诱发购买行为，即"广告—认知—行为"。用于作礼品的脑白金，购买者往往关心的是其档次、蕴涵的祝福，甚至包装等，对其功效反而并不太关心了。这很容易理解，俗话说礼到情意到，礼品送出去就发挥对购买者的价值了，至于到了最终使用者那里如何，就是厂家的责任了。况且，对于这些医药保健药品，普通老百姓也确实没有能力参详透彻。所以脑白金作为消费者低参与度产品，出现态度与行为的分离也就不奇怪了。

（三）集中诉求 VS 升华卖点

经验已经证明，成功的广告总是只向消费者承诺一个利益点，因为消费者从一个广告里只能记住一个强烈的概念。少说些、锁定焦点，才能带来较高的广告效果。脑白金广告虽简单，却也谨守了这一金科玉律，只通过姜昆、大山以及后来的老头儿、老太太等的表演，形象地传递出以脑白金作为礼物可达到使收礼者开心的效果。想想看，如果脑白金广告中不仅宣传自己是送礼首选，还孜孜不倦地讲解自己改善睡眠、畅通大便的好处，消费者恐怕也难以清晰地记得"收礼只收脑白金"了。

（四）频频亮相 VS 有效展露

研究发现，同样的广告播放多次会增加20%～200%的记住率。特别对于消费者低参与度的产品，广告展示的频次需要更高才能达到诱发购买行为的目标。脑白金绝对是认识到了这一点，一年就极有魄力地在广告上甩出几亿。显然，没有在媒体上的高投入、高投放，其广告也达不到满意的效果。但是重复也要注意时机和次数的适当。脑白金在1999年3～6月保健品淡季，也疯狂加大电视投入，费用花了一亿多元，可销售并未相应增加，反而引起消费者的普遍反感，真是弄巧成拙。

（五）阳春白雪 VS 下里巴人

常有商贩以"洋气"来形容自己卖的衣服设计超凡脱俗、卓尔不群。这也是许多广告人追求的目标，"土气"则成了大忌。在消费者被浩如烟海的信息包围的今天，平庸单调的广告是很难引起消费者注意、达到广告效果的。故而有些广告人就沉溺于别出心裁、哗众取宠的效果，结果往往是消费者记住了广告，却忽视了是什么产品的广告，广告创意人的声誉提高了，产品的销售却不升反降。创意必须与广告受众的欣赏水平、审美观、消费心理等相适应，即必须有度，过了度让广告受众不知所云，就只能孤芳自赏了。按"不管黑猫白猫，能抓住老鼠就是好猫"的说法，我们也可以说，"洋广告土广告，能促进销售就是好广告"。衡量创意好坏得用市场说话，千万别用专家的眼光替消费者作判断，毕竟广告是服务于产品的。脑白金的CF片，无论是"大山版"，还是"老头版"，都是直白、俗气的，演员一副娘娘腔，市侩形象十足，但却很有生活气息，易于理解，成为促进销售最好的力量。因而从广告服务产品的角度说，脑白金广告是成功的。当然，若由主张处理方式同内容同等重要的广告大师威廉·伯恩巴赫评判，恐怕他还会要求脑白金广告在创意上多下点工夫，以取得更好的效果。

问题：分析评价脑白金的广告策略，提出相应建议。

光明畅优　通畅你我——光明畅优公关活动推广策划

（一）活动背景：蓄势待发

光明畅优酸奶自 2007 年 3 月 27 日上市后，取得了良好的开端，开创了中国酸奶产品的高端品牌。截至 2007 年 7 月底，光明畅优实现每月稳步增长，尤其在华东地区的销售更为明显。为了能在下半年掀起一股销售高潮，提高畅优品牌认知，我们需要做一个有影响力的公关促销活动。此活动要区别于竞争对手的直接买赠内容，让消费者感觉到畅优的此次活动不是降价促销活动，而是非常有意义的公关活动。

（二）活动分析：以产品为中心

畅优酸奶的主要功能是排毒养颜，润肠通便，调理肠道。"通畅"一直是产品传播中所诉求的卖点，"天天畅优，美丽轻松"是主打广告语，强调产品带给消费者的情感利益。从消费者角度来看，20～40 岁女性是畅优的主要目标消费人群。她们生活在城市，工作生活压力大，饮食没有规律，常被肠道问题所困扰。针对消费者，我们从品牌的角度考虑，塑造畅优品牌形象，使活动带有公益色彩。让她们享受到肠道健康，身体舒畅，天天美丽轻松的关爱。最终确定主题为"爱她，就让她畅优吧"的公关促销活动。此主题既能把产品畅通的概念表达出来，又能涵盖关爱的主题，目标人群非常明确。

（三）活动内容：以大带小

作为拉动产品销量的畅优八连杯装，是我们此次活动的主要产品，用它来带动小瓶畅优的销售，形成互动，以大代小。

活动规则：购买畅优原味八连杯产品，即赠送产品中已付邮资的畅优卡（明信片）一张。写下朋友的名字、地址及祝福语，邮寄给朋友，朋友收到后可凭畅优卡到指定销售终端领取190 克新口味塑瓶畅优一瓶。

兑换方式：收到畅优卡（已盖邮戳）的消费者，撕下兑换联（详情见畅优卡）；消费者在指定便利店的柜台领取畅优 190 克塑瓶后，在收银台结账时，将撕下的兑换联交予收银员即可兑换畅优产品。

兑换地点：上海的可的、喜士多便利店。

传播策略：上下结合，两上一下。"爱她，就让她畅优吧"的公关促销活动属于互动活动，让消费者之间分享产品"通畅"功效，增加消费者对畅优品牌的认知。目标消费者主要是女性，她们属于城市的白领人群，生活节奏相对快，购物集中在周末。在上面的高空传播我们以电视和广播为主，在下面的传播以终端为主，采取"上下结合，两上一下"的整体策略。

另外在活动初期和活动中，配合两期报纸投放，增加活动信息的告知频率。

电视选择上海新闻娱乐频道、上海生活时尚频道。投放时间：20：00－21：00。电台选择

FM101.7 的 "动感101"、FM103.7 的 "Love radio"。投放时间：7：00－9：00、18：00－19：00。

这种媒体的组合方式，做到了信息聚焦，所有资源集中在娱乐媒体传播。无论是上班的路上还是周末的购物，都能让目标消费者很容易接触到我们的信息传播。

（四）创新工具：一张卡、一杯奶、一份情

面对市场的价格竞争，畅优采取一种创新的促销手段，利用免费明信片作为传播载体。我们称之为 "畅游卡"，购买指定的产品得到畅游卡，邮寄给自己的亲人、朋友，可以兑换畅优酸奶，享受到畅优产品带来的 "通畅"，并有一份真诚的祝福。畅游卡让消费者在自己享受产品的同时，给自己的亲人、朋友送去一杯奶，送去一份情。同时，这种免费的畅游卡，带有公益的性质，减少了促销的色彩，成为一种 "关爱和关怀"。此活动增强了光明品牌与消费者之间的情感沟通，同时也是畅优产品的一次 "体验营销"。

（五）畅优卡文案

轻松身体需要呵护，美丽气色需要舒畅！肠道通畅，轻松美丽！畅优，给她由内而外的关爱！爱她，就让她畅优吧！

进入 11 月份后，酸奶产品销售进入了淡季。与往年的数据对比，通过整个活动传播，畅优酸奶减缓了整个酸奶的销售下滑，实现了淡季的逆转。据统计，最后的畅优卡兑换率高达60%，强力拉动了整个产品的销售。

光明畅优的公关促销活动实现了 "名利" 双收，既提高了光明品牌、畅优品牌的美誉度，又拉动了整个系列产品的销售。

问题：光明的公关促销活动给我们什么启示？为什么以女性消费者为促销对象？满足了女性哪些消费心理？

●补充阅读资料

海南养生堂龟鳖丸广告：爸爸，我今天就回家

（一）父亲

那时候生活清苦，让儿子吃饱饭、穿暖衣、上好学，是做父亲的愿望。

最难忘的是儿子的生日，生日是儿子成长的记忆点，也是全家充满欢乐的日子。

现在儿子长大了。他事业忙，有时候几个月都不回来。

但人老了就会想儿子。其实这都是人之常情。

近来腰有点直不起来，眼睛看东西也越来越模糊，我只是担心我的身体，还是要坚持晨练，千万不要生病，以免让儿子安心。

（二）儿子

小时候，一年到头盼的就是两件事，一是过年，二是生日。没想过，每次的生日，父亲、母亲都是那么操劳，只是从来没见过父亲、母亲过生日。

现在真是太忙了，有好长时间没有回家了。

上一次回家，突然看见父亲发根全是白的，我还一直以为父亲总是扛得住所有的风雨，心里酸酸的。现在开始明白，孝心不在于功成名就，而是每一次回家，每一个问候的电话。

爸爸，我今天就回家。

（三）结束语

几乎所有的父亲都知道儿子的生日，又有几个儿子知道父亲的生日？

为买玩具，还是为得小金鱼

美国一家玩具店在推销玩具时采取了与众不同的招数：对买玩具者赠送两条鲜活小金鱼。商店在柜台边放置一个大水槽，里面放着一些金鱼，并准备了小网兜和玻璃罐，让小朋友自己动手捞起看中的小金鱼，装进琉璃罐，带回家去。这一招深受小朋友的喜爱，大人们也颇感兴趣，前往商店购买玩具者趋之若鹜。

问题：

1. 请对该案例中促销的心理技巧进行简单分析，并与我们常见的促销活动进行比较。
2. 这种促销方法可以适用于那些情况？请一一列举，并说明理由。

●课外训练

以小组为单位，开展一次对某一广告的心理效果的调查活动（具体从广告注意度、记忆度、印象、综合评价等方面入手）。

●本章小结

本章主要介绍商品促销活动中的广告、公共关系宣传等促销手段的心理策略的具体运用，简单介绍各种广告媒体的心理特点，以及将运用心理学的基本理论运用于广告活动中以提高广告的效果，公关宣传的心理策略以及技巧的运用。

●复习思考题

1. 商业广告有哪些心理功能？试举例说明。
2. 商业广告的四大媒体是什么？试简要说明每种媒体的心理特点。
3. 简述增强商业广告传播效应的心理策略。
4. 公共关系的社会心理特征有哪些？简述公关宣传的心理策略。

第十三章 外部环境对消费者心理影响的分析

●知识目标

1. 掌握文化、亚文化的含义和特点及对消费者消费心理的影响

2. 掌握社会阶层的类型和对不同阶层消费者的心理策略

3. 掌握相关群体对消费者消费心理的影响

4. 掌握不同家庭背景对消费者个人消费行为和心理的影响

5. 掌握消费流行的方式、分类与阶段，理解流行消费与消费心理的交互影响

6. 掌握消费习俗的特点与分类，掌握消费习俗与消费心理的交互影响

7. 掌握闲暇消费的成因、特征和分类，认识闲暇消费合理化的重要性

●能力目标

能够利用不同消费群体和消费文化背景开展营销活动和营销心理分析，能够利用流行趋势开展有针对性的营销活动，利用消费习俗促进销售的增长，开展符合消费者消费习惯的营销活动，利用消费者的闲暇时间促进消费者的闲暇消费，引导消费者进行合理闲暇消费

●教学重点

1. 文化与亚文化的含义和特点以及对消费者购买心理和行为的影响

2. 各社会阶层的特点和划分标准，以及社会阶层对消费心理的影响和营销对策

3. 参照群体的特点以及对消费者购买行为的影响

4. 家庭的构成与购买决策对家庭购买行为和心理的影响

5. 消费流行的方式、类型与阶段，以案例形式分析其与消费心理的相互影响

6. 消费习俗的特点与分类

7. 闲暇消费的成因、特征和分类以及对闲暇消费的重要性的认识

玛丽老太太与中国老太太买房

40 多年前，美国老太太玛丽通过向银行贷款购买了一套房子，如今玛丽已经进入暮年，老态龙钟。在这样明亮舒适的住宅里生活了大半辈子的玛丽临终前感到很满意，心想：我在自己中意的房子里度过了中年、晚年，现在，银行的贷款已经还完了，我可以安心地去见上帝了。

与此同时，远在中国东部的一个城市，一位满头白发的中国老太太正在为自己刚刚买到的新房喜极而泣。她在狭窄阴暗的老房子里已经住了几十年，从年轻时就朝思暮想有一套属于自己的新房子，现在已经七十多岁了，想到自己在这么好的房子里所能生活的年头已经不多，她不禁有些悲伤，但又一想，毕竟为子女们留下了房产，她仍感到些许安慰。

问题：为什么会出现不同的购买行为和不同的心理感受？现在的中国人在购房上有什么变化？为什么？

第一节　社会文化对消费者心理影响的分析

●情景案例

民族性格与消费者行为

有这样一个有趣的故事：一家旅馆着火了，里面住的美国人、英国人、中国人、日本人纷纷想法逃命。美国人立刻打开窗户往外跳，英国人则顺着楼梯往下跑，日本人忙着招呼同伴，中国人却先去救他的父母。这一故事说明了民族及其文化对人的行为产生的影响。

问题：为什么会出现上述不同的行为？

文化因素对消费者行为有着广泛而深远的影响。这里我们分别探讨文化和亚文化对消费者行为的影响。

一、理解文化的含义

文化是一个外延极广的概念，因此，界定文化并不是一件很容易的事。文化包括极为丰富的内容，如饮食文化、医学文化、娱乐文化、住宅建筑文化、体育文化、娱乐文化、表演文化、旅游文化等；此外，它还可以表明个人生活和社会生活的某些联系。研究文化可以更好地理解消费者的行为，而且可以将文化作为一种手段，一种杠杆来指导和调节消费者的行为，促进消费者行为合理化。

从文化对消费者行为产生影响的角度，我们把文化定义为：它是由一个社会群体里影响人们行为的态度、信念、价值观、规范、风俗、习惯等构成的复合体。可见，文化是一个综合的概念，而且是人类欲望和行为最基本的决定因素，它几乎包括了影响人们行为和思维过程的每一种事物。

文化有主文化（或称核心文化）、亚文化和跨文化之分。其中主文化心理是反映在一个国家核心文化（核心价值观、公共行为规范、母语符号、主导信仰等）背景下大多数消费者的心理倾向，它是由各种亚文化心理综合反映出来的。

对于营销人员来说，理解文化的含义要弄清以下几个问题：

（1）不同社会阶层的文化方式是不同的。每个社会都可以分为不同的阶层，而每一阶层的人们的生活方式都是不一样的。因而在一个群体中，共同的生活方式是理解文化的重要因素。换句话说，如果一种生活方式被社会群体中大多数人所认同，那么这种生活方式将成为一种文化。

（2）人类的相互作用产生了价值观并规定了每种文化所能接受的行为，通过建立共同的规范和准则，文化使社会变得有秩序，有时这种规范和准则会写成法律。

（3）只要一种价值观或信念符合社会的需要，它们就始终是文化的一部分，如果不再发挥作用，那么它将逐渐消失。

（4）如果不了解一种文化，企业销售产品的机会将会减少。例如，颜色在全球市场上有不同的含义。同样，语言也是营销人员必须处理的文化的另一个重要方面。他们要认真地将产品名称、标语等翻译成外语，同时也要了解当地的文化，以免传递错误的信息或弄巧成拙。随着越来越多的企业扩展全球业务，了解外国文化的需要就显得更为重要。

二、文化的特点

1. 文化是后天习得的

文化是一种习得行为，它不包括遗传性或本能性反应。人类个体在很小的时候，就从自己周围的社会环境中学会了一整套的信念、价值观、习惯等。文化的习得一般通过三种方式：正式学习，在这种学习方式中，大人教孩子"如何去做"；非正式学习，在这种学习方式中，儿童主要是通过模仿别人的行为而获得经验；专门学习，在这种学习方式中，教师在专门的教学环境中告诉学生为什么要做以及怎样去做等。

2. 文化的影响是无形的

文化是无形的，它对人的影响也是潜移默化的。所以，在大多数情况下，我们根本意识不到文化对我们的影响。人们总是与同一文化下的其他人一样行动、思考、感受，在这样一种状态下活动似乎是天经地义的。只有当我们被暴露在另一个有不同文化价值观或者习惯的人的面前时，我们才会意识到自己所特有的这种文化已经塑造了我们自己的行为。

3. 社会文化既有稳定性，又有可变性

社会文化是在一定的社会环境中形成的，所以具有相对的稳定性。一种文化一旦形成，便会在一定时期内发挥作用，并通过各种形式传递下去。同时，社会文化又是动态的，它会随着时间的变化而缓慢地演变。特别是由于科技的进步和社会生产力的发展，会出现新的生活方式，同时价值观和习惯等也会发生变化。所以，对市场营销人员来说，不仅应该了解目标市场现在的文化价值观，还要了解正在出现的新文化价值观。

4. 社会文化的规范性

现代社会越来越复杂，文化不可能规定人的一举一动，只能为大多数人提供行为和思想的边界。这种"边界"的设置有时比较宽松，通过影响诸如家庭、大众媒体的功能而发挥作用。

文化对个人的行为设置的"边界"，也就是我们通常所说的社会规范。社会规范是群体共享的行为和思想方面的理想模式，也就是特定情境下人们应当或不应当做出某些行为的规则。当实际行为与规范发生背离时，就要受到惩罚，惩罚方式多种多样，从轻微的不认同甚至到被整个群体所抛弃。所以，社会规范对个人影响更多的不是让你做什么，而是不能做什么，只有在孩提时代或学习一种新文化的过程中，遵循规范才会获得公开的赞许。在其他情况下，按文化方式行事被认为是理所当然的，而不一定伴随赞许或奖赏。

三、中国的传统文化

中华民族是具有 5000 多年悠久历史的民族，中华民族经过几千年的发展所积淀下来的传统文化对国人的影响根深蒂固。它的基本精神主要有以下几方面。

1. 讲究中庸之道

大理学家朱熹认为，中庸就是"不偏之谓中，不倚之谓庸"。意思是说，在事物的发展过程中，对于实现一定的目的来说，都有一定的标准，达到这个标准就可以实现这个目的，否则就不可能实现这个目的。没有达到这个标准叫"不及"，超过这个标准叫"过"。所谓"中庸之为德"，就是要经常遵守一定的标准，既不"过"，也不"不及"，做到不偏不倚。

中庸是中国人的一个重要的价值观，几千年来一直深刻地影响着中华民族的思想和行为。它一方面保证了民族文化发展的稳定性，同时它也反对根本性的变革，鼓励墨守成规。

2. 注重人伦

中国文化以重人伦为其特色，即强调伦理关系。我国传统文化是以伦理道德为核心的儒家文化，而儒家文化的伦理观念就是从最基本的血缘关系发展而来的。所以，中国传统社会的人际关系都是从夫妇、父子这些核心关系派生出来的。中国人非常看重家庭成员的依存关系，以及在此基础上形成的家族关系、亲戚关系。

3. 看重面子

外国人学习汉语时，对"面子"一词肯定很费解。的确，与外国人比起来，中国人对自己的形象和"脸面"特别关注，尤其重视通过印象整饰和角色扮演在他人心目中留下一个好的印象，以期获得一个"好名声"。因此，中国人一般比较注重给别人、给自己"留面子"。

4. 重义轻利

中国传统文化的另一特点就是与金钱或物质利益相比，人们更注重情义。特别在二者发生冲突的时候，崇尚的是舍利而取义。因而中国人最痛恨的是"见利忘义"、"忘恩负义"的人，而讲究"滴水之恩当涌泉相报"。中国文化的这种重义轻利特点，使得在正常的人际交往和工作中容易感情用事、注重"哥们义气"，并且热衷于相互赠送礼品，讲究"礼尚往来"。

四、中国传统文化对消费心理的影响

因为中国文化具有上述几个基本特点，相应的，中国人的消费心理和消费行为主要表现在以下几方面：

1. 消费行为上的大众化

大众化的商品有一定的市场，消费行为具有明显的"社会取向"和"他人取向"，以社会上大多数人的一般消费观念来规范自己的消费行为，喜欢赶潮流。

2. "人情"消费比重大

中国人比较注重人情，强调良好的人际关系的重要性。这种特点对消费行为的最直接的影响就是比较重视"人情消费"。

3. 消费支出中的重积累和计划性

几千年来，中国人一直崇尚勤俭持家的消费观念，而鄙视奢侈和挥霍，对超前消费也是抱着观望和小心谨慎的态度。在产品的种类和功能方面，注重产品的实用性或使用价值，而较少购买用于享受方面的奢侈品，而且，一般是按计划购买，特别对于中老年来说，更少发生冲动购买和计划外购买。

4. 以家庭为主的购买准则

中国人的家庭观念比较强，因而在消费行为中往往以家庭为单位来购买产品。无论在购买决策上，还是在购买产品的种类上，都与整个家庭息息相关。

5. 品牌意识比较强

中国人买产品时比较注重产品的品牌，尤其对于服装或高档消费品更是如此。这一方面是因为中国人爱面子，名牌产品代表一定的质量和价格，可以满足人们的炫耀心理；另一方面，中国人一般对产品的知识了解得比较少或者根本不愿意去了解，只注重对产品的总体印象，所以购买名牌产品既减少了购买时认知产品性能时的麻烦，又减少了购买风险。

五、亚文化

根据人口特征、地理位置、政治信仰、宗教信仰、国家和伦理背景等，可以将一个文化分成几个亚文化。亚文化是相同的人群在共享整体文化要素的同时还共享的独特文化要素。在亚文化内部，人们在态度、价值观和购买决策方面比更大范围文化内部要更加相似。一个文化内，亚文化的差异可能导致在购买什么、怎样购买、何时购买、在什么地方购买等方面产生明显的差异。

亚文化是主文化的一部分，某一亚文化的成员所具有的独特的行为模式，是建立在该群体的历史及现状基础之上的。亚文化的成员又是他们生活在其中的主文化的一部分，因此，其行为、信念等无不被打上主流文化的烙印。

尽管有些亚文化群与主流社会或其他亚文化群的某些文化含义会有所相同，但是该亚文化群的文化含义必须是独特的、有特色的。这些特色可以是年龄、宗教、收入水平以及性别、职业等。每个国家都具有多种多样的亚文化。因此，精明的营销者总在主动寻求市场中日益增长的多样性所带来的机会。总之，向不同的亚文化群体开展市场营销活动时，必须对每个群体的态度和价值观有一个透彻的了解。

第二节　社会阶层对消费者心理影响的分析

●情景案例

教授的校徽

在上世纪 90 年代中期，某大学王教授有位学生毕业后没有接受学校的分配，自己下海做生意。一天这位学生回来向教授借校徽使用，教授认为没有什么大的用途就慷慨地借给这位学生。过了一周，这位学生回来，对教授说："多亏你的校徽，否则我这次生意就麻烦了！"教授很奇怪就问道："这是怎么回事？"这位学生说："我带着几十万元现金到外地做生意，担心不安全，于是就借你校徽戴在胸前，一路上我将现金用普通蛇皮袋装着，任何居心不良的人都不会认为我那里面有大量现金，最后安全到达目的地。谢谢你的帮助，我今天请你吃个便饭。"

问题：为什么教授的校徽能够确保这位学生的现金安全？你应该怎样解释其中的缘由？

一、社会阶层的特点

社会阶层是指某一社会中根据社会地位或受尊重程度的不同而划分的社会等级。存在于社会中的各个阶层是一个连续的系统，划分这个系统的标准不是唯一的，也就是说一个人位于哪一个阶层不是由单一因素决定的，至少由几个因素共同决定。在众多因素中，受教育程度、职业、经济收入是最重要的划分依据。

社会阶层的特点和作用主要表现在以下几个方面。

1. 社会阶层展示一定的社会地位

如前所述，一个人的社会阶层是和他的特定的社会地位相联系的。处于较高社会阶层的人，一般是拥有较多的社会资源，在社会生活中具有较高社会地位的人。他们通常会通过各种方式，展现其与社会其他成员相异的方面。

由于决定社会地位的很多因素如收入、财富等不一定是可见的，因此人们需要通过一定的符号将这些不可见的因素有形化。研究发现，即使在今天，物质产品所蕴涵、传递的地位意识在很多文化中仍非常普遍。

2. 社会阶层的多维性

社会阶层并不是单纯由某一个变量如收入或职业所决定，而是由包括这些变量在内的多个因素共同决定。决定社会阶层的因素既有经济层面的因素，亦有政治和社会层面的因素。在众多的决定因素中，其中某些因素较另外一些因素起更大的作用。收入常被认为是决定个体处于哪个社会阶层的重要变量，但很多情况下它可能具有误导性。除了收入，职业和住所亦是决定社会阶层的重要变量。一些人甚至认为，职业是表明一个人所处社会阶层的最重要的指标，原因是从事某些职业的人更受社会的尊重。

3. 社会阶层的层级性

从最低的地位到最高的地位，社会形成一个地位连续体。不管愿意与否，社会中的每一成员，实际上都处于这一连续体的某一位置上。那些处于较高位置上的人被归入较高层级，反之则被归入较低层级，由此形成高低有序的社会层级结构。社会阶层的这种层级性在封闭的社会里表现得更为明显。

层级性使得消费者在社会交往中，要么将他人视为是与自己同一层次的人，要么将他人视为是比自己更高或更低层次的人。这一点对营销者十分重要。如果消费者认为某种产品主要被同层次或更高层次的人消费，他购买该产品的可能性就会增加；反之如果消费者认为该产品主要被较低层次的人消费，那么他选择该产品的可能性就会减少。

4. 社会阶层对行为的限定性

大多数人在和自己处于类似水平和层次的人交往时会感到很自在，而在与自己处于不同层次的人交往时会感到拘谨甚至不安。这样，社会交往较多地发生在同一社会阶层之内，而不是不同阶层之间。同一阶层内社会成员的更多互动会强化共有的规范与价值观，从而使阶层内成员间的相互影响增强。另一方面，不同阶层之间较少互动，会限制产品、广告和其他营销信息在不同阶层人员间的流动，使得彼此的行为呈现更多的差异性。

5. 社会阶层的同质性

社会阶层的同质性是指同一阶层的社会成员在价值观和行为模式上具有共同点和类似性。这种同质性很大程度上是由他们共同的社会经济地位所决定，同时也和他们彼此之间更频繁的互动有关。对营销者来说，同质性意味着处于同一社会阶层的消费者会订阅相同或类似的报纸、观看类似的电视节目、购买类似的产品、到类似的商店购物，这为企业根据社会阶层进行市场细分提供了依据和基础。

6. 社会阶层的动态性

社会阶层的动态性是指随着时间的推移，同一个体所处的社会阶层会发生变化。这种变化可以朝着两个方向发展：从原来所处的阶层跃升到更高的阶层，或从原来所处阶层跌入较低的阶层。越是开放的社会，社会阶层的动态性表现得越明显；越是封闭的社会，社会成员从一个阶层进入另一个阶层的机会就越小。

二、社会阶层的决定因素

吉尔伯特（Jilbert）和卡尔（Kahl）将决定社会阶层的因素分为三类：经济变量、社会互动变量和政治变量。经济变量包括职业、收入和财富；社会互动变量包括个人声望、社会联系和社会化；政治变量则包括权力、阶层意识和流动性。下面主要介绍其中与消费者行为研究特别相关的几个因素。

1. 职业

在大多数消费者研究中，职业被视为表明一个人所处社会阶层的最重要的单一性指标。一个人的工作会极大地影响他的生活方式，并赋予他相应的声望和荣誉，因此职业提供了个体所处社会阶层的很多因素。不同的职业，消费差异是很大的。

2. 个人业绩

一个人的社会地位与他的个人成就密切相关。虽然收入不是表明社会阶层的一项重要硬性指标，但它在衡量个人业绩方面是很有用的。一般来说，在同一职业内，收入高居前25%范围里的人，很可能是该领域内最受尊重和最有能力的人。

个人业绩或表现也涉及非工作方面的活动。也许某人的职业地位并不高，但他自己或其家庭仍可通过热心社区事务、关心他人、诚实善良等行为品性赢得社会的尊重，从而取得较高的社会地位。

3. 社会互动

在社会学里，强调社会互动的分析思路被归入"谁邀请谁进餐"学派。这一派的学者认为，群体资格和群体成员的相互作用是决定一个人所处社会阶层的基本力量。

社会互动变量包括声望（prestige）、联系（association）和社会化（socialization）。声望表明群体其他成员对某人是否尊重，尊重程度如何，联系涉及个体与其他成员的日常交往，他与哪些人在一起，与哪些人相处得好。社会化则是个体习得技能、态度和习惯形成的过程，家庭、学校、朋友对个体的社会化具有决定性影响。到青春期，一个人与社会阶层相联系的价值观与行为已清晰可见。虽然社会互动是决定一个人所处社会阶层的非常有效的变量，但在消费者研究中它们用得比较少，因为这类变量测量起来比较困难而且费用昂贵。

4. 拥有的财物

财物是一种社会标记，它向人们传递有关所有者处于何种社会阶层的信息。拥有财物的多寡、财物的性质决定并反映了一个人的社会地位。对财物应作广义的理解，它不仅指汽车、土地、股票、银行存款等我们通常所理解的财物，它也包括受过何种教育、在何处受教育、在哪里居住等"软性"的财物。

5. 价值取向

个体的价值观或个体关于应如何处事待人的信念是表明他属于哪一社会阶层的又一重要指标。由于同一阶层内的成员互动更频繁，他们会发展起类似和共同的价值观。这些共同的或阶层所属的价值观一经形成，反过来会成为衡量某一个体是否属于此一阶层的一项标准。不同社会阶层的人对艺术与抽象事物的理解、对金钱和生活的态度及所存在的不同看法，实际折射的就是价值取向上的差异。

6. 阶层意识

阶层意识是指某一社会阶层的人，意识到自己属于一个具有共同的政治和经济利益的独特群体的程度。人们越具有阶层或群体意识，就越可能组织政治团体、工会来推进和维护其利益。从某种意义上说，一个人所处的社会阶层是由他认为他在多大程度上属于此一阶层所决定。

三、社会阶层消费心理与市场导向研究

社会阶层消费心理规律研究是要解决市场变化中社会阶层消费心理趋向与市场导向同一性问题。

（一）社会阶层消费心理规律的状态描述

1. 同一社会阶层消费心理的相似性

即同属一个阶层的消费者，不论在价值观念、自我认识、生活方式还是对商品信息的反应等方面，都表现出相似的心理趋势。

2. 同一社会阶层消费心理的差异性

即在同一阶层中，通常会有不同的收入标准，在不同阶层中，又常常有相同的收入标准。把收入高于该阶层平均水平的人，称为超标准，低于平均水平的人，称为低标准。结果发现对某些商品而言，这种理论更能解释消费者行为。

3. 不同社会阶层消费心理的差异性

美国消费心理学家在调查本国中、低两个社会阶层消费者后设计出两个社会阶层的消费在心理上有很多方面的差异。

在中国，调查比较温饱阶层与巨富阶层的消费者后，发现他们在消费知觉、消费态度、审美情趣、价值观念等方面有着很大的差异性。这种心理上的差异性通常会影响到产品计划、广告设计和对传播媒介的选择以及消费策略的选择。

4. 不同社会阶层消费心理的临近性

这是基于相邻社会阶层消费者而言的。如前所述，同一阶层中的消费水平有高、低之分，在这种情况下，属低一社会阶层消费者的超标准与属上一社会阶层消费者的低标准在消费心理反应上具有临近性。例如，处于温饱阶层的消费者收入接近小康社会阶层消费者收入的下限，他们的社会阶层消费心理的差异可能接近于零或相差甚微，作为温饱社会阶层消费者可能会出现攀比心理，与小康社会阶层消费看齐，日常生活中这类例子非常多。

（二）社会阶层消费心理波动规律与市场导向规律相统一

社会阶层消费心理是随着市场环境因素的变化而不断波动的。这种不断波动一方面对消费品市场具有导向效用；另一方面，消费品市场的变化对社会阶层消费心理波动也具有导向性，二者间的互相"导向"过程中必须极力避免"反差过大"问题。

1. 社会阶层消费心理趋向

在社会阶层消费过程中，心理趋向有以下四个方面：

（1）看齐心理。

消费者通过主观测量并确认自己条件属哪一阶层后，便在消费过程中产生向那一社会阶层消费看齐的心理反应。这种心理往往与文化认同等因素有关。

（2）择优心理。

消费者在向同社会阶层消费者看齐后，在消费产品或服务方面都会产生择优心理反应，就是说，以最小的花费获得最大的满足和快感。虽然其满足的目标与程度不等，但是无论哪个社会阶层消费者都渴望消费品市场能够提供与其阶层相适应的最优的产品或服务。

（3）权益心理。

无论属于何种阶层的消费者都会对外界变量侵扰其权益作出反应。随着市场经济的发展和消费者权益意识的增强，这种心理反应愈来愈明显。

（4）临近心理。

在特定消费场景中，温饱社会阶层消费者不顾自己的消费条件而与小康社会阶层消费水平相看齐，这种心理反应往往是暂时的、冲动的、感性的，日常生活中却是常见的。

2. 社会阶层消费心理波动导向与消费品市场导向相统一

（1）社会阶层消费心理波动。

社会阶层消费心理波动通常随着时间推移和空间转换呈高、低变动，将其不同的变动点连接起来构成一个流动波，高与低间距称作心理波幅，测定其心理波动规律是制定消费品市场战略的重要依据之一。换句话说，社会阶层消费心理波动规律以其群体优势对消费品开发具有导向作用。

（2）消费品市场导向策略。

通常所谓市场细分只是静态地参照消费实际以市场细分形式给予消费者最大的满足。从动态角度考察，市场细分只有参照消费心理波动规律，及时地调控市场细分结构，不断开发新产品、增设新服务才能不断适应阶层消费心理波动规律，才能对社会阶层消费产生导向作应。此外，科学的市场导向战略对于阶层消费心理结构中那种扭曲型消费心理有时能够产生"治疗"效果。这一点在近年出现的畸形消费心理突出的情况下，尤其值得深入研究。

第三节　参照群体对消费者心理影响的分析

●情景案例

消费者的信息传播

2001 年，可口可乐公司进行了一次顾客沟通的调查。调查是在对公司有抱怨的顾客中进行的。下面是主要的发现：

超过 12% 的人向 20 个或更多的人转述对公司有抱怨的反应。

对公司的反馈完全满意的人向 4~5 名其他人转述他们的经历。

10% 对反馈完全满意的人会增加购买该公司的产品。

那些认为他们的抱怨没有完全解决好的人向 9~10 名其他人转述他们的经历。

在那些觉得抱怨没有完全解决好的人中，只有 1/3 的人完全抵制公司产品，其他 45% 的人会减少购买。

问题： 为何会出现所谓"好事不出门，坏事传千里"的情形？

参照群体和家庭是消费者所处的微观社会环境的两个方面，不管是在整个社会、亚文化群、还是在社会阶层中，它们对消费者具有非常重要的影响。

一、参照群体的含义与特点

参照群体是指对消费者个人的行为、态度、价值观念和消费心理等有直接影响的群体，尽管消费者可能不是该群体的实际成员，但是参照群体对他的行为产生非常大的影响。一般来讲影响消费者消费心理的正式和非正式群体都可以是消费者的参照群体。影响消费者的消费心理的参照群体一般具有以下特点：

1. 群体规范性

群体规范是指群体所确立的、每个成员必须遵守的行为准则。每个群体都有自己特有的行为准则，这些行为准则可以是明文规定的，也可以是约定俗成的，群体成员的行为和态度如果符合群体规范，就会受到群体的肯定；反之则会受到否定、排斥或纠正。参照群体对成员的影响可以是主动的，也可以是被动的。

2. 角色同一性

在现实生活中，每个人在某一群体中都会扮演一种角色，不同的角色要求有不同的行为，也就是说，在不同场合中的行为要符合特定群体的角色身份，不能混淆。随着时间的推移，个人所扮演的角色会发生变化，会出现新角色的获得或旧角色的放弃现象，在一个特定参照群体中，群体成员之间的行为具有趋同性。营销人员可以利用角色同一性分析判断消费者对哪些产品有消费需求。

3. 有意见领袖

对于营销人员来说，意见领袖或观念领导者对产品或服务的意见会直接影响群体成员的购买心理和消费行为。意见领袖一般有以下特征：

（1）独特的人格魅力。

一般讲意见领袖具有公开的独特的个性，能够和其他人友好相处，善于与人沟通和交谈，其在群体中有很高的威信，能够影响群体中的其他人员。

（2）丰富的生活或消费经历。

意见领袖一般具有广阔的知识面和丰富的生活阅历，在群体成员中充当新产品介绍人，是问题或事件处理的核心人物。

（3）有很高的威信。

意见领袖能够有效影响群体成员的行为，对他们的要求或建议，群体成员往往能够听从或执行。

二、参照群体对个体行为的影响因素分析

参照群体不会对消费者的每个购买行为或购买决策都产生或施加影响，在不同的情况下，参照群体对消费者购买行为的影响程度是不一样的。也就是说，参照群体对消费者消费行为和消费心理的影响的作用力大小是不同的，它对消费者消费行为和心理的影响主要表现以在下几

个方面：

1. 产品和品牌的不同

参照群体对不同产品和品牌的影响程度是不同的。一般来说，一件产品的必需程度越低，参照群体的影响程度越大，产品的公众性就越强，即产品或品牌的使用可见性越高，群体影响力就越大，具体关系可以通过下表表示。

表 6－1　参照群体对产品和品牌的影响力

	必需品	非必需品
公众的	公众必需品： 参照群体对产品的影响力弱 参照群体对品牌的影响力强	公众奢侈品： 参照群体对产品的影响力强 参照群体对品牌的影响力强
私人的	私人必需品： 参照群体对产品的影响力弱 参照群体对品牌的影响力弱	私人奢侈品： 参照群体对产品的影响力强 参照群体对品牌的影响力弱

2. 产品的必需程度

对于食品、日常用品等生活必需品，消费者比较熟悉，而且很多情况下已形成习惯性购买，此时参照群体的影响相对较小。相反，对于奢侈品或非必需品，如高档汽车、时装、游艇等产品，购买时受参照群体的影响较大。

3. 产品与群体的相关性

某种活动与群体功能的实现关系越密切，个体在该活动中遵守群体规范的压力就越大。例如，对于经常出入豪华餐厅和星级宾馆等高级场所的群体成员来说，着装是非常重要的；而对于只是在一般酒吧喝喝啤酒或在一个星期中的某一天打一场篮球的群体成员来说，其重要性就小得多。

4. 产品的生命周期

当产品处于导入期时，消费者的产品购买决策受群体影响很大，但品牌购买决策受群体影响较小。在产品成长期，参照群体对产品及品牌选择的影响都很大。在产品成熟期，群体影响在品牌选择上大而在产品选择上小。在产品的衰退期，群体影响在产品和品牌选择上都比较小。

5. 个体对群体的忠诚程度

个体对群体越忠诚，他就越可能遵守群体规范。当渴望参加一个群体的晚宴时，在衣服选择上，个体可能更多地考虑群体的期望，而参加无关紧要的群体晚宴时，这种考虑可能就少得多。最近的一项研究对此提供了佐证，该研究发现，那些强烈认同西班牙文化的拉美裔美国人比那些只微弱地认同该文化的消费者，更多地从规范和价值表现两个层面受到来自西班牙文化的影响。

6. 个体在购买中的自信程度

研究表明，个人在购买彩电、汽车、家用空调、保险、冰箱、媒体服务、杂志书籍、衣服和家具时，最易受参照群体影响。一些产品，如保险和媒体服务的消费，既非可见又同群体功能没有太大关系，但是它们对于个人很重要，因为大多数人对它们的知识与信息有限。这样，群体的影响力就由于个人在购买这些产品时的信心不足而强大起来。除了购买中的自信心，有证据表明，不同个体受群体影响的程度也是不同的。

自信程度并不一定与产品知识成正比。研究发现，知识丰富的汽车购买者比那些知识浅陋的购买者更容易在信息层面受到群体的影响，并喜欢和同样有知识的伙伴交换信息和意见。知识浅陋的购买者则对汽车没有太大兴趣，也不喜欢收集产品信息，他们更容易受到广告和推销人员的影响。

三、参照群体影响个体行为的方式

大多数人在购买时会选择一些参照群体，那么参照群体是怎样影响消费者的情感、认知和行为的。

1. 群体信息传播

参照群体对信息的影响是将关于消费者本人、他人、物质环境方面等的有用信息传达给消费者。对消费者来说，信息既可以直接获得，也可以通过间接的观察而得到。而且消费者对信息的接受，既可能是他有意识主动地寻求来的，也可能是他在偶然的情况下或不经意间听到的，还有可能是参照群体的成员或者说观念领导者热心推荐或劝说的结果。

2. 获得群体认同

消费者为了获得赞赏或避免惩罚而采取的消费行为，就是所谓的功利性影响。当消费者认为参照群体能够控制奖励和惩罚，而且他们本人也希望得到相应的奖励或避免某种惩罚的时候，这种功利性影响就出现了。比如，为了得到朋友们的赞同，你会专门购买某一品牌的化妆品或汽车。还有，一些口香糖或洗发水广告中显示人们会不喜欢别人身上的异味或肩头上的头皮屑，以此来向人们推销某种产品。

3. 群体成员的自我认同

参照群体对价值表达的影响表现在它能影响人们的自我认同感，这是以个人对群体价值观和群体规范的内化为前提的。在这种情况下，即使没有外在的奖励与惩罚，个人也会按照群体规范来行事，因为群体的价值观已经内化为个体自身的价值观。

四、参照群个/体效应在营销中的运用

1. 名人效应

名人或公众人物如影视明星、歌星、体育明星，作为参照群个/体对公众尤其是对崇拜他们的受众具有巨大的影响力和感召力。对很多人来说，名人代表了一种理想化的生活模式。正因为如此，企业花巨额费用聘请名人来促销其产品。研究发现，用名人作支持的广告较不用名人的广告评价更正面和积极，这一点在青少年群体中体现得更为明显。

运用名人效应的方式多种多样。如可以用名人作为产品或公司代言人，即将名人与产品或公司联系起来，使其在媒体上频频亮相；也可以用名人作证词广告，即在广告中引述产品或服

务的优点和长处，或介绍其使用该产品或服务的体验；还可以采用将名人的名字使用于产品或包装上等做法。

2. 专家效应

专家所具有的丰富知识和经验，使其在介绍、推荐产品与服务时较一般人更具权威性，从而产生专家所特有的公信力和影响力。当然，在运用专家效应时，一方面应注意法律的限制，如有的国家不允许医生为药品作证词广告；另一方面，应避免公众对专家的公正性、客观性产生质疑。

3. "普通人"效应

运用满意顾客的证词或证言来宣传企业的产品，是广告中常用的方法之一。由于出现在荧屏上或画面上的证人或代言人是和潜在顾客一样的普通消费者，这会使受众感到亲近，从而使广告诉求更容易引起共鸣。像宝洁公司、北京大宝化妆品公司都曾运用过"普通人"证词广告，应当说效果还是不错的。还有一些公司在电视广告中展示普通消费者或普通家庭如何用广告中的产品解决其遇到的问题，如何从产品的消费中获得乐趣等。由于这类广告贴近消费者，反映了消费者的现实生活，因此，它们可能更容易获得认可。

4. 经理型代言人效应

自 20 世纪 70 年代以来，越来越多的企业在广告中用公司总裁或总经理作代言人。例如，克莱斯勒汽车公司的老总李·艾柯卡（Lee Iacocca）在广告中对消费者极尽劝说，获得很大成功。同样，雷明顿（Remington）公司的老总维克多·凯恩（Victor Kiam）、马休特（Marriott）连锁旅店的老总比尔·马休特均在广告中促销其产品。我国广西三金药业集团公司在其生产的桂林西瓜霜上使用公司总经理和产品发明人邹节明的名字和图像，也是这种经理型代言人的运用。

第四节 家庭成员对消费者心理影响的分析

●情景案例

孩子对父母购买决策的影响

很多人认为，现在的孩子越来越早熟，尤其表现在消费方面。因为很多家庭中父母都有工作，因此时间比较少，他们总是鼓励孩子自己买东西。同时儿童看电视的时间比较长，更容易受到广告的影响，也更了解产品。此外，与双亲家庭中的孩子相比，单亲家庭中的孩子更多地参与家庭决策并购买商品。孩子们对食物方面的决策有更大的影响力，很多家庭常常是围绕着孩子的需要和喜好来安排食谱。对于诸如玩具、服装、休闲、娱乐等的消费，孩子们的影响力也是足够大的，尽管他们并不常是这些商品的实际购买者。

问题：在我国，孩子对父母的购买决策影响是否符合上述情况？

家庭作为社会生活的基本单位是所有消费群体中最典型的群体，家庭消费几乎控制了80%的消费行为，家庭消费结构的变化会直接影响整个社会商品的生产以及流通的变动，因而研究家庭消费心理规律是营销心理学的一项重要任务。

一、家庭购买决策角色分析

对于某些产品来说，确认购买者是比较容易的。男性通常选择自己的剃须刀，而女性购买自己用的口红。但随着社会的发展，越来越多的产品所涉及的决策成员往往不止一个人。比如家用电脑的选择，可能首先是爷爷提出要给孙子买一台电脑，同事推荐某种品牌或型号，妻子决定第二天去电子商场购买，丈夫去选择、付款，孙子使用买来的电脑。因而我们可以区分出对购买决策有影响的五类角色。

首倡者：首先提出购买某个产品或服务的人。

影响者：其观点或建议对决策有影响的人。

决策者：对购买决策的某个方面（包括是否买、买什么、如何买、何处买）作出决定的人。

购买者：实际去购买的人。

使用者：消费或使用产品或服务的人。

家庭购买决策有四种可能：有时是谁使用就谁购买的个人决策，有时涉及一个以上的决策者，有时涉及一个以上的消费者（使用者），有时决策者与消费者（使用者）是不同的人。

根据家庭成员决策角色的分析，在为家庭购买的产品制定营销策略时，要注意以下几个问题：产品是为个人购买的还是供大家一起使用的？产品是个人去选购还是大家一起去买？产品是否很昂贵，购买它是否会影响到对其他产品的购买？家庭成员对产品的价值观是否存在异议，如果是这样的话，怎样才能减少冲突？要购买的产品是否可以供家庭的多个成员使用，如果是这样的话，有必要对产品进行改进以满足更多人的要求吗？哪个家庭成员会直接影响产品的购买决定？要使用什么媒体和信息来说服他人呢？

二、家庭购买决策的原则

当代中国家庭购买决策大致有以下五个原则：

1. 符合家庭最高利益的原则

家庭经济中，收入的有限确定了消费范围和需要程度。在各种家庭需要难以同时兼顾的状态下，家庭消费总是面临如何选择的问题。家庭消费决策要符合家庭最高利益的原则，家庭最需要哪些消费或放弃哪些消费。在确保家庭的整体利益、长远利益以及不同阶段家庭的重点利益的同时，必要时放弃家庭成员的个人利益和家庭的暂时利益。

2. 符合消费需要层次逐步提高的原则

这一原则是指一个家庭确定的消费目标会随着社会的发展而逐步提升，并且是分层次逐步提升。家庭面临消费决策时，首先要满足生存的需要，然后才能考虑享受的需要，进而考虑发展的需要。家庭要根据收入的增长情况，不断提高消费目标。这里既要防止滞后型消费决策，也要防上盲目超前型消费决策，要求家庭消费决策要有系统性、计划性，力求避免盲目性消费、防止积压性消费以及制止浪费性消费。

3. 符合消费科学标准的原则

消费本身是有一定科学标准的，家庭消费决策时应予以遵循。学术界关于"合理的消费需要"三个标准之生理标准论述可以看作是对本项原则的具体阐析。比如饮食要符合"营养平衡"原则，即每天饮食中所含的蛋白质、脂肪、糖的比例要适当。一般是蛋白质提供的热量占总热量的 10% ~ 15%，脂肪占 25% ~ 30%，糖占 50% ~ 60%。故此，家庭消费决策在食物结构上要根据家庭成员的营养结构状况合理选购、调配。

4. 符合家庭心理变化的原则

家庭消费决策过程也就是家庭消费心理活动的过程。家庭消费心理是多个成员（至少是两人以上）心理的有机组合，在组合过程中大致有三种状态：一种是认同，即本来就某一消费目标确认就是一致的，如新婚夫妇共同选购家具的心理活动；另一种是求同，即就某一消费目标确认开始稍有分歧，而后不久双方（或一方）求得一致；第三种是不同，即家庭成员"各有心计"，心理发展变化不平衡，如此组合起来的家庭心理在整体上处于"剪不断、理还乱"的状态。故而，家庭消费决策时，在前两种心理状态下，决策过程与心理活动过程相吻合，称为同态决策，在第三种心态下，决策过程与心理活动状态不协调，称为异态决策。而"同态"和"异态"是可以相互转化的，所以家庭消费决策应该遵循家庭整体心理波动规律。

5. 符合国家法律和社会公德规定的原则。

家庭是社会的细胞，家庭消费决策是在整个国家环境中进行的。因此，其整个决策过程都不能违背国家的法律和社会的公德，都要遵循科学、文明、进步的消费准则。

三、家庭成员对消费者购买心理的影响因素分析

1. 民主气氛
民主空气浓厚的家庭通常是在征求家庭中每个成员意见的基础上作出消费决策的。

2. 家务分工
一般说来，家庭成员分工越具体，家庭成员就越有可能自主地作出与他们分工有关的消费决策。因为各司其职的家庭成员对各自需要比较清楚。

3. 家庭生命周期（FLC）
由于家庭所处的生命周期阶段不同，其作出消费决策的方式也不一样。一般说来，在拮据阶段，家庭消费决策大多数是共同作出的，而到了富裕阶段，孩子已独立分居，家庭中的老人独立消费决策的机会就会相应增加。

4. 消费品或服务的重要性
消费品或服务对家庭越是重要，家庭成员共同作出消费决策的可能就越大。一般而言，所购消费品或服务的重要性与它的价格（如高档耐用消费品）和用途（比如以全家名义赠送给亲友的礼品）是紧密相连的。

5. 消费风险
家庭成员所觉察到的消费风险越大，他们就越可能共同作出消费决策，比如购买高档家用电器；相反，当觉察不到消费风险时，家庭成员就有可能自主地作出决策，比如购买化妆品。

6. 消费时间

越是要求迅速作出的消费决策，就越有可能是由一个人作出，因为家庭成员在一起商量要耽搁时间，这要求尽可能提高时间的有效利用率。

7. 购买力

家庭购买力愈大，其消费决策观念愈淡薄，且容易是家庭中任何一人作出决策；相反，家庭购买力较小，其消费购买决策往往谨慎小心，大多是由家庭共同参与决策。

四、不同家庭生命周期阶段对消费心理与行为的影响分析

关于家庭生命周期各阶段的划分，不同的学者划分的阶段不完全一样。本书把家庭生命周期划分为五个阶段，即单身期、初婚期、满巢期、空巢期和解体期。当然，这只是一个模式，并不是所有的家庭都一定完全按照这个顺序。但对于家庭生命周期中的每一个大致类似的阶段来说，都有着某些共同的、明显的消费行为特征。

1. 单身期

单身期主要是指已经成年但尚未结婚者所处的时期。在国外，很多青年有了独立生活的能力以后就离开父母的家而独闯天下。在我国，随着大学生就业人数的增多和日益增加的进城打工者，单身期人数也在逐渐增多。在这一时期，由于单身消费者没有什么经济负担，因而有较高的可支配收入，而且他们的消费心理多以自我为中心。在消费内容上，由于更时髦的娱乐导向，使得他们把钱花在服装、音乐、餐饮、度假、约会等方面。

2. 初婚期

这个时期指的是结婚以后还没有生育的这一段时间。随着人们工作、生活节奏的加快以及观念的改变，这个时期在整个家庭生活周期中所占的时间比例有增大的趋势。由于夫妻双方都有工作，又没有孩子的负担，因此这一时期比较富裕。其消费心理与行为主要以夫妻为中心，即以规划和发展小家庭为核心，主要购买一些家庭日用品以及进行比较浪漫的休闲、度假等。

3. 满巢期

这是一个比较长的阶段，是指从孩子出生到长大成人的这段时间。孩子带来了新的需求从而改变了消费模式：婴儿时期主要是购买玩具、食品等；学龄期主要是各种学习和教育费用，而且随着年级的升高，各种费用也越来越高，特别是高中阶段和大学阶段，仅仅学费对父母来说就是一笔很大的开销。对于工薪阶层来说，在孩子上中学以后一直到大学毕业参加工作之前，其家庭消费主要以孩子为中心，而自己常常比较节俭，尽可能地压缩其他各种消费。而对于大多数的家庭来说，孩子在毕业参加工作以后到结婚组成新的家庭之前的这一段时间，是收入和消费的高峰期。家庭的主要支出是一些高档的消费品，如更换家具、家用电器、举家外出旅游等。同时，在中国的大部分家庭，还要为子女的婚事做一些储备。

4. 空巢期

子女成家立业以后，组成了新的家庭，成为另一个消费单位，只剩下父母二人，这一时期属于家庭生命周期的空巢期。在空巢期，因为没有子女的拖累，父母的经济负担已经大大减轻，他们已经具备充分消费享受的条件。而且，这一时期，大部分家庭的夫妻已经到了离、退休的年龄，有更多的闲暇时间供自己支配。因此，对那些经济收入较高、有一定积蓄的家庭来

说，他们还有一种"补偿消费"的心理，弥补过去由于经济条件、时间条件、精力等各方面的限制而没有充分消费的缺憾。同时，由于年纪越来越大，他们逐渐以身体健康为消费导向。比如，购买有助于睡眠的设施、各种健身器材、保健用品等。

5．解体期

自然法则决定着家庭的最终走向。在家庭生命周期的最后一个阶段，夫妻中的一人去世或生活能力极大下降，不得不转向依靠子女的时期。由于老年人自身活动能力的减弱，其消费能力也相应下降，这时的消费基本上以吃和保健为主。

第五节　消费流行心理分析

●情景案例

我国消费领域变化的三大流行趋势

趋势一：消费结构的高级化

从20世纪90年代中后期起，中国居民的整体消费结构已从"温饱型"向"小康型"转变，相当一部分高收入居民群体开始向"富裕型"转变。20世纪90年代以来，城市居民消费重心由"食、衣、用"三大类转向文化娱乐、医疗保健、交通通讯、居住等方面，农村正处于由温饱向小康过渡阶段。农民消费由数量型转向质量型，由单一型转向多元型，交通、文教消费等比例也在上升。居民家庭耐用消费品拥有量的动态变化也可以说明高级化趋势。通讯消费、住房及房屋装修消费、精神文化消费等方面将快速增长，而这次热潮将远大于以前的消费热潮。

趋势二：消费需求的多样化

首先表现为不同收入的社会阶层具有不同的消费需求偏好和购买力。对于富裕家庭，高档品、奢侈品已经成为经常性的消费内容，而大多数的中低收入消费者仍以基本生活用品为主要消费。所以，消费市场将出现一种特殊分层：一方面，有购买力的消费者的万元级消费已经满足；另一方面，低收入层的购买力和消费需求尚需逐渐成长。另外，居民消费领域的不断扩大，服务消费迅速形成并快速增长，都对传统的工业品产生分流作用。

趋势三：消费方式和制度的市场化

消费的市场化，首先发生在工业消费品领域内，同时，粮食等大宗农产品市场的供给也不断走向市场。消费制度和消费方式的市场化改革，其实质是把由计划安排的公消费转变为体现消费者个人意愿的私消费。经验表明，只有在消费成为消费者的自主选择的前提下，消费才可能成为一种理性的行为过程。

问题：

1．案例中提出的这些流行趋势给厂商提供了什么样的商机？

2．预测这些流行与变化趋势对厂商具有什么意义？

一、消费流行的概念

消费流行是指众多的顾客在一定时间和范围内呈现出的广泛追求某种产品或时尚的消费趋势。其主要特点是骤发性、集中性、群体性、周期性和变动性。消费流行往往是建立在一定的消费习俗的基础上，是消费习俗的变异；消费习俗则是消费流行的巩固化、稳定化。

消费流行作为一种市场现象，在整个社会中随处可见。我国自改革开放以来，曾经出现过几次大的消费流行，如"西装热"、"彩电热"、"装修热"等。随着经济的发展，人民生活水平的不断提高及营销促销活动的推动，不仅使消费流行风潮越来越多，而且，也使消费流行的节奏越来越快。此起彼伏的消费流行为企业超前把握消费潮流与趋向提供了可能，从而有利于增强企业营销活动的主动性。

二、消费流行的特点

与一般消费相比，消费流行具有如下特点：

1. 骤发性

消费者往往对某种产品或劳务的需求急剧膨胀，迅速增长。这是消费流行的主要标志。

2. 短暂性

消费流行具有来势猛、消失快的规律。故常常表现为"昙花一现"，其流行期或者三、五个月，或者一、两个月。同时，对流行产品，其重复购买率低，多属一次性购买，从而也缩短了流行时间。

3. 一致性

消费流行本身由从众化需求所决定，使得消费者对流行产品或劳务的需求时空范围趋向一致。

4. 集中性

由于消费流行具有一致性，这种从众化的购买活动，在流行产品流行时间相对短暂的影响下，使得流行产品购买活动趋向集中，从而易于形成流行高潮。

5. 地域性

这是由于消费流行受地理位置和社会文化因素等影响造成的。在一定的地域内，人们形成了某种共同的信仰、消费习惯和行为规范，有别于其他地域。

6. 梯度性

这是由于消费流行受地理位置、交通条件、文化层次、收入水平等多种因素影响决定的。消费流行总是从一地兴起，然后向周围扩散、渗透。于是在地区间、在时间上形成流行梯度。这种梯度差会使得流行产品或劳务在不同的时空范围内处于流行周期的不同阶段。

7. 变动性

从发展趋势来看，消费流行总是处于不断变化中。求新求美是消费者永恒的主题，也是社会进步和需求层次不断提高的反映，这势必引起消费者不断变化，流行产品不断涌现。

8. 群体性

一种消费流行往往是在特定区域的特定人口群体中开始发生的。如果这种消费流行具有通用性和群众性，就会为更多的人口群体所接受和仿效，迅速发展壮大。

9. 相关性

人们的消费需求不仅仅是相互关联、相互依存的，而且往往组成某种消费需求群，表现出奇特的系统组合特征。

10. 回返性

人类消费的需求、兴趣、爱好和习惯在历史发展的过程中常常出现一种回返特征，在消费市场上，一段时间里为人们所偏爱的某种商品，往往供不应求，十分紧俏。但是，只要消费"热"一过，这种曾风靡一时的俏货，就会成为明日黄花、无人问津。然而，过一段时间后，那些早已被人们遗忘了的东西，又可能重新在市场上出现和流行。

11. 周期性

消费流行尽管具有突发性、短暂性等特点，但某种消费倾向自发端于市场到退出市场，往往会有一个初发、发展、盛行、衰落、过时的过程，这个过程即为消费流行周期。

三、消费流行的分类

消费流行可以从不同角度进行分类。对消费流行进行科学分类，有利于营销者把握其规律性，作好消费流行的预测，促进企业营销水平的不断提高。

（一）按消费流行的内容分类，可以分为食品消费流行、服饰品消费流行和日用品消费流行

食品消费流行是由于食品的某种特殊性质而产生的。食品消费流行具有流行时间长、地域广、种类较多的特点。

服饰品消费流行往往不是由于产品本身具有的性能所引起的，而是由于产品的附带特性而引起的。如时装的面料、款式、颜色等往往成为引起时装流行的基本原因。服饰品消费流行的时间较短，其价格在流行期内要大大高于非流行服饰品，而流行周期一过，价格又会大大下跌。

日用品消费流行往往是由于它能给生活带来很大便利而产生的消费流行，主要是一些耐用消费品。日用品的流行范围比较广泛，受产品的生命周期影响，其流行时间也比较长。

（二）按消费流行的速度分类，可以分为迅速消费流行、缓慢消费流行和一般消费流行

随着科学技术的不断进步和社会生产力水平的提高，商品更新换代的速度越来越快，导致消费流行的速度日益加快。但是，由于不同产品的市场生命周期的长短不同，其消费流行的快慢也有区别。

1. 迅速消费流行

有些产品的市场生命周期较短，顾客为追赶流行趋势，立即采取购买行为，形成迅速流行。

2. 缓慢消费流行

有的产品的市场生命周期较长，顾客即使暂缓购买，也不会错过流行周期.从而形成缓慢流行。

3．一般消费流行

有些产品的生命周期没有严格的界限，流行速度介于上述两者之间，形成一般消费流行。

消费流行速度还与产品价格有关，顾客购买贵重产品时，往往要经过充分比较和慎重选择，因此，消费流行的速度就慢；当顾客购买价格低、使用频率高的产品时，决策、购买速度就会加快，因此，消费流行的速度就快。

（三）按消费流行的地理范围分类，可分为世界性消费流行、全国性消费流行和地区性消费流行

世界性消费流行一般来源于人们对世界范围内一些共同问题的关心。如绿色产品的流行，来源于人们对生存环境的关心和担忧；保健产品的流行来源于人们对健康问题的担忧。世界性消费流行往往首先在发达国家形成，具有流行范围大、分布广的特点。

全国性消费流行往往是受到世界性消费流行的影响而形成的。就中国而言，全国性消费流行并不能涵盖所有的消费地区和顾客，只是就大部分地区而言，因为中国幅员辽阔、人口众多，目前属于经济发展不平衡的发展中国家，所以，全国性消费流行从起源来看一般始于经济发达地区、沿海城市，然后，逐步向经济不发达地区和内陆城市扩展；从消费流行的发展状态来看，有些流行速度快的全国性消费流行呈现出明显的波浪式。

至于地区性消费流行，从现象上看，它是一种最普遍、最常见的消费流行。从实质上看，这种消费流行有的来源于全国性消费流行、又带上了地区色彩；有的纯粹是一种地区性消费流行，是由地区消费的特点所引起的。

（四）按消费流行的时间分类，可分为长期消费流行、中短期消费流行和短期季节消费流行

由于不同地区的经济发展状况不同，即使是同一种产品，其消费流行时间也有长短之别。因此，这种分类并无严格的时间界限，是相对而言的。长期消费流行的时间一般在 3～5 年以上。长期消费流行只是某种笼统的消费趋势，流行的产品种类较多，凡是符合这一消费趋势的，都进入流行产品的行列。短期季节消费流行的流行期很短，长的一年，短的也就一个季节。其主要特点是来势急、时间短、市场反响大、种类较少。介于长期消费流行和短期消费流行之间的消费流行属于中短期消费流行。

四、消费流行的方式

从消费流行的起源来看，消费流行有以下三种方式：

1．滴流

即由上至下形成和发展的消费流行。具体情况有两种，一是上层社会人士或社会领袖人物首先提倡和使用某种消费方式和产品，然后向下传播，使之流行起来；二是政府颁布法令或规定，对人们的某种消费活动进行鼓励，引起消费流行。该种消费流行方式的主要特点是速度快、来势迅猛、传播宽广，不仅对某些企业或行业的生产经营活动产生影响，甚至会对整个社会风气产生影响。

2．横流

即社会各阶层之间相互诱发横向流行的方式。具体情况是社会的某一阶层率先使用或倡导某种产品或消费方式，然后向其他阶层渗透、普及形成消费流行。

3．逆流

即由下至上形成和发展的消费流行方式。具体表现为某种产品或消费方式由普通消费者率先使用或倡导，然后逐渐扩散开来，被社会各阶层、各行业的消费者所接受，从而形成消费流行。该种消费流行方式的主要特点是流行速度缓慢，但持续时间较长。

消费流行无论采取何种方式，企业都必须注意引导消费新潮流的"消费领袖"的带头作用和产品与舆论的影响，以便把握消费流行的发展趋势。

五、消费流行的阶段

无论何种方式的消费流行，都有其兴起、高潮和衰落的过程。这一过程通常呈周期性发展，反映了消费流行的运行规律。具体分为消费流行的酝酿期、高潮期、普及期和衰退期。

1．消费流行酝酿期

流行产品由于其特色和优越的性能，开始引起有名望、有社会地位及具有创新意识的顾客的注意，进而演变为某种由心理因素形成的兴趣，直至采取购买行为，并对社会产生示范作用。这就是消费流行的酝酿期。在这个阶段要进行一系列的心理观念和舆论上的准备，因此，具有时间较长的特点。在消费流行酝酿期，企业应做好促销工作，以树立产品的形象，引起顾客的兴趣，缩短消费流行酝酿期，使其尽早进入消费流行高潮期。

2．消费流行高潮期

新产品由于早期迅速被采用，加之企业的促销努力，引起大众的注意和兴趣，被一般的顾客所认同，许多热衷时尚的顾客竞相仿效，迅速掀起一种消费流行浪潮，对市场形成巨大的冲击。这即为消费流行高潮期，在这一期，企业应迅速扩大生产能力，尽快占领市场，争取更大的市场占有率。同时，应增加销售网点，为顾客大量购买提供便利条件；在大量生产和大量销售的基础上，适当降低售价。

3．消费流行普及期

当消费流行在一定的时空范围内成为社会成员的共同行为和最普遍的社会消费现象时，消费流行则进入了普及期。在消费流行普及期，企业应迅速停止扩大生产，并开始向新的流行产品转移。因为，与产品市场生命周期不同的是，消费流行普及期十分短暂，普及的同时即意味着消费流行衰退期的到来。

4．消费流行衰退期

当某一流行产品在市场上大量普及，缺乏新奇感，就会使顾客的消费兴趣发生转移，使流行产品在一定时空范围内较快地消失，即进入消费流行衰退期。在这一期，企业应迅速转移生产能力，抛售库存。

总之，消费流行的发展阶段主要取决于顾客心理变化过程。企业应加强市场调查和预测工作，把握顾客心理发展趋向，按照消费流行运动的规律，制定切实可行的经营策略。

六、消费流行与消费心理的交互作用

(一) 消费心理对消费流行的影响

消费流行是以心理因素为基础形成的。具体表现为以下两个方面：

1. 个性意识的自我表现对消费流行的影响

渴望变化，追求新、奇、特，愿意表现自我等都是人对个性意识追求的具体表现，消费流行正是这种追求的结果。每当一种新产品或新的消费方式出现时，都会以它独特的风格引起顾客的注意，产生兴趣，形成消费流行。自我表现欲越强的，求新、求变的愿望就越迫切。随着时间的变化，人们对原有的新产品或新的消费方式开始产生心理上的厌倦。为了消除种种厌倦感，必然追求更新的产品和消费方式，如此循环往复，永无止境。

2. 从众和模仿心理对消费流行的影响

流行是社会上一部分人在一定时期内能够一起行动的心理倾向。任何一种消费行为要形成消费流行，必须在一定时空范围内被多数人认同和参与。而在社会实践活动中，人们往往认为凡是流行的、合乎时尚的，都是好的、美的，于是纷纷仿效，加入到潮流中来。个体在行为上服从群体并与群体中多数人保持一致的从众心理和个体自觉接受群体行为规范的模仿心理，是消费流行产生的重要心理条件。

(二) 消费流行对消费心理的影响

在消费流行的冲击下，消费心理也会发生许多微妙的变化，具体表现为以下几个方面：

1. 消费流行引起顾客认知态度的变化

通常情况下，当一种新产品或新的消费方式出现时，由于顾客对它不熟悉、不了解，往往会抱有怀疑和观望的态度。然后，通过学习、认知过程来消除各种疑虑，决定购买与否。但是，由于消费流行的出现，大部分顾客的认知态度会发生变化，怀疑态度取消，肯定倾向增强，学习时间缩短，接受时间提前。

2. 消费流行引起顾客心理驱动力的变化

就顾客的购买行为而言，直接引起、驱动和支配行为的心理因素是需要和动机。通常情况下，这些购买动机是相对稳定的。但是，在消费流行的冲击下，顾客对流行产品产生了一种盲目的购买驱动力。

3. 消费流行引起顾客心理的反向变化

在正常的生活消费中，顾客往往要对产品进行比较和评价后，再决定是否购买。但是，在消费流行浪潮的冲击下，常规的消费心理会发生反向的变化。如一些流行产品明明价格很高，顾客却毫不计较，慷慨解囊；相反，原有的产品，尽管价格低廉，却无人问津。

4. 消费流行引起顾客消费习惯与偏好的变化

由于顾客长期使用某种产品，对该产品产生特殊的好感，经常习惯性地反复购买该产品，还会在相关群体中进行宣传，形成惠顾动机。但是，在消费流行的冲击下，惠顾动机也会动摇，"喜新厌旧"，转而购买流行产品。在消费流行的冲击下，顾客由于生活习惯、个人爱好所形成的偏好心理，也会发生微妙的变化，社会风尚的无形压力会使顾客自觉或不自觉地改变原有的消费习惯和消费偏好。

七、消费流行各阶段的营销对策

从消费流行中，可以了解住社会群体思想倾向，超前把握消费潮流与趋向，增强营销的主动性。

1. 流行初发期

这是少数好奇心强的消费者对某种即将流行的产品产生需求的阶段。在此阶段，市场上对即将流行的产品需求量很小。不过，销售量可望缓慢上升、持续扩大。在此阶段的对策应是细心观察市场风云变化，分析影响该产品流行的各种因素，迅速做出该产品是否能够流行的预测。同时，进行试销。此阶段应采取适当的促销手段，"催发"流行。有人说："流行并不是自然形成的，而是有意制造出来的。"这话不无道理，"催发"某种流行现象是完全可能的，其方法是：

（1）充分发挥新闻的权威作用。

新闻具有引导流行的权威作用。每年的国际流行色预测、服装流行款式预测和流行产品预测等，无不是通过新闻媒介的宣传报道造成流行的感觉。

（2）综合性广告宣传。

广告主准备好强有力的广告信息，通过不同的形式，宣传一个或几个相类似的形象，并用相同语言，不断地进行反复宣传，使公众对之加深印象。

2. 流行发展期

流行发展期表现为多数消费者对某种流行产品有所认识，开始产生大量需求。该产品成为流行品已露端倪，过去观望、等待的消费者已开始购买该产品，因此需求量急剧增加，市场成为"卖方市场"，出现供不应求的局面。这时企业采取的对策是：利用现有设备和人力，最大限度地扩大生产规模，全力开拓市场，大量销售产品。

需要指出的是，消费流行品与一般产品不同，它主要体现在"时兴"上面。因此，企业在设计开发、引进购买新产品时，必须把产品的重点放在适应消费者追求时兴、表现自我这些心理特征上来，注重消费者心理特征这一"软件"的开发，要求从产品的设计到产品的包装，处处要突出一个"新"字，设计应该多样化、现代化；包装的大小、形状、构造、材料的选择要方便化，具有审美价值，使消费者一见便可激起购买行为。在价格策略方面，企业宜采取撇脂定价策略，即以高价进入市场的策略。当流行形成初潮后，可适当降低价格，使流行速度加快，让大量的消费者采取趋时购买行为，使市场需求不断扩大，形成理想的流行浪潮。

3. 流行盛行期

某种产品备受广大消费者青睐，在市场上广为流行。这一阶段，该种产品市场销售量达到高峰。预期价格回落，持观望态度的消费者极少。市场暂时出现供求平衡的态势。此时，生产、仿冒该流行品的厂家也在增多。因此，企业应采取的对策是：一要加强广告宣传，提醒消费者注意辨别伪劣假冒产品；二要提高产品质量，增加花色品种，扩大市场；三要加强市场预测，全力进行新产品开发，做好转产的准备工作，以便在竞争中处于主动地位。

在价格方面，当流行高潮过去之后，流行趋势大减，企业可继续降低价格，甚至采取大甩卖的形式处理过时的流行品，加速资金周转，并致力于新产品的开发工作。

4. 流行衰减期

此时，某种流行产品已基本满足了市场需求，销量渐呈降势，出现供大于求的局面。此时市场演变为"买方市场"，企业之间竞争激烈。企业在这一阶段应采取降价销售等策略，抓紧时机处理剩余产品；调整生产，试销新产品，适应新的市场需求，迎接新一轮消费潮流。人们对某种产品或劳务的需求热情逐渐消失，只能在少数人身上看到这一消费流行的痕迹。企业在此之前应进行"冷研究"，在思想上有所警觉，行动上有所准备，做到随机应变。

消费流行具有时间相对短暂、购买行为集中一致的特征，这就要求企业采取"短渠道"和"宽渠道"策略，即流通环节要少，中间商要多。环节少，生产企业甚至直接推销，有助于消费流行高潮形成。通过多个批发商、零售商销售流行产品，有助于消费流行范围的扩大，便于在相对短暂的时间内将流行品销售出去。另外，中间商数目多，可弥补消费流行梯度性形成的空当，变滞后的消费流行市场机会为企业机会，扩大市场占有率。

第六节　消费习俗与习惯心理分析

●情景案例

入国问禁，入乡随俗

世界各国和地区，风土人情千差万别。中国各地区、各民族的风土人情也各具特色。风土人情会表现在消费习俗上、对产品的喜爱和需求上。仅颜色和图案而言，各国的偏好和禁忌就不相同。罗马尼亚人视白色为纯洁的象征，印度人则不欢迎白色；秘鲁人对紫色喜欢备至，而巴西人认为紫色表示悲伤；捷克斯洛伐克人认为蓝色有积极向上的寓意，而伊拉克人视蓝色为魔鬼。东南亚各国对大象有好感，而德国人认为大象有呆头呆脑之意；法国人视狗为宠物，而北非、利比亚人视狗为不洁之物；瑞士人认为猫头鹰是死人的象征，日本人喜欢把十二生肖形象用于产品造型和包装等。企业在市场营销中，应当了解各地区、各民族的喜好和禁忌，投其所好，避其所忌，才能占领市场，扩大市场。

问题：

1. 试分析消费习俗与消费心理的关系。
2. 企业在市场营销中应当怎样顺应消费习俗开展经营活动？

一、消费习俗的特点和分类

消费习俗是指一个地区或民族的人们在长期的经济活动与社会活动中约定俗成的消费习

惯，主要包括人们对信仰、饮食、婚丧、节日、服饰等物质与精神产品的消费习惯。它一旦形成，不仅直接影响人们的日常生活消费，而且也影响人们的消费心理。消费习俗作为社会风俗的重要组成部分，具有独特性、长期性、社会性、地域性、强制性等特点。

消费习俗的形成与沿袭，既有政治、经济、文化的原因，又有消费心理的影响。因此，不同国家、不同地区、不同民族的人们，在长期的经济活动与社会活动中形成了多种多样的消费习俗。大体可以分为物质生活习俗和社会活动习俗两大类。

（一）物质生活习俗

该习俗主要包括饮食习俗、服饰习俗、日用习俗和住宿习俗等。

1. 饮食方面的消费习俗

该习俗既有以民族传统为基础形成的消费习俗，也有以地区生活习惯为基础的消费习俗，其内容广泛、丰富且具体。

2. 服饰方面的消费习俗

该习俗既有以气候、环境、生活交往的差异为基础形成的消费习俗，也有以民族传统差异为基础形成的消费习俗。我国地域辽阔，南北气候差异很大，产生了不同的服装消费习俗。同时，我国是一个多民族的国家，由于各民族的传统不同，在服饰方面也表现出强烈的民族特色，形成不同的消费习俗。在人们的日用生活消费和住宿等方面也形成富有特色的消费习俗。

（二）社会活动习俗

该习俗包括喜庆性消费习俗、纪念性消费习俗、宗教信仰性消费习俗、地域性消费习俗、社会文化性消费习俗等。

1. 喜庆性消费习俗

这种习俗主要是人们为了表达各种美好的感情，实现美好愿望而引起的某种消费需求的行为方式。如我国的春节、西方国家的圣诞节等。喜庆性消费习俗是消费习俗中最主要的一种形式。

2. 纪念性消费习俗

这种习俗是人们为了纪念某人、某事而形成的某种消费风俗与习惯。如中国人在农历正月十五吃元宵、五月初五吃粽子与中秋节吃月饼等消费习俗都属此类。纪念性消费习俗虽然具有浓厚的地域性和民族性特点，但具有相当广泛的影响，是一种十分普遍的消费习俗形式。

3. 宗教信仰性消费习俗

这种习俗是由于某种宗教信仰引起的消费风俗习惯，这类消费习俗的形成与宗教教义、教规有关，因此，有极其浓厚的宗教色彩，并且具有很强的约束力。

4. 地域性消费习俗

这种习俗是由于自然地理及气候等方面的差异而形成的消费习俗。社会文化性消费习俗是由社会经济、文化发展引起的消费习俗，它是建立在较高文明程度基础上的。如四川自贡的花灯节、山东潍坊的风筝节等。

二、消费习俗对消费心理的影响

从消费习俗的类型可以看出，消费习俗涉及的内容非常广泛，随着生产的发展、社会的进步，新的消费方式给消费习俗带来了新的变化，但其固有的特点仍然对消费心理产生一系列的影响。

1. 形成了习惯性购买

消费习俗使顾客购买心理具有某种稳定性。由于消费习俗的影响，在购买产品时，往往会经常去购买那些符合消费习俗的各种产品。习惯性购买心理是在漫长的社会生活中逐步形成和发展起来的，一旦形成，就具有一定的稳定性，使顾客长期受某种消费习俗影响。

2. 消费习俗强化了顾客的偏好与从众心理

消费习俗的非强制性和长期性使顾客自觉或不自觉地固定、重复购买符合某种消费习俗的产品，久而久之，对该产品产生了信任感，形成偏好，并不断得到强化。同时，消费习俗促成消费行为的无条件性，从而强化了顾客的从众心理，即顾客由于不知不觉地受到群体的影响，促使他们在知觉判断和行为上放弃自己的意见，而采取与大多数人一致的意见和行为。从众现象在社会生活中极为普遍。

3. 消费习俗影响顾客心理的变化速度

消费习俗对顾客心理的变化既可以起阻碍作用，也可以起促进作用。一般来讲，当新产品或新的消费方式与消费习俗发生冲突时，由于消费心理受消费习俗的制约，使消费心理的变化十分困难。当新产品或新的消费方式与消费习俗具有共同点、相融性时，会加速消费心理的变化，使消费者迅速接受这种新产品或新的消费方式。

三、习惯的形成与特点

每个人都有自己的习惯，它是个人与父母、同伴、老师和社会环境以及其他主要人物的相互作用而形成的，它使个人的性情、气质和社会的礼俗、制度联系起来，成为个体和社会群体的中介。习惯有以下特点：

1. 习惯是居于个体、群体之间的中介

习惯是个人和社会之间互动的结果，习惯首先是个人后天学习和接受社会熏陶的结果。习惯的创新和改造需要个体和社会群体之间的相互作用。

2. 相对稳定性

这是指人的习惯一旦形成，在很长一段时间内难以改变并影响他们的行为，气质和习惯均有相对稳定性（或不自觉地在改变）。

3. 特殊性

这是指每个人的习惯具有与他人不同的特征，因为习惯是通过后天养成的，每个人生活环境的不一致性会形成不同的行为习惯。

4. 习惯需要培养

个人的习惯是人们在参与社会活动中逐渐培养出来的。

四、消费者行为习惯

市场营销人员了解消费者的消费习惯有利于营销人员能够有针对性地开展营销活动，提高营销活动的效果，通过对消费者消费习惯的了解可以有效预测消费者的购买行为习惯，有利于选择目标市场的消费者，进行恰当的市场定位。

消费者的消费行为习惯主要表现在消费者对自己所要消费的产品必然有一定的评价和看法，具体表现在以下几个方面：

（1）从态度方面来看，消费者对他人的购买行为、购买商品的地点、购买的意图和所购买的产品有评价的习惯。

（2）从价值观来看，反映消费者认为什么是最重要的以及拥有什么是最可以接受的信念习惯。

（3）从活动和兴趣方面来看，反映消费者花费大量时间用于那些非职业行为，如体育运动或社区服务等行为习惯。

（4）从人口统计变量方面来看，消费者不同年龄、收入水平、职业、家庭结构及其民族背景和性别等方面的习惯行为表现不同。

（5）从媒体使用特性方面来看，反映消费者习惯使用哪一种或几种特征的传播媒体。

（6）消费者对产品的使用频率，反映消费者对该类型产品是大量使用、中度使用还是少量使用。

第七节　闲暇消费心理分析

●情景案例

北京市民最主要的休闲活动是看电视

北京市社科院公布了一项关于去年居民闲暇时间利用状况的调查结果显示：北京市民平均每周的闲暇时间在 2000 年已达 50 个小时，首次超过了每周的学习和工作时间，达到了小康水平。由于社会生产力的发展与人民收入水平的普遍提高，北京市民用于做饭和整理家务的时间大为减少，这些时间都转化为个人可支配时间，大大改进和提高了北京人的生活质量。

1986 年，市民每周平均闲暇时间为 28 个小时；1996 年，为 35 个小时；2000 年，则达到了 50 个小时。调查显示，无论在工作日还是休息日，北京市民最主要的休闲活动是看电视，旅游则是北京居民闲暇时最想做的事情。实际上，当收入水平和闲暇时间均达到小康水平后，北京市民的闲暇消费却没有跨进小康的门槛。专家认为，就大多数居民来说，比旅游更重要的是自己生病后有没有保障，能不能交得起子女的学费。

问题：你们的闲暇时间主要是在做什么？得到了充分利用吗？

闲暇消费不仅是消费经济学中的一个重要理论问题，而且也是消费心理科学研究的重要范畴。大力开展闲暇消费及其人们的心理规律的研究，对于拓宽消费心理科学研究领域、推动人的全面发展具有重大意义。

一、闲暇消费的概念

闲暇是指人们全部生活时间除去必要的生存时间（指维持人类自身生命时间，如吃饭、睡眠等）和约束时间（指人们生活所必需的工作、学习、家务等）之外的可自由支配的时间，与这种可以自由支配的闲暇时间相联系的现实而有支付能力的消费就是"闲暇消费"。

可见，闲暇消费必须具备两个条件：首先要有可自由支配的闲暇时间，其次还要有一定的购买能力，即现实的货币支付能力，两者缺一不可。仅有闲暇时间而无与之相对应的货币支付能力的"闲暇"是较低生产力水平下的较低生活水平的表现；仅有货币支付能力而没有一定的可自由支配的闲暇时间也不能形成现实的"闲暇消费"。

闲暇消费能成为大众消费的普遍形式之一，其原因有：

1. 可支配收入的增加

这是闲暇消费得以形成的物质基础。

2. 闲暇时间的增多

人们在可支配收入增加的同时，闲暇时间亦不断增加，从而得以迎接闲暇消费时代的到来。

3. 闲暇消费观念的转化

随着可支配收入和闲暇时间的增加，人们的闲暇消费观念亦发生相应的变化，从消极的时光消磨转化为积极的闲暇消费，并在消费中追求生活质量的提高，实现个性的解放和个人能力的全面、平衡发展。

4. 闲暇消费是人类"回归"自然和全面发展的要求

人们为了消除生活环境对身心的不利影响，要求有更多的闲暇回到大自然中去，在大自然中陶冶和发展自己。

上述分析表明，闲暇消费是人类自然属性和社会属性的统一，是人类社会发展过程中的一种客观经济现象，客观地分析并认识闲暇消费，对于我们自觉主动地构建并完善社会主义的合理消费模式，无疑具有指导性意义。

二、闲暇消费的本质特征

闲暇消费的本质特征可以概括为以下五个方面：

1. 高层次性

即闲暇消费是生产力发展到一定历史阶段的产物，是人类特有的消费现象，是人类在满足了基本生活需求基础上形成的较高层次的消费需求。

2. 兼容性

这一方面指闲暇消费是以一定的基本生活消费为基础并滋生于其中的消费需求，而不是孤立的消费现象；另一方面是指闲暇消费的客体结构复杂，内容丰富多彩，不仅种类繁多，而且具有很强的层次性。闲暇消费结构因时、因地、因人而异。

3．共时性

这是因为闲暇消费的绝大部分客体是高弹性的服务消费，而服务产品的供给和消费在时间上是同时并存的，服务供给的终止亦表明服务消费的结束。

4．综合性

它反映着国民经济各部门、地区、环节、结构的协调与否，还反映着一个国家的消费水平、消费结构、消费观念等；不仅反映着人们物质消费状况，还体现着人们的精神状态和人类自身全面发展的情况。较高层次的闲暇消费具有很强的综合性。

5．社会性和民族性

这是指闲暇消费的社会性存在是近代社会化大生产的产物，是人们自身社会价值的追求和实现方式；同时，闲暇消费还具有很强的民族特色，反映着不同国家、民族的消费方式、文化水平、民族习惯和人们的精神风貌、伦理道德、价值观念等。

三、闲暇消费合理化

闲暇消费合理化是一个动态的运动发展过程，闲暇时间总是在一定的前提下，消费主体和社会如何支配、组织和管理好闲暇消费活动（如优化闲暇消费结构、改善闲暇消费方式），从而最大限度地提高闲暇消费效益。闲暇消费合理化有以下三个方面的标志：

1．有利于闲暇消费多样化

闲暇消费多样化是指闲暇消费的内容和闲暇活动的形式必须丰富多彩，切忌单调、偏颇，这就是说，闲暇消费内容和闲暇活动形式的具体选择应该有利于培养消费者的多种兴趣、爱好和特长，有利于发展消费者的个性，有利于拓宽人们的视野，陶冶情操，增长才干。

2．有利于闲暇消费文明化

闲暇消费文明化是指闲暇消费的内容要清新、健康、高雅，有利于社会主义精神文明建设。闲暇消费文明化作为一个动态范畴所包含的具体内容和衡量的客观标准将随着时间的推移而日趋复杂。闲暇消费文明化主要应该包括文明闲暇消费观的确立，高尚闲暇消费行为的培养和闲暇消费结构的科学配置。闲暇消费文明化是对人们闲暇消费活动的一种社会规范与约束，是闲暇消费的根本指导思想。所以说，闲暇消费合理化应该以闲暇消费文明化为准绳。

3．有利于闲暇消费效率化

闲暇消费效率化主要包括两层含义：一层是各种闲暇活动的开展、闲暇消费方式的选择都必须以充分提高单位闲暇时间利用率为前提，即用"极少的闲暇时间做更多的事情"；另一层是要有利于提高闲暇时间消费效益，即提高闲暇时间的有效性，要用"极少的闲暇时间做更多而且更好的事情"，使单位闲暇时间真正具有日益增大的社会经济价值。闲暇消费效率化是对闲暇消费合理化的目标描述，因为追求效率是人们从事任何社会经济活动的准则，从事闲暇消费活动也同样如此。

四、中国居民闲暇消费的现状评价

根据前述闲暇消费合理化的主要标志，对照分析中国城乡居民闲暇消费现状及其合理程度，有利于找出闲暇消费合理化的方向和目标，争取闲暇消费合理化的早日实现。以下从三个方面对中国居民闲暇消费现状进行评价。

1. 闲暇消费水平偏低

闲暇消费水平是指一定社会发展阶段中人们闲暇消费需要的满足程度。中国目前闲暇消费水平低主要表现在两个方面，一是中国城乡居民闲暇时间占有量少，社会闲暇时间不多；二是闲暇消费支出在消费结构中比重不高。

2. 闲暇消费结构扭曲

中国居民闲暇消费第二个突出问题是，闲暇消费的内部结构畸重畸轻，远不能适应闲暇消费多样化、人民生活水平提高和社会主义精神文明建设对它的多元需求。中国居民闲暇消费结构目前主要存在"两多两少"的结构性扭曲：一是消极接受多，创造发挥少；二是户内活动多，户外活动相对少。

3. 闲暇消费效益不高

长期以来，闲暇消费结构畸形化，导致闲暇时间的经济社会职能始终未能得到最大限度地发挥，因而中国居民的闲暇消费效益一直很低。这主要表现为：一是闲暇消费内容单调、不充实，很多是消极性、休息性的，如闲呆、闲聊、闲逛，还有很多内容是有害身心健康、妨碍社会进步的，这主要是旧社会遗留下来的诸如赌博、搞封建迷信活动等。据统计，中国城市居民"无事休息"的时间普遍高于西方发达国家的水平。

●课堂训练

1. 将本班同学按照各自的县、镇区域分组，各组派一名代表描述一下自己镇或县的传统文化特点。

2. 分析你自己的购买行为以及心理，你认为哪些因素对你的购买行为会产生更大的影响？

3. 描述你家里的购买决策和行为，你在家里处于什么角色位置？

4. 请你描述你自己家乡的消费习俗有哪些？有什么特色？

5. 你有哪些消费行为习惯？你认为你的消费习惯是良好的吗？

6. 你的闲暇时间是如何打发的？你认为得到了充分利用吗？

●案例分析与讨论

文化符号才是制胜的力量

在世界上的很多国家，宜家的产品以价廉物美在竞争中获胜；但是在中国，宜家的产品却不属于大众消费品，因为其价格相对于中国目前的消费水平来说依然偏高，却获得了中国正在崛起的中产阶级的厚爱。1999 年 1 月 13 日，北京"宜家"开张时盛况空前，人们对当时的情景记忆犹新：离宜家一站多远的街边，停满了私家小车，惊奇的顾客拥挤在每一件产品前啧啧称赞，小心地斟酌着该如何花出手中的人民币。在两个星期内，热情的北京人把宜家货架上的商品抢购一空，还有人在 7 天里去了 6 次。有外刊称，这是"北京中产阶层"的一次集体出动。

为什么会这样呢？宜家的出现，为喜欢变革的中产阶级们提供了一个温暖的支撑。在自己的私人空间里，宜家的家具是为生活中的不断变动而设计的——一个新公寓，一段新恋情，一个新家……即使随意地逛逛宜家的商场都会让许多人振奋起来。宜家的许多空间都被隔成小块，每一处都展现一个家庭的不同角落，而且都拥有自己的照明系统，向人充分展示未来温馨的家。而看到价码会令人更加振奋：这些外表高档、有品位的家具竟然是普通中产家庭就可以负担的。

宜家成了一个文化符号，让长久以来渴望自由消费主义的中国新兴中产阶级趋之若鹜，我们可以明显感觉到，当品牌成为一种时尚、成为一种群体的消费文化符号时，其力量是非常巨大的。有杂志曾做了一次时尚调查，发现北京、上海、广州流行时尚中，人们有两大共同的爱好：逛宜家、吃哈根达斯。宜家成了家居文化中最强势的符号。这给我们带来的启示是，随着中国新兴消费阶层的崛起，在未来，那些能够代表一个阶层的文化符号的产品注定有着广阔的空间。

问题：结合所学知识分析宜家为何在中国取得了巨大的成功？

家庭的住房购买决策

住房作为一种极特殊的商品，除了具有一般商品的一般属性外，还有着许多不同于一般商品的属性特征与消费特点。因此，也就有了一些不同于一般商品的购买行为特征。

（一）住房购买是决策最困难的购买

住房不同于其他商品，大多数家庭可能只有一到两次的购买行为。在我国，对于中低收入者，一次购房终身享用的情况十分普遍。因此，买一套住宅可能要住一辈子，这使得购房者在购买前十分谨慎，唯恐步入购房陷阱和误区而受骗上当，使一辈子的血汗钱付诸东流。因此，每个购房者在购买住房时，都要仔细考虑诸多问题，如房屋产权是否合法、居住地段是否适宜、住宅售价是否能承受、付款方式能否接受、居住环境是否舒适、住宅设计是否合理、装修标准是否满意、工程质量有无保证、公共设施是否完备、物业管理是否优良等。对于这些问题，购房者要逐一了解清楚、分析透彻后，才有可能使购房者的梦建立在准确判断与决策之上。另外，购买住房需要巨额资金，人们在购房时大都要仔细评估，认真做好资金筹措和支付计划，以达到自己的目的。对此，购房者还要在现在购房还是以后购房、买房还是租房等问题上作出决策。由于影响购房的因素众多而繁杂，再加上购房者自身条件的差异性，使得购房者作出实施购买行为的决策就显得尤为困难。

（二）住房购买是决策参考信息最广泛的购买

消费者在购买住房时，有关住房供给的信息来源较广泛。首先是大众传媒上传播的住房销售的广告信息，这也是消费者所获得的最直接的信息。其次是可以从房地产交易市场获得大量的住房销售信息。从房地产交易市场既可了解到房源和房价变动情况，也可以初步了解到住房开发公司的一些情况，以及住宅建筑结构、质量、所处位置等情况。其三是从住房销售商或代理商（中介商）获得住房销售的有关信息，向销售商或代理商可以直接了解商品住房的各种有关信息，包括商品住房的名称、具体位置、建筑结构、住宅小区的整体规划、工程进度、销售价格、付款方式、配套设施、交通状况、物业管理等情况，而且可以从更广泛的层面上向代理商了解其他楼盘的销售信息，购房手续、住房功能的利弊等情况。其四是向居住在某一住宅小区的居民或已经购买住房的朋友打听来获取有关住房销售的信息。总之，购房者能够获得有关住房销售情况的信息来源特别广泛，关键是要能从众多信息中分辨真伪，对住房购买决策起到真正的参考作用。

（三）住房购买是决策参与人最多的购买

住房购买主要是家庭型购买，其购买行为的决策人并不是单一决策者，作为家庭核心成员的丈夫、妻子、孩子三者都是主要决策人员，并以家庭会议的形式讨论决定。除此之外，有的长辈和亲朋好友也参与决策。这是由于普通家庭购买者缺乏专业知识，对销售人员不大信任等原因，购买者往往会依赖具有专业知识、经验及可依赖的亲朋好友去了解情况、判别虚实。如向房地产行业的业内人员或相关行业人员请教，或向已购买住房的朋友咨询。购房者如果直接认识这些人则比较省事，如果不认识，他们往往会借助介绍去请教和咨询，以至很多销售人员都被请去充当决策顾问甚至直接参与决策。可见，参与住宅购买决策的人员比较多，其主要包括：发起者，即首先提出或有意购买住房的人；影响者，即其看法或建议对最终购买决策具有一定影响的人；决策者，即对是否购买、为何购买、何时与何处购买住房等方面作出完全决定或部分决定的人；购买者，即实际实施购买行为的人；使用者，即实际消费或使用住房的人

问题：结合本章以及所学内容分析该案例的分析观点是否正确。

非常时期改变消费习惯

"非典"不仅在深层次上改变了人们的消费心理，并将在"非典"疫情结束后继续影响人们的消费习惯。"非典"时期，非接触性消费、针对性消费和就近消费比过去大幅增加。作为消费市场的新趋势，"三多"消费将在相当一段时间内成为消费者的选择，有关商家亟须对传统的经营思路、销售模式作出相应调整。

非接触性消费，是指消费者避免或减少与商家和其他消费者直接接触而进行的消费，最典型的例子就是近期网上沟通和网上购物的火爆。消费者的这种避免接触的需求，对商家聚揽"人气"的传统促销方式提出了挑战，创造安全可靠、便捷顺畅的交易环境可能会吸引更多的消费者。"非典"影响了消费者的信心，使他们为追求身体的安全而趋于相对封闭，客流量的急剧减少带给商家的都是计划购买某一特定产品的消费者。"非典"之后，一些消费者可能会减少闲逛的时间，在逛商场时会有更强的针对性，商家应该针对这些需求变换更多经营技巧。

就近消费是消费者选择路途更近的商家进行消费。"非典"期间，商贸零售企业损失最大的是那些闹市区的大商场，而对家属区、街道小巷里的小型商店影响较小，一个重要原因就是在这些地方买东西路途近、方便，消费者的许多生活必需品都是就近购买。

问题：消费习惯在什么情况下可以改变？

闲暇时间里，北京青年喜新喜险喜充电

记者从日前刚刚结束的一项调查中发现，北京青年的平均闲暇时间在5小时以上，而超过72%的青年表示，闲暇时间玩耍玩得痛快。

这项由北京团市委与《北京青年报》联合进行的"关于北京地区青年组织的现状的调查"，涉及北京地区2 000余个已登记和未登记的青年组织。这项调查显示，北京青年表现出与其他城市青年不同的特色，北京青年喜新喜险，干什么都图痛快。

从闲暇时间的消费中也可看出这一观念已深入人心，青年的闲暇活动方式呈现出多样化的

趋势，看电视的占66.3%，读书学习的占51.2%，与朋友交谈的占40%，除这老三项仍然占据前三位外，不可忽视的是逛商场的占30.2%，上网的占28.8%，体育锻炼的占19%，这些已经成为北京青年新三项闲暇项目，其比例正逐渐接近前三项。

闲暇生活是现代生活方式的重要组成部分，现代青年的活动与交往空前活跃，更为特别的是，作为政治文化中心，北京的文化生活层次直接影响到北京青年的闲暇活动。北京青年闲暇时间喜爱玩新东西、喜欢探险，闲暇生活选择增多，自我表演、自我娱乐、自我观赏等可以满足自主参与表现的各种闲暇活动，尤其是新奇、冒险的活动方式，如攀岩、蹦极等新鲜冒险的活动在北京很容易博得青年的欢心。

更具首都特色的是北京青年最爱充电，什么都先学着已经成为北京青年的一大时尚。北京最先提出知识经济，北京青年最早接受终身教育的观念，重视智力资源，学习新知识。与其他大城市相比，北京青年整体素质较高，接受新知识的速度最快，北京青年也是通过网络获得信息的先行者。

不同职业的人群对休闲生活的满意程度表现不同，专业技术人员、管理人员等高收入人群，对闲暇生活的满意程度较高，无技能的一般职工则评价最低。

问题：
1. 北京青年闲暇时间的消费与你有何不同？
2. 通过该案例我们可以得出什么有益的结论？

●补充阅读资料

"消费逐新者"的特点

在企业不断创新、新产品层出不穷的情况下，最先购买、使用新产品的"消费逐新者"在新产品的推广、普及中起到了推波助澜的作用。营销者对这部分人应格外注意研究，这些"消费逐新者"有一些主要特征。

（一）消费逐新者常常以相当开放的态度对待新产品或不熟悉的产品

"敢为天下人之先"，较少教条性。非逐新者似乎觉得新异事物总带有一定的风险性，为了"保险"起见，他们宁可在别人尝试成功后才接受新产品。

（二）消费逐新者大都是内在导向型的

对于新产品完全依据自己的价值观念或标准做出判断，他们具有冒险精神，愿意承担购买新产品的风险；非逐新者则是他人导向型的，依赖他人的指引来对新产品做出反应，注重向参照群体看齐。

（三）消费逐新者喜欢寻求变化，不愿固守一种品牌，愿意"择善而购之"

他们视野开阔、性格外向、崇尚自由、富有创造性。他们尊重事实，不太看重权威。所以，营销者在对他们进行广告宣传时，应以知识性或描述事实为主，如果诉诸权威或名流倒有可能引起他们的反感。

消费逐新者在别人看来可能是"超前"消费，或是领时代之先，但他们并非冲动型购买者。相反，他们在购买新产品上要比非逐新者更为深思熟虑。消费逐新者一般要比非逐新者更为年轻，接受过更多的正规教育，个人或家庭的收入也高，而且可能有较高的地位。

（四）消费逐新者比非逐新者起到更大的舆论引导作用

如果新产品让逐新者非常满意，他们会积极地为其他潜在的消费者提供有关新产品的信息，并建议和鼓励他们去尝试，有了这些"义务宣传员"的帮助，新产品的推广肯定非常迅速。若逐新者对新产品不太满意或感觉一般，就有可能现身说法去劝阻别人购买，新产品的销售就会受到阻碍，推广速度会大为减缓。因此，营销者要十分重视研究消费逐新者这批人的喜好，注意其人际影响这一重要环节，推出有竞争力的新产品，赢得消费逐新者的青睐。

中国主要的亚文化群

亚文化群的划分标准	划分后的亚文化群
民　族	汉族、回族、蒙族、藏族、朝鲜族、维吾尔族……
宗　教	佛教、基督教、天主教、伊斯兰教……
年　龄	少年儿童、青年、中年、老年
地　区	华东、华北、西北、东北……
籍　贯	浙江、上海、北京、四川、山东……
性　别	男性、女性
职　业	工人、农民、教师、学生、军人、个体户……

美国中、低两阶层在心理方面的差异

中等阶层	低等阶层
着眼在将来	着眼于现在
生活在长远的规划里	生活在短暂的安排里
多数居住在城市地区	多数居住在乡村地区
较倾向于理智	较倾向于情感
对于世界具有鲜明的意识	对于世界具有模糊的意识
视野宽阔无限	视野狭窄有限
作决定时经过周密考虑	作决定时仅略加考虑
充满信心愿意冒险	过分重视安全
思想趋向无形抽象	思想倾向有形和知觉
将自己与国家大事联系在一起	完全生活在自我和家庭的圈子里

我国的社会阶层划分

社会阶层	阶层描述
上上层	暴富的千万富翁、亿万富翁：豪华轿车、别墅、境外旅游
上　层	规模较大的私营企业老板与高科技企业的 CEO 们、IT 业中的佼佼者、体育和演艺界的"大腕"和"资本家"
中上层	中小企业主、包工头、身兼数职的知识分子、外企管理人员、高科技企业管理人员和国企老总
中　层	收入稳定或稳中有涨的公务员、事业单位的专业人员、企业技术工人和较好业绩的小业主
中上层	濒临倒闭的企业职工、夫妻一人在职、下岗后做临时工等
下　层	双方下岗或基本失去劳动能力的家庭、没有收入来源的单亲家庭等

流行的回返性

英国一位研究服装问题的专家曾经指出：如果一个人穿上离时兴还有 5 年的服装，可能会被认为是稀罕物；提前 3 年穿戴，会被认为是招摇过市，神经不大正常；提前一年穿戴，则会认为是大胆的行为；而正在流行的当年穿，会被认为非常得体；但是一年后穿，就显得土里土气；5 年后再穿，就成了老古董；10 年后再穿，只能招来耻笑；可是过了 30 再穿，又会被人认为很新奇，具有独创精神了。

●课外训练

1. 以小组形式组织一次相关群体对消费者行为与心理影响的调查。

2. 请你对某一特定地区不同地点的消费行为习惯、消费习俗和闲暇消费情况的差异进行调查，并分析为何产生这些微小的差异，各个地方有何独特之处。

●本章小结

本章重点介绍文化、亚文化的含义和特点，文化、亚文化对消费者消费心理的影响，介绍了我国传统文化的表现形式，以及如何利用好我国的传统文化来促进产品的销售，社会阶层的类型和对不同社会阶层消费者的心理策略；不同参照群体对消费者个人消费行为和心理的影响，参照群体对群体成员行为的影响因素分析，影响家庭购买决策的因素分析和家庭购买决策的角色分析，不同家庭生命周期对消费者购买心理与行为的变化影响分析。

本章还讲述了消费流行、消费习俗、消费习惯和闲暇消费等常见的消费行为现象，分析这些消费行为现象产生的心理和社会原因，介绍常见消费行为现象的表现特征和营销活动中应该采取何种策略以适应、营造或改变这些消费行为现象，并为企业的产品作推广服务。

●复习思考题

1. 中国传统文化有哪些表现形式？

2. 中国传统文化对中国消费者的购买行为产生哪些影响?

3. 社会阶层的特点与构成有哪些? 不同社会阶层的消费者行为有何不同?

4. 当前不同社会阶层消费现象与特征分析。

5. 参照群体的特点和意见领袖的特点。参照群体对成员的影响因素分析和影响方式分析。

6. 不同家庭生命周期对消费者消费心理以及购买决策分析。

7. 谈谈消费流行的分类和含义、消费流行的方式和阶段以及消费流行与消费心理的交互作用。

8. 谈谈消费习俗、习惯的特点和分类以及对消费心理的影响。

9. 试述闲暇消费的含义、满足条件和特点,我国闲暇消费有什么现状或特点?

第十四章 营销现场环境对消费者心理影响的分析

●知识目标

1.掌握并理解商店外部环境所包括的内容以及其中应采取的心理策略

2.了解商店外部环境对商店的重要作用与影响

3.掌握产品陈列的相关知识以及心理策略的运用技巧

4.了解商店内部环境的有关知识以及其中应采取的心理策略和技巧

●能力目标

能够通过影响场景的变化激发消费者的购买欲望，促使其产生购买行为

●教学重点

1.招牌设计与命名、橱窗设计的心理策略与技巧

2.商品陈列的技巧与心理策略

拥挤的收银处

在商场购物，绝大多数人会有这样的体会：收银处总是排着长长的队，在货架上选购产品的高兴劲儿常因为焦急地等待买单而烟消云散。商场寸土寸金，不可能设立过多的收银台，但是很多人因为不耐烦等待，选好的产品又不是很必需的，时常放下就走了，这也给商场丢掉了不少生意机会。

有一些商场，设立了快速通道，专门为那些购买货物少的消费者设置，但是还不能够解决问题，同样要等，而且等的时间并不一定就少很多。

商场给消费者创建了很好的购物环境，像宽敞的通道、明亮的灯光、亮丽的陈列、舒缓的音乐等。这些都是为了给消费者营造一个良好的购物心情，做得很到位。结果等到要买单准备离开卖场回家时，漫长的等候使所有营造气氛的努力大打折扣。

顾客心理起了变化，都抱怨为什么不可以多开设一些收银处？但是卖场的出口长度是有限的，真的多开收银处就一定可以解决问题吗？

第一节　外部场景对消费者心理影响的分析

●情景案例

处于大栅栏的同仁堂药店

北京"同仁堂"乐家老铺创立于 1669 年，位居旧中国四大药店之首，分号遍布全国各地，素以工制丸散膏丹著称于世。清代乾隆年间，"同仁堂"已誉满京都，进入近代更获得供奉御药房用药的"皇家药店"之优势地位，长期占据我国药业的第一把交椅。

"同仁堂"虽以经营传统产品而闻名于世，但并不故步自封，而是注重采用先进的营销方法，除旧布新，以奇取胜，使企业保持了旺盛的进取势头。"同仁堂"店处大栅栏内，地理位置很不理想。为了方便顾客，扩大影响，他们一反自尊厌动的官商作风，注重与市场和顾客的联系。为了克服地处偏僻之处的不足，他们在大栅栏胡同东口竖立起一座金光闪闪的铜牌楼，上面写有斗大的"同仁堂药店"五个字。人们一看到牌楼上的字，便知道鼎鼎有名的"同仁堂"在胡同里面。旧时的北京，市政荒疏，没有电灯照明，晚上一片漆黑，污秽遍地。"同仁堂"别出心裁，巧妙地利用中华民族挂红灯笼的传统习俗，在北京的一些主要街头巷口挂起红灯笼，五只一排，每只上书一个金色的大字，合起来就是"同仁堂药店"，使店铺的名号深深印入人们的脑海。这种别致典雅的宣传手法，成为北京最早的市政广告。

问题：企业应该如何营造自己良好的外部经营环境？

在现代商业经营活动中，商店外部的门面装饰、招牌设计、橱窗布置等，商店内部的商品陈列、灯光照明、色彩运用等，都是消费者对商店产生第一印象的重要客观条件。商店给消费者的第一印象是十分重要的，因为消费者往往会因第一印象的缘故而产生一种晕轮效应，从而引起他们对商店的不同情绪与感受，并由此引起购买心理和购买决策的变化。

商店外部环境，包括地址、招牌、门面、橱窗、霓虹灯和周围环境等。商店外部环境是消费者购物之前首先要接触的内容，它直接关系到消费者对商店的第一印象的好坏。

一、店址选择和建筑风格的心理影响

店址选择，就是对商店建筑应处的地理位置的选择。商店所处的地理位置相当重要，地理位置的好坏，不但直接影响到消费者购物活动的正常进行，而且也直接影响到商店的经营效果和经济效益。所以，在建筑商店以前，要充分考虑店址的选择和建筑风格的选取问题。

（一）店址选择的意义

店址的选择是关系到商店的经营活动和消费者的购买活动能否正常进行的重要问题，因此，选择好商店建筑的地理位置具有相当重要的意义。

首先，有利于充分发挥商店的服务功能。商店是直接为消费者服务的商品销售机构，从某种意义上讲，商店能否很好地为消费者服务，能否充分发挥商店的各项服务功能，这与店址选择有很大的关系。

其次，方便消费者购买并满足消费者的需要。消费者一般都有就近购买商品的习惯，特别是日常生活必需品，更希望在附近就能买到。如果商店地址距离消费者的住址较远，而且又比较偏僻，会给消费者购买商品带来很多不便。

再次，有利于商店在平等条件下竞争。为了能在平等条件下参与市场竞争，商店就必须选择有利于自己发展壮大的建筑地址。

最后，有利于经济效益的提高。店址地理位置好的地段，一般都是居住人口稠密和流动人口多的热闹繁华区。

（二）店址选择应遵循的原则

1．客流量多

店址应选择在客流量多的车站、码头、停车场、宾馆、旅店附近，这些地方的流动人口多，购买力强，商品销售量大，是建商店不可多得的"黄金码头"。

2．人口密度大

人口密度大的地方一般是居民住宅区、繁华街道和工厂、机关、学校附近等。在这些人口相对集中的区域建商店，可以方便群众的购买，也可以给商店带来可观的经济效益。

3．交通便利

如果去商店的交通不方便，不仅直接影响到消费者的购买活动，也影响到商店的商品运输。因此，店址应选择在交通方便的街道两旁。

4．竞争对手少

一个地方的竞争对手少，有利于自身的生存和发展。有些地方经营同类商品的人还很少，且市场前景又相当好，需求量较大。

（三）商店建筑风格的选取

商店建筑风格如何，对消费者的购买心理有较大影响。商店是供消费者购物的场所，具有一定建筑风格的商店，不仅可以引起消费者极大的注意和浓厚的兴趣，而且对消费者的购买心理和购买行为也有较大的促进作用。为此，商店的建筑要有独特的风格，或体现民族传统格调，或显示现代豪华气派，或将二者巧妙结合，或体现地方建筑风格等，决不能千篇一律、一副面孔、一种色调、缺乏个性。建筑风格的选取可以根据商店的经营特点而定，也可以根据主销对象的特点而定，使商店建筑风格具有自己的个性。另外，商店建筑是城市整体美的组成部分，因此，除突出应有的个性特点外，还要考虑与周围建筑物的相互协调。

二、招牌设计的心理策略

招牌是商店的名称，它是用以识别商店、招徕生意的标记。消费者在购买商品时，不论是在繁华的商业区，还是在一般的购物区，总是先寻找商店招牌，再实现自己的购买行为。一块设计出色的招牌，往往能激发消费者美好的联想和想象。所以，具有高度概括力与强烈吸引力的商店招牌，对消费者在购买活动中的视觉刺激和心理活动的影响是十分明显的。

(一) 招牌的心理作用

1. 引导与方便消费者

商店招牌一般都简单地标明行业属性、经营范围或服务项目等内容，消费者一看便可一目了然，起着引导和方便消费者购买活动的作用。

2. 引起消费者的注意与兴趣

一些新颖独特、别开生面、富有形象性和艺术性的招牌，能迅速抓住消费者的视觉，引起消费者的注意，诱发消费者浓厚的兴趣与丰富的想象，给人以美的享受。

3. 反映经营特色与服务传统

每个商店都有着自己的经营特色，有的经营名优特产品，有的经营特价产品，有的兼设批发业务，有的专门经营各种生产材料等。所有经营特点都要从招牌中反映出来。有的商店具有悠久的经营历史或浓郁的民族风格，其经营方法和服务方式都带有一定的传统色彩和民族特色，这些商店的招牌一般也采用传统的、典雅的字号，再加以名家题写的匾额，更显得雍容华贵、朴实庄重，使消费者看后或听后就能产生一种敬慕之情和信任之感。

4. 加强记忆与易于传播

有的招牌，设计精炼独特，念之顺口，听之入耳，易读易记，加之招牌又与商店的服务质量和经营特点相符合，往往能在消费者脑海中留下深刻痕迹，并能在消费者中间广为传播，起着商业广告的作用。许多消费者之所以对有的招牌念念不忘，就是因为这些招牌设计得法，加上商店服务质量高，经营有特色，才赢得了消费者的信赖和喜爱。

(二) 招牌设计和命名的心理方法

目前，招牌命名的方法多种多样，设计的形式各具春秋，广告化、立体化和艺术化的招牌也不断涌现。然而，要使招牌充分发挥其心理作用，除了讲究形式、用料、构图、造型、色彩等方面能给消费者以良好的心理感受外，更重要的是在命名方面多下工夫，要力求言简意赅，清新不俗，易读易记，具有极强的吸引力。为了达到这一效果，招牌的命名一般可采用以下几种心理方法：

1. 与经营特色或主营产品属性相联系

这种命名方法能起到引导和方便消费者的作用，能反映商店的经营范围和特点，能使消费者易于识别购物的去处，达到招徕顾客的目的。例如，"菜根香素菜馆"反映了经营者善于烹调素菜的特点；"舒步皮鞋店"反映了主营的皮鞋有穿着舒适，便于行走的优良品质。

2. 与服务精神或经商格言相联系

一般来说，各商店都有自己的服务宗旨和经商格言。用这种方法命名，除了能反映商店文明经商、讲究信誉、诚心诚意为消费者服务的商业道德外，还能使消费者产生信任和可靠的心理感觉。例如，"薄利饭店"反映了经营者实行薄利经营的服务宗旨；"一分钟照相馆"反映了经营者服务迅速，方便顾客的经营理念。

3. 与历史名人或民间传说相联系

这种命名方法能反映经营者丰富的学识和经验，使消费者产生浓厚的兴趣和敬重、爱慕心理。例如，"陆羽茶叶店"以撰写我国第一部茶叶专著《茶经》的唐代学者陆羽的名字命名，可使消费者联想到，经营者熟知茶经，并具有经营茶叶的丰富经验，从而产生信赖感。

4. 与享受意境或美好愿望相联系

这种命名方法能够引起消费者的有益联想，进入美好的意境，从而对经营者产生挚情亲切的心理感觉。例如，"陶陶居"茶楼使顾客联想到，来此品茶定能处于乐陶陶的舒服环境之中，获得很好的休闲。

三、门面装饰的心理运用

门面装饰已越来越受到经营者的重视和消费者的注意。门面装饰除了以上所讲的商店招牌外，还包括对联、店门和颜色。

（一）对联

商店张贴或悬挂对联，在我国已有悠久的历史。利用对联来做门面装饰，不仅能引起消费者的浓厚兴趣而驻足观赏，而且还能提高商店的名气和声誉。

1. 能帮助消费者认识商店

有不少商业对联都是根据本店的经营特色来写的，消费者在驻足欣赏的过程中，便可知道该店的经营范围和基本宗旨。例如，"客上天然居，居然天上客"，"天然居"是北京海淀区的一个餐馆。消费者一看对联便可大体知道该店的经营范围和经营宗旨。

2. 能博得消费者的好感

情真意切的商业对联能给人一种亲切感。例如，"但愿世间人无病，哪怕架上药生尘"（药店），卖药人不是为赚钱而卖药，而是为了人们身体健康而卖药。像这样的对联，不仅能博得消费者的好感，而且还能达到招徕顾客的目的。

3. 能给消费者以美感

对联是中华民族文化的精华，被誉为"诗中诗"。如"美味招来云外客，清香引出洞中仙"（餐馆）、"茶香高山云雾质，水甜幽泉霜雪魂"（茶馆）。这些对联的构思精巧，意境深远，音韵和谐，文字巧美瑰丽，读之心旷神怡，令人赏心悦目，给人以美的享受。

（二）店门

店门是商店的面孔，也是构成商店形象的重要组成部分。店门的设计风格如何，对消费者第一印象的影响很大。由于消费者对商店具有很强的选择性，而选择商店的一个重要因素就是店门的美观程度。如果店门的设计别具一格，就可以吸引消费者进店，哪怕是不购买产品，也要进店来欣赏一番。店门设计应注意以下几个方面：

1. 设计风格

店门的设计风格不同，给消费者的心理感受也不同。例如，新颖独特风格的店门会给消费者一种与众不同的心理感受，简洁明快风格的店门会给消费者一种现代气息的心理感受，古老庄重风格的店门会给消费者一种古朴典雅的心理感受，民族特色风格的店门会给消费者一种地方情调的心理感受。因此，商店应根据自己的经营特色或产品特点等因素来设计店门。

2. 店门开放度

店门的开放度与商店的经营品种直接相关，经营品种不同，店门的开放度也有所不同，例如，经营珠宝玉器、金银首饰、名人字画、古董以及精制工艺品之类产品的商店，适合采用封闭型店门，这样，既可以保护这些贵重产品不受店外空气尘埃的污染，又可满足消费者的安全心理需要。

（三）颜色

门是消费者进入商店的必经之路，整个门面装饰配以什么色调，直接影响到消费者的心理感受，进而影响到消费者是否进店的抉择。因此，商店门面装饰颜色的配置应注意：与商店建筑风格相一致，与周围环境相协调，与消费者心理要求相符合，与经营特色相匹配，冷暖色对比搭配要和谐。

总之，装饰颜色要以温和为主基调，既不能太艳丽，更不能太暗淡，应给人一种舒服、恬静、柔和的感觉。

四、橱窗布置的心理方法

商店橱窗是以产品为主体，通过布景、道具和装饰画的背景衬托，再配以灯光、色彩和文字说明，进行产品介绍和商品宣传的一种综合艺术形式。

橱窗的种类很多，就其内容来讲，有综合陈列橱窗、系列陈列橱窗、专项陈列橱窗；就其结构来讲，有立式与横式之分，横式又有单式和连式之别，连式多为大型橱窗，立式和单式多为小型橱窗。

在现代商业活动中，橱窗既是一种重要的广告形式，也是装饰商店门面的重要手段。一个主题鲜明、装饰美观、色彩和谐的商店橱窗，不但可与整个商店建筑结构和内外环境构成美丽的立体画面，起到美化商店和市容的作用，还能形象概括地向消费者推介商品，起着指导消费、促进销售的作用。为此，橱窗设计应采用以下心理方法：

1. 突出主营产品特点，激发浓烈购买兴趣

橱窗是消费者了解产品经营情况的窗口。因此，橱窗布置的重要心理方法就是要突出主营产品，把产品的主要优良品质或个性特征清晰地显示给消费者，激发他们的购买兴趣。为达到这一目的，橱窗陈列产品首先应选择能引起消费者注意并能产生兴趣的流行性产品、新上市的产品、反映商店经营特色的产品、适时应节产品、新颖美观和构造独特的产品、连带性强和试销产品，以突出主营产品、热门产品和新产品为主。其次，还应根据陈列产品的性质、用途和特点，考虑产品的展示形式和摆放位置，使各种产品都得到充分显示，并能构成各种形状的表现面或使用状态。另外，对新产品还要配以生动具体的图文说明。这样的橱窗陈列既可以给消费者一个经营项目的整体印象，又可以突出个别产品的独特风格，还可以使消费者产生新鲜感、亲切感和购买兴趣。

2. 塑造整体艺术形象，诱发强烈购买欲望

综合性的橱窗陈列必须考虑整体的艺术搭配。总体来说，就是要认真研究消费者的审美趋势，要从消费者的求美心理出发，将橱窗内种类繁多、形状不一的各种产品进行整体艺术构思，并运用各种艺术手段，进行生动、巧妙、别致而有序地组合，使之形成一个整体的艺术群雕。为此，橱窗的构图要均衡和谐、层次鲜明、排列新颖、疏密有致，形成一个统一整体；要运用对称均衡、不对称均衡、重复均衡以及主次对比、大小对比、虚实对比、远近对比等表现手法，使构图能把各种物像有机地联合起来，使之显得稳定而不呆板，和谐而不单调，变化而不紊乱，给消费者以鲜明和良好的直观印象、新奇和轻松的心理感觉，并引起美好联想，获得心理上的满足，诱发其强烈的购买欲望。

3. 利用景物间接渲染，增强和坚定购买信心

橱窗布置除了商品实体外，还应运用布景、道具、灯光、画面装饰等作为背景衬托，以增强橱窗的整体美感，并能达到以景抒情、以情感人的良好效果。利用景物间接渲染的手法很多，但是不论采用什么手法，都必须与陈列内容合理地、完美地结合在一起，要能表现人们的精神面貌，要突出时代气息、生活气息和社会意义，要显示企业的经营实力、传统特色和努力方向，要将艺术性和思想性有机地结合起来，还要有诱发消费者积极情感、美好联想和迫切需求的心理。只有做到这些，才能真正达到橱窗宣传的目的，才能使消费者对商品产生信任感，才能增强其坚定的购买信心。

五、霓虹灯和广告牌的心理作用

商店外部的霓虹灯和广告牌，虽然是一种广告媒体，但是作为商店门面的设置，如同橱窗一样，也成了商店外观的组成部分。与橱窗不同的是，霓虹灯不是专门宣传某种产品的，而是弥补商店招牌显示的某些不足，或表达商店的服务精神，或介绍商店的经营范围和经营项目。霓虹灯不仅有装饰门面的作用，而且还能产生一定的招徕力。商店门口的广告牌多数是宣传最新上市的新产品或流行产品的，其主要作用是能造成一种活跃气氛，吸引消费者注意，鼓励消费者购买。

霓虹灯或广告牌设计规模的大小必须与商店建筑结构相互和谐、浑然一体。霓虹灯一般都以艳丽的色彩、活动变化的字体或图案来吸引消费者的注意。霓虹灯和广告牌的设计要突出科学性和艺术美感，要以能引起消费者足够的注意为设计目的，以真正取得既宣传产品，又引导消费的效果。

六、商店周围环境的心理影响

商店的周围环境主要是指商店周围的建筑物、自然景观、交通条件、商店与周围主要消费群体的地理距离等。这些因素都会给消费者的购买心理产生较大的影响。

1. 周围建筑物的心理影响

商店周围的建筑物与商店外观的关系应该是既相互协调、相互照应，又各具特色、各具风格。消费者在去商店，特别是去一个新的而又比较生疏的商店购物时，首先就是靠对建筑物的

辨别来认识商店的。如果商店周围所有的建筑物都是千篇一律地以相同的面孔出现在消费者的面前，就会给消费者辨认商店带来较大的困难，并使消费者产生厌恶、反感心理，影响对产品的购买。

2. 周围自然景观的心理影响

大、中型商店内都比较嘈杂，加上人流量大，空气也不新鲜，很容易使人产生烦躁不安的心理反应，进而影响到购买情绪。如果商店周围有比较优美的自然风景，比如商店门前有旷地，种上一些名花、名草，再配以假山、喷水池和休息场地，让消费在购买之余来这里观赏、憩息，调节情绪，定会产生心旷神怡的心理感受。同时，还会引来更多的人前来观光游玩，并可能在游玩之余进商店逛一逛，甚至买点产品，这无疑会给商店带来生意兴隆的繁荣景象。

3. 周围交通条件的心理影响

交通条件是影响消费者购买行为的重要因素，交通条件越方便，消费者购买产品的困难就越少，交通条件越差，消费者购买产品的困难就越大。因此，商店应尽量建在交通便利的地段。

第二节　内部场景对消费心理影响的分析

●情景案例

尿不湿和啤酒的销售陈列

沃尔玛在一次对卖场销售数据进行分析时发现一个很奇怪的现象，尿不湿和啤酒的销售额的增幅极其相近，增幅曲线几乎完全吻合，并且发生时段也是一致的。卖场人员很奇怪，这两个完全没有关系的产品的销售变化情况怎么会如此一致？他们做了很多分析，都没有得到答案。最后，卖场经理派专人在卖场盯着看，答案才揭晓。

原来，很多年轻的父亲被妻子打发出来给孩子买尿不湿，这些年轻的父亲都有喝啤酒的习惯，每次都会顺带着将啤酒带回家。卖场为了方便消费者，干脆将这两个产品陈列在一起。从消费者购买习惯出发，使卖场某些商品的陈列组合依照消费者的购买习惯进行，也是一个不错的借势方式。

消费者还有很多购物习惯可以借势，只要我们仔细观察，科学分析，完全可以找到其中的奥妙，这样的势借好了，就可以起到意外的效果。

问题：现实生活中你能否发现类似的现象？

商店内部环境的内容包括环境美化、商品陈列、灯光照明、色彩调配、音响设施、空气调节和便利设施等方面。商店内部环境的好坏，不仅会影响消费者的购买情绪和购买行为，而且还会影响服务员的工作效率和服务质量。因此，搞好商店内部环境美化工作的意义重大。

一、店内环境美化的心理意义

店内环境美化的方式和风格应各具特色，以满足不同消费者的审美需要。现代商店已越来越重视店内环境的美化问题。有的商店已将绿化引入店内，并人工创造出富有自然气息的田园风光，如在店内放置常青树大盆景，或在店堂中央开辟小型喷水池，或安放大型鱼缸，或在各个角落甚至柜台上安置花盆、小盆景等，使商店犹如一座小公园。有的商店对墙壁、地板、天花板、柱子、货架等进行各式各样的装饰，如壁画、装饰画、广告画、木刻、雕塑等，使商店犹如一座艺术殿堂。

店内环境的美化具有相当重要的心理意义，一方面可以满足和迎合消费者越来越喜欢的清雅、恬静、舒适的心理要求，使消费者能积极而愉快地接受各种产品的刺激，并始终保持兴致勃勃的心理状态，从而促进购买行为的发生。另一方面，可使服务员心情舒畅、精神饱满、情绪高昂，从而提高工作效率和服务质量，更好地为消费者服务。

二、商品陈列的心理影响

消费者走进商店后最关心的自然是产品。产品陈列是否美观，陈列位置是否有利于消费者迅速寻找，都直接影响到消费者的心理感受。因此，产品陈列的第一步就是将产品分门别类陈列，便于消费者寻找。再就是注意产品陈列的高度，使之与消费者的视线水平相适应。

有效的产品陈列可以引起消费者的购买欲，并促使其采取购买行动。做好产品陈列必须遵循一些基本原则，包括可获利性、陈列点、吸引力、方便性、价格、稳固性六个方面。

产品陈列是向消费者提供信息。按产品陈列的功用，主要有橱窗陈列和内部陈列两类。内部陈列又可分为非选择性陈列和选择性陈列两种。无论哪种陈列，都要讲究陈列艺术，充分利用空间、道具、色彩，烘托产品、创造意境，以达到向消费者进行心理激励、刺激购买的目的。常用的产品陈列形式和艺术手段有：分类陈列、综合陈列、专题陈列、特写陈列、季节产品陈列。

产品陈列方法和技巧多种多样，作为营销人员在组织产品陈列过程中应该注意做好以下几个方面：

1. 计划和准备工作

首先，需要准备好所需的陈列器材和工具，包括陈列辅助物、大头针、浆糊、钉书器、剪刀、铁钉、胶带、货架吊绳、价格标贴等，并做好相应的计划和准备。

2. 客户的机会点

在终端一定要争取占领最佳陈列位置，做最佳陈列一般要考虑以下问题：了解你需要在哪一个客户或哪几个客户处陈列；决定所需陈列的产品种类、数量；寻找适当的位置；解释陈列的意义，强调陈列的利益点；回应客户的反对意见，让客户同意陈列时间等。

3. 熟悉相应的陈列辅助器材

应特别了解和熟悉海报、货架吊绳、箱子、柜台陈列物品、悬挂物、样品、说明书、标贴等。

4. 充分利用想象力进行陈列

尽量有效利用一切可用的空间，考虑有没有另外不同的方式来使用你的陈列辅助器材，使陈列更为突出；同时，弄清楚竞争对手在做什么，并采取相应的措施；使用相关器材来强化已有陈列，使之显眼突出；最后确定陈列与产品定位是否相符。

5. 陈列的小秘诀

尽量便于顾客取货，不要让海报或陈列品被其他产品或东西掩盖，以免被竞争对手抢走销售机会；不要将不同类别的产品堆放在一起，如不要将洗衣粉和食品放在一起，以免引起顾客的反感；尽量抢占较好的位置，其中顾客经常或必须经过的交通要道是第一选择；使陈列品从外面就可以被看到，以吸引顾客，运用指示牌指引顾客购买，便于顾客找到产品的位置所在；尽量把产品陈列在接近收银台的地方，使顾客经过时或他们等待交款时可以看到；如果是弱势品牌，应尽量争取将产品陈列在第一品牌的旁边。上货架的技巧：上货架的产品，应与其市场占有率相符，市场占有率最大的占同一类货物位置的70%，所有产品的陈列应按其市场占有率来排。

6. 对陈列进行检验与评估

为了确保陈列有效，最后应对产品陈列情况进行检验与评估，此时应考虑以下因素：陈列位置是否位于热卖点，该陈列是否在此店中占有优势？陈列位置的大小、规模是否合适？是否有清楚、简单的销售信息？折扣是否突出、醒目并便于阅读？产品是否便于拿取？陈列是否稳固？是否便于补货？陈列的产品是否干净、整洁？零售商是否同意在一定时期内保持陈列？是否妥善运用了陈列辅助器材？

注意产品陈列的细节会创造销售潜力，销售人员应注意并加以利用，这将为公司和产品销售带来更多的销售机会。

三、产品陈列影响消费心理的社会心理学原因

以上所述产品陈列与消费心理关系的规律以及商店在适应消费心理所采取的产品陈列方法，可以从社会心理学的一些原理中得到进一步的解释。

1. 优先效应

优先效应是指在某个行为过程中，最先接触到的事物给人留下的印象和强烈影响，也即第一印象，先入为主的作用。如果产品陈列能使消费者刚进商店的心里感觉产生正向的效应，那么对消费者以后的购买行为会产生积极的影响。如果产品陈列令消费者反感，第一印象不好，则会产生负方向的优先效应，其结果是消费者产生消极情绪，从而影响购买行为。

2. 近因效应

指在某个行为过程中最后接触的事物给人留下的印象和强烈影响。例如，消费者完成购买过程的最后阶段的感受，离开商店时所得到的信息和印象，距离下次购买行动最近的一次行为的结果等，都可以产生近因效应。与优先效应相类似，近因效应也有正向、负向之分，对下次购买行为产生积极或消极的影响。

3. 晕轮效应

其也叫做以点概面效应，即由一点做出对事物整体的判断。晕轮效应是由于人在观察、认

识客观对象物时，对象物所具有的某些特征使人产生了非常突出的、清晰的知觉，由此掩盖了对该对象物其他特征的知觉，作出整体都具有这些特征的判断。晕轮效应发生在消费者身上，体现为由对商店某一方面的突出知觉作出对整个商店优劣的判断。例如，商店的产品陈列很适合消费者的心理需要，他们就会从这一点出发，认为这个商店令人满意。

4. 思维定势

这是指在人们头脑中存在着对某类人的固定形象，看到一个人就会自觉不自觉地把他归入某个群体中。消费者对商店的产品陈列也有类似的、概念化的判断准则，商品陈列与消费者心目中的判断准则是否一致，能够影响消费者的心理和行为。

四、产品陈列与消费者的选择、习惯心理相适应

1. 陈列高度适宜，易于消费者观看感受

消费者进入商店后，首先会环顾商店内的货位分布、产品陈列等，获取一个初步印象。产品陈列的高度要与消费者的视线、视阈相适应。据瑞士学者的研究，消费者进店后无意识展望高度为 0.7～1.7 米，上下幅度为 1 米左右，与人的视线成 30 度角内的物品最容易被人们感受。因此应当认为，从人的胸部到头顶距离内，是最有效的陈列高度。同时，人的视阈与所视物的距离有如下对应关系（见表 14 - 1 所示）。

表 14 - 1　消费者平均视场与距离的对应关系

距离	1	2	3	4
平均视场（米）	1.64	3.3	8.2	16.4

从这种对应关系中可以看出，产品陈列不仅在高度方面要与消费者的环视高度相适应，而且要根据不同的视角和距离确定合适的位置，提高产品的能见度，使消费者能够清晰地、更多地感受到产品形象。此外，产品陈列的数量也会影响消费者对产品的感觉。陈列过多或过少，过于整齐或零乱，都会给消费者以不良的心理感觉。

2. 货位分布要适应购买习惯，便于消费者选购产品

我国大中型零售企业经营的产品在万种以上，对产品进行货位分布时，应考虑到消费者的购买习惯，以便于消费者寻找选购产品。具体地说，零售企业在市场营销中，应根据消费者对产品的要求和购买习惯，对方便品、选购品和特殊品进行合理的陈列。这三类产品与消费者购买习惯的关系，如表 14 - 2 所示。

消费者对方便品的购买要求主要是为了便利、迅速完成交易活动。因此方便品的陈列地点应在商店第一层，主通道两侧、出入口附近，临街窗口等位置，符合位置明显、便于速购的要求。消费者对选购品的购买要求是选择机会多，有对产品质量、价格、功能、式样、颜色等进行认真、细致比较的环境。因此选购品的陈列地点应选择营业面积宽敞、光线充足、噪音干扰小的位置，符合便于挑选、易于选择的要求。消费者对特殊品的购买是需要经过多方比较、反复思考、慎重决策的，因此，特殊品陈列地点应选择商店顶层，僻静之处，环境高雅的位置，符合选购时间长，有安全感的要求。

3. 货位分布、产品陈列要与消费者随机购买心理相适应

调查证明，消费者很快买到原计划购买的产品之后，多数人不是立即离开商店，而是增加了"逛"商店的兴趣，增加了在店内的滞留时间，从而扩大了随机购买的机会。

因此，产品的开放性、货位分布的合理性、通道的方便性都有助于消费者随机购买行为的发生。产品的开放程度高，无形中缩短了消费者与产品的距离，增加了信任感和对自由自在进行挑选的满足感。

表 14 - 2　部分产品的陈列

购买习惯 ＼ 产品类别	方便品	选购品	特殊品
购买次数	多	稍少	少
购买努力程度	无须努力	比较努力	相当努力
主要选择标准	实用方便	效用美观	先进独特
价格考虑	便宜	稍高	较高或高
质量要求	过得去	高	最好的
购买距离	近或附近	稍远或近	不考虑
对商店的期望	清洁、愉快、方便	安静、宽敞、选择余地大	高级感、专业化
购买行为习惯	方便、快捷、顺手	比较选择、方便	便于选择、安全

在货架的运用上，一般来说墙式货架优于岛屿式货架，其原因是沿墙而立的货架可以做得较高，容纳的产品也较多，由于人们下意识的心理作用，消费者总愿在高大设备前多停留一些时间。

消费者在卖场的行走方向绝大多数是单向以行走，很少人会在一个卖场的一个通道里来来回回地走动，也就是说，卖场的人流方向往往是单一方向为主。东方人的方向感绝大多数属于右手方向，会对右手边的产品更加留意，所以，在同一个通道，往往是人流方向的右边货架要比左边要好。

商店里的通道不仅起到把消费者从入口处导入商店，便于通行的作用，而且应当起到当消费者走过主通道之后，把他们吸引到支通道，并且走到尽头的作用。

为了发挥通道的导入、通行、吸引分流的作用，除了通道本身的宽度、地面装修以外，灯光照明度、两旁的产品陈列也应发挥辅助作用。

货位分布、产品陈列从入口到内部应当按日用小产品、挑选性强产品至高档品的顺序排列。

卖场靠近出口和入口的通道上人流要比别的地方多很多，这是所有消费者在卖场行走购物的规律，可以根据这个习惯来陈列产品。

如果是自选市场，还应当注意入口处摆放不怕压的产品，如罐头，冷冻食品等；出口处摆放怕压产品，如鸡蛋，面包等食品，这样与消费者往货篮中放产品的顺序一致。

消费者的购买行为习惯可以分为冲动型购买和目的型购买。对于冲动型购买的产品自然应该放在人流最为密集的地方，消费者走到这类产品跟前时，往往很习惯地就将这些产品放进了

购物推车。这些产品有饮料、面包等消费频率高的产品。相反，像剃须刀、收音机等产品，消费者去购买时是目的性非常强的，完全就可以放在比较冷清的角落。

为了增加随机购买的机会，还可以采取灵活的产品陈列措施，如通道拐角处摆放一些容易销售的产品，因为消费者可能会几次走过拐角处，从而多次看到这些产品。

收款结算台附近摆放一些冲动性购买产品或有连带消费关系的产品，以便消费者在等待交款时看到这些产品。

主通道两旁摆放本店出售的主力产品，主力产品指在商店销售额中所占比重大的产品，使消费者容易看到，便于引起他们的欲望。上述这些内容，可以简明地由图 14 - 1（a）（b）所示。

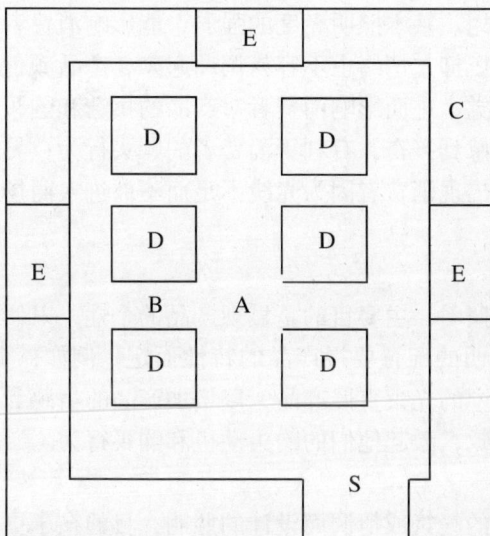

图 14 - 1（a）
A. 主通道　　B. 次通道
C. 墙式货架　D. 岛屿货架
E. 结算台　　S. 出入口

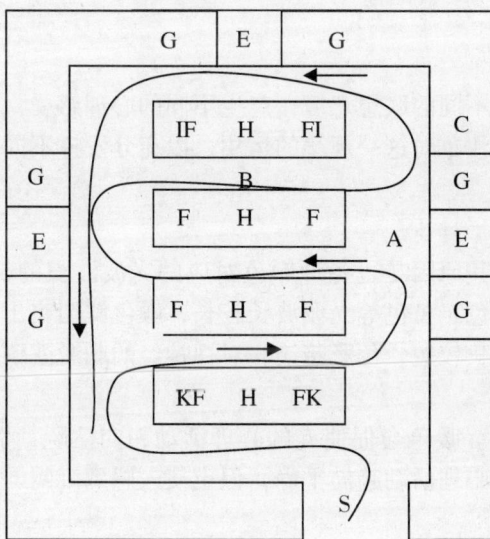

图 14 - 1（b）
A. 主通道　　　B. 次通道
C. 墙式货架　　H. 长型货架
E. 结算台　　　S. 出入口
G. 冲动品　　　F. 主力产品
K. 不怕压产品　I. 怕压产品
→消费者行走路线

五、灯光照明与色彩运用的心理方法

（一）灯光照明的心理方法

商店内除了采用自然光源外，还要采用灯光照明，明亮、柔和的照明不仅可以吸引消费者对产品的注意和缩短选购时间，而且可以加快售货员的售货速度和提高服务质量，是一种促销的手段。

1. 基本照明

这是为保证消费者能清楚地观看、辨认商品而设置的照明系统，一般以在天花板上配置日光灯为主，起到保持整个商店亮度均匀的作用。基本照明亮度的强弱，能影响消费者的购买气氛。如果光度太弱，人不容易兴奋，会感到压抑，情绪也不容易调动起来，产品颜色也会发生不同程度的变异，甚至看起来会有发旧的感觉，进而影响消费者对产品的挑选和购买。如果光度较强，则可以使消费者的情绪高涨，使人感到兴奋，有利于消费者的购买行为；另外通过照明吸引消费者能够深入商场选购产品，避免出现消费者因为光线不足而不敢进入商场的幽深处或某些角落。

2. 特殊照明

这是为了突出部分产品的特性而布置的照明，主要目的是显现产品的个性，以便更好地吸引消费者的注意，激发其购物兴趣。特殊照明的配置要视产品的特性而定。例如，金银首饰、珠宝玉器、手表等贵重产品，往往用定向集中的光束直照产品，以增加产品的美感和珠光宝气的特性，并给消费者一种高贵稀有的心理感觉，激起他们的购买动机和购买行为。

3. 装饰照明

这是在购物环境中，为了营造一种特殊的气氛或情调而设计的照明，目的在于更好地调节消费者的情绪，烘托企业的形象，给消费者留下美好的印象。装饰照明，大多采用壁灯、彩灯、吊灯、落地灯、闪烁灯和霓虹灯等照明设备。装饰照明的运用应适度，使之真正发挥装饰和美化的作用。

（二）色彩运用的心理方法

心理学的研究证明，不同的色彩能引起不同的联想意境，产生不同的心理感受，影响人的行为活动。因此，店堂装饰颜色的调配，应注重对这一规律的运用，以充分发挥不同颜色的积极影响作用。

1. 色彩对视觉的影响

颜色不同，对人的视觉的刺激也不同。其原因是，各种颜色对应的光波波长的长短不一，对人的视神经的刺激程度也不同。红色、橙色、黄色等光波波长较长，颜色鲜明突出，对视神经的刺激较强；蓝色、灰色、紫色等光波波长较短，色彩暗淡，对视神经的刺激就较弱。

2. 色彩对情绪的影响

不同颜色能使人们发生不同的情绪变化。暖色会促使人的心理活动趋向活跃，情绪高涨，但也会使人感到焦躁不安；冷色会促使人的心理活动趋向平静，但也使人感到沉闷、压抑。

3. 色彩的象征意义

不同颜色对人具有不同的象征意义。但色彩的象征意义是同消费者的国籍、民族、地域、文化等社会因素相联系的。

因此，在进行商店内部色彩调配时，必须考虑以下几个因素：

（1）店堂的空间。

浅色具有扩张空间的感觉，深色具有压缩空间的感觉。所以，我们可以根据店堂的不同空间状况，利用色彩的这种作用，改变消费者的视觉感受，给人以舒展开阔的良好感觉。

（2）商品色彩。

商店装饰色彩应与主营产品颜色相协调，这有利于突出主营产品本身的色彩和形象，并可将产品衬托得更加完美，更具吸引力，以刺激消费者的购买动机。

（3）季节变化和地区气候。

根据季节的变化和气候的不同来调配店堂的装饰色彩，利用色彩的特性，从心理上调节消费者由于气温变化和自然因素所造成的不良情绪，使消费者在严冬季节进店有温暖如春之感，在酷暑季节进店有清爽荫凉之感，从而产生积极的情绪和美好的联想，促进购买行为。

此外，还应考虑商店装饰色彩与外部环境色彩、店堂灯光色彩和广告牌色彩之间的相互协调和相互制约的问题，以获得店内店外色彩的整体和谐和良好效果。

六、音响设施的心理作用

现代的大、中型商店一般都配置音响设施，这些音响设施的播放内容主要有两个方面，一是播放广告信息，如商品广告、各种通知、寻人启事等；二是播放背景音乐，其目的是为了调节购物环境的气氛，调动消费者的购物情绪。

商店音响设施固然可以给消费者带来很多方便，但是，其音响的播放要合乎消费者的心理需要，要使他们能产生积极的购买情绪。为此，音响的播放应注意以下几个问题：

1. 音量要适度

为了给消费者一个比较安静的购物环境，商店音响的音量必须严格控制在一定范围之内。因为商店在营业时间的嘈杂声本来就很大，若再加上音量大得刺耳的音响，定会给消费者的购物心理带来严重影响，使消费者产生反感情绪和厌烦心理。

2. 音质要清晰

商店播放广告信息所产生的音响十分重要。如果这类音响的音质清晰，能让消费者听得真切，就会引起他们对广告内容的注意，并可能对广告的产品产生兴趣或购买行为，如果音响的音质不清晰，甚至很模糊，使消费者不明白其中的意思，则达不到传递产品信息的目的。所以，提高音响的清晰度，是使消费者保持良好心理状态的重要因素之一。

3. 音色要优美

为了调节消费者的情绪，缓解紧张的购物心情，活跃购物气氛，增强购物环境的生机，商店还要适当播放一些背景音乐。但是，所播放的音乐题材必须与购物环境相适应，即音乐所产生的心理和情绪反映要与购物环境基本一致。

七、空气和气味的心理影响

保持商店空气清新宜人，温度、湿度适中，才能使消费者产生舒适、愉快的心理感受，增强购买的动机。沉闷、污浊的空气只能使人感到恶心，且有害于消费者和售货员的身心健康，这无异于将消费者推出门外。因此，商店应尽可能多设窗户或气窗，利用空气对流自然通风。有条件的还可多配备空气调节器，实行人工通风。另外，还可以在商店门口上端安装除尘冲风机，这样，既可以保持店内空气的清新，又可以防止店外污浊空气和灰尘向店内侵袭。

此外，大、中型商店还应该增设一些便利设施，如顾客休息室、儿童娱乐室、美发美容室、饮食服务部、购物咨询处、临时存物处等，以满足消费者多方面的心理需要。

●课堂训练

1. 你喜欢到哪些地方购物，你到这些地方购物主要考虑哪些因素？哪些因素对你的选择影响最大？

2. 以小组为单位，每个组给经营化妆品、手机、香烟、女手袋、皮鞋、茶叶、西装等的小店起一个或数个好听的店名。

3. 以小组为单位，设想你们团队要开设一间茶坊（庄），结合营销场景与顾客心理的关系，设计一整套开店方案。

●案例分析与讨论

肯德基在中国内地的选点投资

1986 年 9 月，肯德基开始考虑如何打入人口最多的中国内地市场，发掘这个市场中所蕴涵的巨大潜力。但是许多难题困扰着决策者们：中国内地市场是完全陌生的，肯德基纯西方的风味能否为中国内地顾客所接受？投资地点具有很大的不确定性，首选何处才容易成功？

托尼·王作为肯德基东南亚地区副总经理，承担了拓展中国内地市场的重任。他在先前与天津合资创办的"兰花食品"餐馆获得过很大的成功。但他知道，在肯德基旗帜下做买卖，要求中国雇员在工作态度方面有根本性的转变，建立内地第一个西方风味快餐店将是一个极大的风险，这次冒险完全有可能失败。

在情况不明朗的时候，托尼·王决定对中国内地市场进行全面彻底的调查。首先面临的问题是：第一家肯德基店址应选在何处？这一决策对今后的赢利，对在中国大陆其他地区的进一步开拓以及对投入管理资源时的决心，都将产生重要影响。

托尼·王首先想到了天津。他与天津市政府已经建立了非常友好的关系，天津又是直辖市。但是，天津的弱点是缺乏供应方便的谷物饲养的肉鸡。在地理位置上，天津通常被视作为北京的门户，不具备这项宏伟计划所需的形象和影响力，西方旅游者一般不经常光顾该城市。

那么上海呢？上海是中国最大的城市，是中国最繁荣的商业中心。上海与西方的交往有着悠久的历史，西方的商业与文化对上海有浓重的影响，上海也容易获得合乎质量的充足的肉鸡供应。但是，上海的噪音和污染却令旅游者感到沮丧，西方商人会不会被肯德基的家乡风味所吸引，是否经常光顾肯德基呢？这也是一个未知数。

广州是可供选择的另一方案。它是西方商人经常光顾的地方，也是旅游者从香港出发作一日游的好地方，在广州开业很容易得到肯德基香港办公室提供的服务。广州作为沿海开放城市，那里的人们熟悉西方管理惯例和西方文化，找到一个充分供应肉鸡的来源也没有什么大困难。但是广州不是直辖市，这意味着在此投资与政府打交道时还要增加一个层次。

北京是中国的首都。居民的人口数仅次于上海，自 13 世纪以来，一直是中国的政治文化中心。北京外来人口众多，有潜在的顾客群。北京还是中国的教育中心，是高等学府的聚集地。北京是那些向往故宫、长城、十三陵的西方旅游者的必到之地。从北京做起，无疑将更大地吸引人们的注意力，并且不言而喻地表明当权人的赞同态度，这些有助于今后向其他城市的进一步发展。北京城郊也有好几家家禽饲养基地。然而，从政治和经营方面来说，选择北京可能比选择其他城市更具有冒险性，因为一个成功的惹人注目的买卖会增加政府干预的可能性。

托尼·王认为，如果第一家地点选择得当，可能使打入中国市场的风险程度大大减缓。他也深知风险的程度，已经有不少人在类似的冒险中失败了。肯德基在国际市场上的历史是胜败参半。

由于没有一个本地同行作向导，且找不到任何可靠的决定市场需求和定价依据的市场信息，选择投资地点的决策更加复杂化。在对逐个城市进行考察评价的基础上，投资地点的决策主要放在今后能否对公司打入范围更大的中国内地市场提供最大的、长期的影响力上。

问题：

1. 肯德基的选点投资为何如此慎重？
2. 你认为肯德基应首选哪个城市？理由何在？

顾客购物实录：一位医护人员在超市的购物经历

（一）顾客购物路线分析

总体购买路线描述：供顾客选择购物的卖场共三层，第三层是家电、服装、家用器具等产品；第二层是食品、清洁和洗涤用品等；第一层是生鲜食品。顾客购物不能直接到一楼或二楼，必须先到三楼，然后下楼。该顾客到三楼，没有作任何停留，直接找到电梯到二楼，在二楼停留将近一个小时，然后下楼，在一楼直接找到面包的现场制作区，买了面包后结账离开卖场。

重点停留区分析：从上述顾客的总体路线中可以看出，顾客的全部购物时间基本都花在二楼，休闲食品区包括膨化区和饼干区，而纸制品区又是顾客相对停留时间最长的区域。

（二）对该顾客消费重点的分析

从购买金额看消费重点：该顾客本次购物总金额为 154.8 元，其中食品 89.2 元（占比 57.6%），日用品 65.6 元（占比 42.4%）；购买总金额中给孩子购买生活用品共计 85.1 元（其中食品 64.6 元），占本次购买总额的 55.0%。从这些数据可以分析出以下几点：

①日常生活开支的 43.4% 在超市消费。根据 2003 年 3 月到 8 月（含 3 月和 8 月）的顾客记录，该顾客累计在超市消费金额达 2 342.5 元，平均每月近 391 元。该顾客家庭每月用于日常消费的开支在 900 元左右（每月家庭总收入 4 000~5 000 元），在超市的开支占比约 43.4%。

②该顾客家庭购物的月平均水平约为 391 元。该顾客基本半月一次家庭采购，单价在 195.5 元左右变动，本次购买金额达 154.8 元，相对平均水平较低。

③食品的购买量占顾客购买产品总额的一半以上，其次就是家居生活使用频率很高的日用品。在本次购物中，顾客主要选购了休闲食品和纸制品，结合以前的顾客的一些购物小票分析

了解，除了上述这些产品外，顾客还会在超市频繁购买的就是洗涤用品。

④孩子（初一女生）是家庭消费的重点所在。本次购买的商品中，给孩子购买的商品共计85.1元，占本次购买总额的55.0%，实际上的比重还要大些，因为纸制品中的卫生巾是母亲和女儿共用的。

根据以上四个方面的分析，在这个家庭中，每月的总收入在4 000~5 000之间，用于日常生活开支的在900元左右（占总收入的18%~22.5%），其中每月在超市中消费近391元（约占每月日常生活开支的43.4%），用于孩子的花费占这391元的55%以上。仅从超市这一块的消费来说，孩子是家庭消费的重中之重。

问题：以上案例对我们营销场景的改善有何启示？

旺销产品，不可不借之势

如果你的产品是一个新产品，不可能一下子就卖得很好，那么在卖场该如何选择陈列位置呢？我想旺销产品旁边的位置是新产品最好的推广位置。

旺销产品，消费者经过最多的位置，受到注意的机会自然就更多，被购买的机会也会更大一些。如此旺势，是不可以不借的。当然这些位置的价格会更贵一些，但不是说不可以弥补，你可以仔细比较，计算出你要在相对远离旺销产品位置的陈列面积要多少钱，按照这个价钱适当地减少陈列面积将产品放在旺销产品旁边。

借旺销产品之势陈列产品有两个问题值得企业注意：

一是如果你的产品和旺销产品在品质、包装、价格等方面的弱势明显，一定要远离旺销产品，因为那样你只能成为别人的陪衬，更加暴露你的缺陷。

二是一定要展示你的产品与旺销产品的不同个性，突出你与旺销产品的区别，你的产品才可能和旺销产品站在同一个陈列的竞争高度。店内POP广告，是体现产品个性最好的手段。

消费者在卖场闲逛时，一分钟可以经过100~200个产品，被消费者关注的产品会占用消费者5秒钟的时间，这就是所谓"卖场5秒钟广告"。所有商家在卖场的"肉搏"，都是要争取到这5秒钟的关注，但是消费者几乎平均不到0.5秒就会经过一个产品，要让你的产品在100~200个产品中跳出来，受到关注，借旺销产品货架前消费者停留时间长的特征，采取紧贴陈列不是一个很好的方法吗？有资料表明：紧靠旺销产品陈列的产品，受到消费者关注的程度要远远高于其他产品。

问题：为什么说借旺销产品之势，是我们产品推广的最好位置？

●补充阅读资料

超市生鲜商品陈列设计

（一）陈列的标准

1. 新鲜感：产品质感和陈列创新的新鲜感
2. 量感：货架丰满有序，以达到销售目的
3. 卫生感：食品卫生令顾客有可靠感觉，也反映生鲜区的管理水平
4. 先进先出：产品有效期管理，过期产品、产品陈列顺序

（二）陈列基本方式

1. 常规陈列

经过产品配置与陈列图确定之后，位置和陈列相对固定，一般不做经常性调整，以日常性陈列状态表现整齐规范的形象。常规陈列是整体陈列的主体。常规陈列形态有温度柜陈列、柜台陈列、堆头陈列、挂架式陈列、网篮陈列。

2. 变化陈列

为了维持超市的新鲜感，围绕主题开展促销活动，活跃陈列的气氛，就形成了不同的变化陈列。

（1）原位变化陈列。

以常规陈列为基础，陈列位置不做大的变动，根据客流、季节和促销活动作特别陈列，适当增加陈列面和数量，时间也不长，因为有些保温、冷藏食品存在的条件限制，另外卖场中促销陈列位有限，不可能用起堆头等方式，原位变化采用 POP 等。

（2）大量陈列。

常用于销售量很大、季节性强的农产品如水果、蔬菜等，如几十至上百箱苹果、橙子成堆集中陈列，根据销售量预计，突出新鲜和量感，要有活力和生气，目的是在短时间内将某个品种或品类的销量抬到上限。

大量堆头陈列的两大忌：一个堆头包含若干品种；长时间不变。

（3）特别促销陈列。

随季节和节假日的变化，有创意的促销主题产生，产品陈列作为重要的辅助手段，将对促销结果产生很大影响。

（4）特色陈列。

每个超市都应该有反映自己有特色的产品，如上海农工商超市中的鸡蛋，有些城市中好卖的肉馅、豆制品，有些超市中的蛋糕等。对特色陈列的要求是位置稳定，货位丰满，在常规陈列中装饰鲜明，容易被顾客所捕捉到。

（三）陈列技巧

产品陈列环境装饰图片、样品（面包、蛋糕、水果、海鲜等），并与灯光、服装产品组合，关联性较强的产品配合陈列，同时强调变化。

产品组合方式：

1. 季节组合法：煲汤料、腊肠

2. 节庆组合法：情人节蛋糕和卡片

3. 消费便利组合法：调味品

4. 商品用途组合法：牛奶和面包

5. 主题促销组合法：烧烤类（调味肉、料、用具）

（四）重视商品的推介

顾客不买产品的主要原因之一是对其不了解，特别是新产品，需要通过 POP 或其他方式做些产品特点介绍，帮助顾客做新的消费尝试，关键是要以不同的方式，让顾客了解产品及产品的用法。

（五）商品陈列形象管理

陈列的标准和陈列质量要持续不断地检查、整理、补货、挑拣烂货，商品就是在这样反反复复的形象维护中销售出去的。

结合本章所讲知识分析上述观点是否正确，为什么？

几类常见商品的陈列要求

陈列应因地制宜，不同类型的购物场所、不同类型的陈列有不同的陈列要点和方法，具体场合具体对待。以下是几类常见的陈列。

（一）杂货店、百货店、超市、自选商店陈列

陈列要靠近客户常走的路线，放置于水平视线位置；临近主导品牌或与同类产品做水平或垂直陈列；有多种陈列时至少应比竞争者多两个排面；每一个品牌、每一个规格都要陈列；货架上要经常保持足够数量的产品；至少应有比购买周期多一周的库存；充分利用货架卡、挂旗、横幅、海报等辅助工具；销售人员在拜访客户时要更换 POP 材料；维持货架及货物整洁，并及时为客户补货。

（二）小贩、路边店陈列

陈列位置要靠外侧，靠客户常走的路线，靠市场主导品牌，靠同类产品；要陈列每一品牌、每一规格，如有试用品或小包装，一定要挂吊牌；要经常保持适量库存；要充分利用门口的挂旗、柜台展示卡、海报、货架卡。

（三）堆箱陈列

陈列位置要位于顾客最常走的路线上，应尽量将所堆放的产品正面对着客户；除非面积足够大，否则应陈列品牌的主要规格；应维持大量的库存，堆箱部分应保持满货的状态；堆箱应注意垫底的稳固性，可以使用"交叉堆放法"或使用垫箱陈列板；除了需要承重的底箱，其余可隔箱陈列；将 POP 及产品包装的正面面对顾客，不可过高或过低，以容易拿取为标准。

● 课外训练

结合本章所学营销内外部场景知识，以小组为单位，小组长分派任务，对本地大、中、小商场、超市或有特色的店面进行观察，并写出约 2 000 字左右的观察报告。分析其特点，并指出其不合理的地方，同时提出相应的改进意见，并在课堂上进行讨论。

● 本章小结

本章主要介绍营销场景对消费者购物的影响，以及应该采取的心理策略。商店店址的选择必须为客流量多、人口密度大、交通便利、竞争对手少的地方。招牌设计命名要反映企业经营特色、引起消费者的注意、易于传播和加强记忆、方便和引导消费者。良好的门面能够给消费良好的印象，给消费者以美感并认识商店。橱窗的优美可以激发消费者浓厚的购买兴趣和购买欲望。商品陈列必须坚持可获利性、吸引力、方便性、稳定性等的原则，可以根据商品特点采用分类陈列、综合陈列、专题陈列、季节陈列和特写陈列等方法，光线照明要有利于消费者选购产品和深入购买地点，利用色彩激发消费者购物欲望和兴趣，利用音响调节消费者购物情绪

等内容。

●复习思考题

1. 简述商店周围环境的心理影响。
2. 商店内部环境美化有什么意义?
3. 试述产品陈列的心理要求,简述产品陈列的心理技巧策略。

第十五章 营销行为对消费者心理影响的分析

●知识目标

1. 了解营销人员的心理品质要求
2. 掌握营销人员与消费者之间的相互作用关系的四种状态
3. 理解并掌握营销人员与消费者之间的冲突以及产生的原因和解决冲突的办法
4. 理解营销人员与消费者之间的价格沟通过程
5. 了解消费者对销售服务的心理需求以及应该采取的心理策略

●能力目标

能够利用营销人员与消费者之间的冲突状态提出合理的解决办法，学会在产品销售过程中讨价还价，根据顾客对销售服务的心理需要为顾客提供满意的销售服务策略

●教学重点

1. 以讨论或辩论形式讲述营销人员的心理品质要求
2. 分析营销人员与消费者之间相互作用关系和冲突的解决办法
3. 模拟讨价还价的形式并讲述营销人员与消费者之间的价格沟通

香港杜马市场公司销售经理菲尔·考里正面临一个困难决定。菲尔有坚定的营销信念，认为销售都应是顾客导向的。然而，这一次客户投诉是公司前所未遇的。公司的一个零售商抱怨购买的酒喝起来有酸味，这是已经分销到佐冶亚洲的整批酒中发生投诉的唯一一箱。其他349箱酒已经起运，大多数被销售到该州各地，还没有听到任何抱怨。这种酒没有化学添加剂，并且在以往的许多次运输中情况良好（运输没有问题）。德莱尼（即那个分销商）投诉的问题与酒的原始质量确实有关吗？公司的顾客投诉表未能透露任何不平常的信息，但也许应该修改投诉表以便能够提供更相关和中肯的信息。德莱尼是初次购买的顾客，所以没有任何销售和投诉的历史记录。因为分销商也许最终能成为一个好的收益渠道，菲尔想，一旦他核实了"酸味酒"的问题后，应该给再购买酒的人以优惠。菲尔总是偏好站在顾客方面考虑问题，他正为公司在该州建立一个强大的分销网络而努力奋斗。

第一节　营销人员的行为类型及其心理品质

●情景案例

不同类型顾客的接待策略

顾客基本类型	顾客基本特征	顾客次要特征	顾客其他特征	营销人员的接待策略
爱好辩论的顾客	对营销人员话语持异议	力图找差错	谨慎缓慢地作出决定	出示产品，使顾客确信好，对产品介绍用"对，但是……"的语气
身上长刺的顾客	明显心情不好	遇到点麻烦即勃然大怒	像预先准备，具挑衅性	避免争执，坚持基本事实，态度温和，按顾客需要展示
果断的顾客	了解自己需要何种产品	确信自己选择正确	对其他见解无兴趣	语言简练，避免争执，自然销售
有疑虑的顾客	不信营销人员的话	不愿受人支配	慎重考虑后作决定	强调品牌，介绍产品，让顾客体验产品
注重实际的顾客	对有根据的信息感兴趣、希望详尽了解	对差错很警觉	注意查看商标	强调品牌和制造真实情况，主动提供详细信息
犹豫不决的顾客	不自在、敏感	购买非常规价格产品	对自己判断无把握	友好地对待顾客，尊重他们，使之舒适
易于冲动的顾客	很快作出决定和选购	急躁无耐性	易于突然停止购买	迅速接近，避免时间过长，话过多，注意关键
优柔寡断的顾客	自行决定能力很小	顾虑多，唯恐出错	需营销人员帮助决定或参谋	实事求是地介绍产品的特点、优点，解答顾客疑虑
四周环顾的顾客	看货购物，找新、奇、特产品	不需营销员说太多	可能大量购买	注意购买迹象，礼貌、热情地突出商店服务
沉默的顾客	不愿交谈，只愿思考	似无兴趣，却很关注信息	似乎满不在乎	询问直截了当，注意购买迹象
考虑周到的顾客	需与别人商量	寻求别人当参谋	对不确知之事感到无把握	寻求一致，引出自己见解，取得顾客信任

问题：结合本章对营销人员的素质要求和营销人员服务行为类型分析，哪种类型的人员最适宜做营销工作？

　　在我国现阶段，商品的销售主要是通过营销人员的技术性劳动和服务性劳动，以及在他们与消费者的双向沟通中实现的。营销人员这种具有特殊性的劳动，是整个经营活动的关键环节，无论商业化程度有多高，都离不开这种特殊的劳动。营销人员因其劳动的特殊性，使他们时常处于复杂而活跃的交易环境之中，与各种各样的顾客保持着密切的交往，随时感受到五光十色的社会消费现象。同时，由于营销人员的品德修养、业务技能、家庭环境、个性特征等因素，也影响着劳动时的心理与行为。所以，作为企业管理者，除了考虑影响营销人员心理状态和营销行为的外在因素外，还需探索影响营销人员心理状态和营销行为的内在心理因素。

一、营销行为类型

在商业经营活动中，营销行为与购买行为一样，也是多种多样的。不同的营销行为反映出营销人员的不同性格，性格是一个人的个性中最重要的心理特征。营销人员的个性差异反映在经营活动中，就表现为营销行为的不同。

1. 独立型

这类营销人员情感显露，性格外倾，接受能力强，决断能力较好，处理问题果断，有较强的责任心与进取心；接待顾客时能精神集中，态度良好，情绪饱满，勤快利索，善于根据顾客的心理需求，发表自己的见解，积极诱导顾客采取购买行动，并能熟练、迅速地完成产品出售过程中的技术操作；在与顾客互通信息的过程中，能注意研究购买行为、消费习惯、消费趋向等问题。这类营销人员往往不愿接受他人的约束，有的甚至期望获得指挥他人的机会，一般乐于从事自主性较强或能充分发挥个人才能的工作。

2. 被动型

这类营销人员性情不开朗，谨小慎微，缺乏自信心和服务热情；接待顾客时极少主动地采取行动，顾客不发问就不答话，不提要求就不行动，也不爱发表自己的意见；遇事缺乏主见，喜欢随大流，依赖性较强，一般乐于从事具有安全感而无风险的工作。

3. 活跃型

这类营销人员性格外向，情感丰富，精力旺盛，注意力分散，富有朝气和想象力，善于与人交往；接待顾客时能及时抓住接触时机迅速沟通，思路敏捷，爱开玩笑，容易与顾客迅速达成交易，有时也会因精神不集中而影响服务质量。这类营销人员一般乐于从事与多方面接触的工作。

4. 沉静型

这类营销人员性格内向，性情孤僻，不爱交际；接待顾客时沉默寡言，情感不外露，往往只用简单的动作去回答顾客的提问或请求，极少推荐介绍产品和解答顾客的疑问，一般乐于从事与他人少发生关系的独立工作。

5. 顺从型

这类营销人员独立性差，性格比较软弱，容易不加批判地接受别人的意见，照别人的意见办事；接待顾客时态度温和诚恳，介绍产品实事求是，能尊重顾客的意见，尽量满足顾客的要求，甚至迁就某些过高的要求；情绪比较稳定，极少与顾客发生冲突。一般乐于从事正常的、不紧迫的工作。

6. 精细型

这类营销人员性格沉着冷静，注意力集中；接待顾客时耐心周到，细致入微，善于透过顾客的言谈举止、表情神态去推测其心理活动，为其提供周到的服务；对顾客的态度反应特别敏感。与顾客发生矛盾时能冷静分析，一般乐于从事精密细致的工作。

7. 急性型

这类营销人员性情急躁，为人直率，情感易随各种心理背景的变化而转变；接待顾客时动作迅速，但缺乏耐心，急于完成售货，快中易粗，粗中易错；与顾客发生矛盾容易激动暴躁，服务质量往往因情绪状态而受影响。一般乐于从事简单的、易于快速完成的工作。

以上分类，虽然在现实的商业活动中能找到他们的代表人物，但由于人们性格结构的复杂性，这种类型的划分是有其片面性的。

二、营销行为与心理品质的关系

营销行为类型的形成受着多种因素的影响，主要有以下五点：

1. 主体生理因素

这种影响因素包括营销人员个人的性别、年龄、身体素质等。主体生理因素的差别可以形成各具特色的营销行为。例如，感官生理功能的强弱构成人的素质差别，一定程度地影响人的行为方式与效率。在商业活动中，有的营销人员往往就是由于视觉或听觉的感受性差，在与顾客沟通时的反应就显得较为迟缓。

2. 主体心理因素

这种影响因素包括智能、兴趣、情感、意志、气质、性格等。主体心理因素的差别对营销行为的影响尤其明显。营销人员智能水平的不同，就构成不同或不尽同的营销行为。

3. 营业环境因素

这种影响因素包括营业场所装饰、营业设施、营业方式、营业环境卫生等。营业环境因素的差别，直接或间接地影响营销行为的个别差异。例如，营业设施符合人体工程学的要求，使营销人员的劳动操作自如、省力，不容易疲倦，往往就有利于情绪的稳定，增强工作自信心。

4. 组织管理因素

这种影响因素包括劳动组织、管理方式、工资福利、奖惩制度、人事关系等。组织管理因素的差别对营销行为有不同的影响。例如，营业柜组的成员搭配合适，相互团结协调，往往能发挥人的组织效应，调动起劳动积极性，促进劳动效率与服务质量的提高。

5. 社会环境因素

这种影响因素包括社会消费现象、社会政治与文化背景、顾客的购买行为与态度反应、家庭环境、社会交际变化等。社会环境因素的差别对营销行为的个别差异也有很大的影响。例如，社会人士对商业活动的正确评价，消费者对营销人员的尊重态度，都会引发营销人员不同程度的心理感受，激励其上进心，促进服务工作。

可见，行为的差异是由于营销人员对于各种刺激或情境的不同反应，通过不同的动作、言谈、表情表现而形成的。在商业活动中，营销人员所接受的外界刺激或所处的情境不同，固然能引起不同的营销行为，就是接受相同的外界刺激或处于相同的情境，也会由于主体的心理状态与心理特点不同而引起不同的营销行为。实践证明，营销人员的行为表现是主体各种心理品质相互作用而形成的综合效应。实践活动、行为方式的发展变化，必然会引起营销人员情感、意志、能力等心理品质的发展变化；而心理品质的发展变化，也会影响营销行为的改变。

三、营销人员的心理品质要求

（一）营销人员的情感品质

情感是人对客观现实的一种特殊反映形式，是人对现实中的事物和现象是否符合其需要而产生的态度体验。情感是由一定的客观事物引起的，离开了客观事物，情感是不可能产生的。情感就是对事物的一种好恶的倾向。由于营销人员劳动的特殊性，他们所面临的商业活动中的客观事物是复杂多变的，因而营销人员的情感体验也是不同的。

营销人员只有具备健康的情感品质，才能使自己的营业行为符合消费者的心理需要。健康的情感品质主要表现在以下几方面：

1. 有正确的情感倾向性

营销人员正确的情感倾向应与符合人民利益的世界观、个人理想和正确原则相联系。营销人员应具有为满足人们需要多作贡献的崇高情感，并把这种积极的情感指向广大消费者，在为消费者服务的实践活动中得到充分体现。

对商业工作的热爱和对消费者的尊重与体贴，是营销人员情感的重要方面，也是成为优秀营销人员的必要条件。热爱本职工作是营销人员的责任感和荣誉感的具体反映，这种高级情感的深刻与稳定，是驱使营销人员长期刻苦钻研业务技术和努力提高服务质量的内在动力，也是保持营销人员为消费者服务的强烈欲望的精神支柱。尊重和体贴消费者是营销人员高级情感的具体表现。

2. 有深厚而持久的积极情感

营销人员深厚的情感能深入渗透到他们生活与劳动的各个方面。例如，许多优秀营销人员由于树立了坚定而远大的生活目标，具有对本职工作和服务对象深厚而持久的情感，不但乐于亲近消费者，服务消费者，还能热心为消费者做好事，被喻为"巧理千家务，温暖万人心"的"贴心人"、"好管家"，以高度的精神文明影响购买行为和社会风貌。

营销人员情感的稳固程度与变化情况，对柜台接待工作的好坏也有着直接的影响。营销人员在与消费者打交道的过程中，情感应能稳固持久地控制在有利于促进销售的方面上。不因主体或客体某种因素的影响而变化无常，才能使深厚的、高尚的情感转化成为优良的营销行为。

3. 有促进行动的情感效能

必须努力使营销人员的情感品质具有促进行动的效能。把积极的情感和正在进行的事业活动结合起来。例如，营销人员在营业活动中表现的对消费者的热情，就具有行动力量和深刻的情感。这种积极情感在营销行为上的体现，反映了营销人员对事业、生活、人民的热爱，给消费者有益的心理感受，也是情感具有促进行动的效能的具体表现。

（二）营销人员的意志品质

在商业活动中，营销人员由于主观因素或客观因素引起的心理冲突是经常发生的。要正确解决各种心理冲突，服从前进的目标，往往有赖于营销人员坚强的意志品质，即有赖于意志的能动性和制约性的平衡与统一。个人的意志特点，为意志品质。营销人员坚强的意志品质在他们的意志活动过程中主要有以下反映：

1. 有明确行动的觉悟性

许多营销人员，由于具有明确行动的觉悟性，明确为消费者服务是一种具行社会意义的劳动，深感自己的劳动质量与"四化"建设、人民生活、社会风气息息相关，因而就有明确的努力方向与行动目标。在营业活动中就能自觉地以实际行动为之奋斗，即使遇到曲折与障碍，也毫不动摇。

2. 有决定行动的果断性

营销人员由于每天与各种不同购买行为的顾客打交道，买卖双方产生这样或那样的矛盾是不可避免的。如何明辨是非、当机立断，迅速而合理地处理好矛盾，或在条件许可的情况下，毫不犹豫地采取行动，满足一些顾客特殊的要求，是营销人员提高服务质量在意志品质上的体现。

3. 有执行行动的自制性

良好的自制力对营销人员尤为重要。因为，消费者的购买活动一般都经过选择、比较、评价、思索等阶段，这些阶段还会因为某些因素的影响，如消费者购买动机的矛盾，疑虑心理的产生，个性特征的影响等，导致选购产品时出现断断续续、反反复复的情形而延长选购时间，碰到这种情况，营销人员要有较好的忍耐性，以宁静耐心的态度表现和行为举止接待消费者，才能获得消费者的好感。如果没有这种忍耐性，往往会不自觉地流露出厌烦的外部表现，影响消费者的购买情绪，甚至抑制购买行动。

具有良好自制性的营销人员，往往能自觉发扬个性的积极方面，而抑制个性的消极方面；能以社会主义商业道德和集体的要求约束自己；能适应现代化的商业活动所应具有的高度组织性、纪律性和集体性；能在任何困难条件下都沉着冷静、热情耐心、礼貌地接待消费者，从而出色地做好商业服务工作。可见，营销人员这种意志品质对消费者的心理影响是极为明显的，对抑制或遏制个别消费者某些消极情绪或激情爆发有重要的作用。

4. 有保持行动的坚持性

体现在为实现既定目标而保持行动所具有的精力和毅力上。要实现具有较大意义的行动目标。必须具有充沛的精力和顽强的毅力，才能保持符合既定目的的行为方式及其情感状态，长时间内克服出自内部的与来自外部的因素干扰，坚决完成各项有助于实现目标的具体任务。

营销人员的劳动是繁重的，他们每天工作达八小时或更长时间，如果没有充沛的精力与顽强的毅力，往往不易完成任务。

具有的营销人员，不仅表现为坚持的决心，还具有顽强奋斗的品质，能持久、出色地完成销售任务。这些营销人员在每天的劳动中能自始至终地保持饱满的情绪，充满热情与活力地接待好每一位顾客，做好每一笔生意，尽可能地满足消费者的需要。日复一日，年复一年，始终不渝地向着既定的行动目标迈进。

（三）营销人员的能力品质

一个合格的营销人员，必须在商业实践活动中不断掌握知识、技能和技巧，逐步形成各种适应接待顾客需要的特殊能力，才能有效地提高服务质量与服务艺术。营销人员的本职工作大体包括以下几方面：第一，观察顾客的购买动向，探索顾客需求；第二，与顾客互通信息，判断顾客的心理现象；第三，介绍、展示产品，协助顾客挑选；第四，技术性操作。上述四方面的活动内容，决定了营销人员的能力结构的复杂性和特殊性，不仅要求营业人员具备全面掌握劳动操作所需要的知识能力和技术能力，还要求具备商业服务所需要的观察能力、注意能力、判断能力、记忆能力、思维能力、想象能力和表达能力等。从营销心理学的角度来说。营销人员尤其需要具备观察能力、注意能力和表达能力这三个重要心理品质。

1. 营销人员的观察能力

观察能力是指发现事物典型特征的能力。营销人员的观察能力主要就是指其通过顾客的外部表现去了解顾客的消费心理的能力。具有敏锐而深刻的观察能力，是优秀营销人员所不可缺少的重要心理品质，对做好营销人员的工作具有重要意义。

在商业活动中，营销人员的观察能力各有不同，其类型可分为三种：

（1）综合型。

综合型观察能力的营销人员能对事物能进行概括性和整体性的观察，重视事物的本质，注意解释事物发生的根本原因。但忽视事物本身的外部反映，对事物缺乏具体的分析，是一种粗线条的观察。

（2）分析型。

分析型观察能力的营销人员能对事物能进行细致的观察，重视事物的外部反映，对细节感知清晰，并有较强的分析能力。但对事物的整体性观察不够，综合考虑事物各方面的能力也较差。

（3）分析综合型。

分析综合型是综合型与分析型观察能力的结合。具有这种观察能力的营销人员，能对事务进行整体的观察，又能进行具体的观察；既能从客观实际出发去分析事物，又能经过主体的感受、判断去分析事物。

具有良好观察能力的营销人员，在观察事物时，既重视事物本身的外部反映，又注意事物的意义、本质等方面的解释，不加入任何主观偏见、主观欲求或情感体验，由此全面、客观地掌握事物的真相。

2. 营销人员的注意能力

注意是把意识指向和集中于一定对象上的心理活动。营销人员的注意能力指其在营业工作中把心理活动定向集中到某种对象的能力。由于营销人员所处的特殊劳动环境，要求营销人员不但有稳定的注意能力，而且还要懂得注意力的灵活运用与分配转移。可以说，这是一个营销人员在商业活动中取得成效的必备条件之一。

首先，要求能把注意较长时间内集中于一种对象或同一种工作上；其次，要求能为适应某种活动而尽量扩大注意范围，把若干注意分配到其他不同方面；再次，要求能把注意迅速地从一个客体转移到另一个客体上。实践证明，在商业经营活动的整个过程中，营销人员注意的方向必须集中指向顾客以及为其服务的有关方面上；在运用注意力时，把注意力有目的地分散与相对集中，也是以顾客购买活动的情况为基础。但是，这种注意也不是长时间地保持固定，而是经常间歇性地加强或减弱。

总之，良好的注意能力是优秀营销人员应具备的一种心理品质。营销人员如果没有良好的注意能力，往往影响劳动效率与服务质量。营销人员在整个本职工作进行过程中，并非仅凭有意注意参加的，因为用过多的意志努力来维持注意，无疑也会使人容易疲倦。所以注意在劳动过程中的正常状态应该是有意注意与无意注意相互交替。但必须善于进行两种注意的交替，特别在无意识地作出注意力后，能根据工作的需要，强制自己迅速把这种注意转化为有意注意，把注意的区域紧缩在特定范围内，并将自己的意识融汇在注意对象中，专心致志而又轻松愉快地做好商业服务工作。

3．营销人员的表达能力

营销人员的表达能力是指其与顾客打交道时运用语言、表情传递有关信息的能力。良好的表达能力总是与营销人员的记忆能力、思维能力、想象能力等能力品质联系在一起的。只有各种能力的综合发展，才有助于表达能力的提高。营销人员良好的表达能力对创造和谐的营业气氛，促进顾客购买行动起到重要的心理作用。

第一，文明礼貌、真挚和善的语义表达，能引起顾客发自内心的好感，起到吸引顾客的作用。

第二，明确简洁、适当中肯的语义表达，能增强顾客的信任感，起到说服顾客的作用。

第三，富于情感、生动形象的语义表达，能激发顾客的兴趣，起到感染顾客的作用。

第四，适应对象、灵活变换的语义表达，能给顾客以亲切感，起到争取顾客的作用。

营销人员良好的表达能力主要表现在介绍商品和答复顾客问题时的语言表现力、吸引力、感染力和说服力。要发挥这种表达能力的影响功效，就要求营销人员不仅要有动听宜人的声调，掌握广泛的知识和丰富的词汇，还能善于运用合乎逻辑、流利畅通的讲述和易于理解、易于接受的喻义，针对不同接待对象的心理特点变换表现方式和情感成分。可以说，营销人员的表达能力，综合地反映出他们的知识技能、思维能力、记忆能力、想象能力、鉴别能力等品质的水平，它在很大程度上决定了营销人员的服务质量和经营效果。

四、营销人员的自信心培养

（一）自信的内涵

1．自信的定义

从心理学角度讲，自信是一个人对自己的积极感受。这里所讲的"积极"是一种对自己的认可、肯定、接受和支持的态度；"感受"包含对自己的情绪、感觉、认识和评价。自信的内涵包括"自我接受"和"自我价值感"两个最基本的方面。

2．自我接受

自我接受是自信最主要的内涵，它表示一个人对自己的接受程度，是指一个人对自己的承认、认可。对自己的接受态度即认识自己的本性与特征，并接受自己作为一种独立而特殊的个体存在。这样，只有承认与接受自己，才能相信自己，产生自信心。

3．自我价值

它表示一个人对自己的尊重程度。自我价值是指对自己的社会价值的认识和评价。例如，当一位营销人员因为销售业绩显著而受到奖励时，他为自己的能力与付出获得回报而感到理所当然，这也是自信的一种表现。

（二）自信的特征

自信的特征就是自信的表现形式。作为营销人员研究自信的特征，实际上就是以自信的特征作为标准或目标，有针对性地衡量与培养自己的自信心。

1. 真诚、坦荡

为人真诚，不说假话，并坦诚相见这正是内心充满自信的表现。例如，当一名营销人员充满自信地面对顾客时，就无须做任何掩饰，真诚地对待顾客，并直率坦荡。这样，通过这些表现让顾客感受到营销人员的自信。

2. 乐观、活泼

人只有对生活和所面对的事物充满自信时，才会心情愉快，产生一种很强的乐观情绪。同时，也只有产生自信的时候，人才会发现生活中的乐趣，形成一种自然而轻松的态度，从而以一种艺术的语言来制造幽默。例如，一位营销谈判代表同顾客接触时，面带笑容，妙语连珠，谈笑风生，这正是自信心强的一种表现。

3. 宽容、大度

一个人自信心强，他就会有勇气容忍别人的缺点、过失、指责、伤害、嫉妒等，从而表现出很大的度量。而自信心差的人，则很难做到大度，不自信往往与心胸狭窄和与人斤斤计较相联系。例如，当顾客由于不了解而强烈地指责公司的产品时，有经验的推销员依然会保持和缓平静的表情认真倾听，然后再从容地进行解释和说明，这就反映了这位推销员的自信。

4. 勇敢、果断

这是表明自信心强的非常明显、典型的指标。一个人自信心不强，突出地表现为犹豫不决或恐惧、担心。而当一个人充满自信的时候，就有勇气去做，并且办事果断，不拖泥带水。例如，一位新上岗的营销人员第一次登门拜访顾客的时候，由于有了充分的思想准备和相应的工作准备，大胆地同顾客接触，从容自若，毫无恐慌之感。那么，这种勇气正是说明这位新营销人员的自信。

5. 谦虚、礼让

不要认为谦虚好学是不自信的表现，恰恰相反，为人谦虚，虚心好学，文明礼让，正是一个人自信的表现，自信心强的人不掩饰自己的不是和短处，能坦诚、公开、虚心地向别人求教。同时，自信心强的人深信自己能力、水平、为人及社会价值的客观存在性，会更加豁达、谦虚、谨慎，对别人更加尊敬，文明礼貌。例如，对顾客彬彬有礼、虚心好学的营销人员，本身就是向世人展示自己的自信。

（三）自信心的培养

营销人员的自信心的培养，既有正确认识自我的问题，又有结合营销实践不断训练和提高自我的问题。具体培养途径包括：

1. 培养积极、乐观的思维

营销人员的自信心无论是自我接受，还是自我价值的形成，无不同自己的思维相联系。要培养自信心，就必须有积极、乐观的思维。营销人员要培养自己科学、健康的思维，纠正和调整不科学的思维。要从有利于事业发展，有利于个人成长的角度培养积极的思维态度，克服各种消极思维态度。要发扬乐观主义精神，坚持乐观化的体验模式。这样，就会在客观存在和自我基础不变的前提下，增强自己的自信心。

2. 正确地认知自我

对自己本身如何认识和作出评价，是自信心形成的关键性环节。营销人员要培养自信，就必须正确地认知自我。对自己的看法、态度和评价是由自己决定的，这样，在承认基本事实的基础上，营销人员可对自己能力、水平、形象作出评价。经过自我控制，可以改善自我形象、增强自信。不要受别人摆布，保持自我本色。对人和事物的许多评价是会依标准不同而改变的。要认识自己的长处和优势，从而增强自己的自我价值感，并正确地选择和调整自己的目标。营销人员应为自己确定科学、可行的工作目标和生活目标。

3．努力提高与发展自己

自信不单是自我认识的过程，自信的基础在于自身素质的高低与对社会贡献的大小。因此，营销人员要培养自信心，必须特别注重在营销实践中加强学习、加强修养，全面提高自己的素质，真正使自己获得发展。这就会从根本上提高营销人员的自信心。

4．在实践中进行积极的训练

营销人员在提高自身素质与获得发展的同时，心理方面的训练也要强化。学习与掌握心理学知识，利用各种形式进行心理训练。通过成功的心理训练来强化自信心理。

心理训练要结合营销业务实践和生活实际进行，并注意加强科学指导，不断总结提高。另外还要注意一些行之有效的训练方法。

第二节　营销服务行为对消费者心理影响的分析

●情景案例

对商店的报复——摘自一位顾客的自述

我是一个脾气较好的人，我有许多朋友，周围的人都很喜欢我，我到商店买东西时从来没有和售货员发生过口角，不管我受到什么样的对待。

我进入百货商店时，假如遇到售货员在和一个朋友聊天，不理我，我就耐心等待，甚至比我晚来的顾客先买走了东西，我也不抱怨，我还是等着。

上个星期，我到一家商店退一条便裤，这是我花35美元买的，但是回去一看，一条裤腿比另一条长出了很多，因为在商店我没有试穿，这是我的错。所以，我没有找售货员纠缠，自认倒霉。我很少到商店去退换产品，或者抱怨商店的服务态度，因为这样的事情往往闹得双方心情都不愉快。再说，人的生命是短暂的，整天纠缠这些小事也真有点划不来。

一次，我买了一台干燥机，在使用后的第一个星期线圈就烧了。当时我不想打扰商店的服务人员，但是希望他们能告诉我一个电器修理店的地址。但是还没等我解释清楚，商店的售货员就指责说，干燥机是我故意弄坏的。我只好礼貌地说："对不起"，然后就离开了商店。

我绝不会在商店里批评或嘲笑售货员，我是一个好心人，但是，我又是一个绝不返回商店的人。这就是我对自己所遭受的不礼貌行为的报复。虽然我也接受他们发放的免费广告单，但我再不会到那里买东西了。老实说，这就是我发泄不满的方法。从长远的观点看，他们的利润的损失就是我心理的满足。说到这，大家该说我并不是一个好心人了，对这一批评我可以静心地听取，但是我还是要按自己的方式行事。

问题：

1. 这位顾客为什么要报复商店？这种报复方法有效吗？
2. 你所在的单位是否注意到产品与服务对顾客心理的影响？
3. 试分析并提出优秀售货员的标准。

一、营销人员与消费者的相互作用

营销人员与消费者在接触交易过程中，各自表现出不同的态度。这种在营业现场偶然的、短暂的接触中所表现出来的态度状态，可以看作是双方的积极程度与情绪水平的结合。这种结合可以归纳为四种状态，并且能够通过直角坐标系来说明，见图15-1。

图中第一种状态：情绪好与积极性高的结合。人处在这种状态下，愉快兴奋、活力很强、积极性高、乐于交往，待人友善，意味着消费者有兴致购买产品，营销人员有良好的服务态度。

图中第二种状态：情绪坏与积极性高的结合。人处在这种状态下，动辄就会发怒、苛求于人、找碴挑衅。显然，消费者与营销人员都容易失去理智，不情愿也不能够理解对方，买卖活动存在着潜在的冲突。

图中第三种状态：情绪坏与积极性低的结合。人处在这种状态下，孤僻冷漠、无精打采、漫不经心，无所事事。显然，消费者与营销人员都提不起精神，在无谓地消磨时间。

图中第四中状态：情绪好与积极性低的结合。人处在这种状态下，安闲温和、精力不足、动作迟缓。意味着消费者从容不迫、细心谨慎、耐心宽容。营销人员表现为冷热适中、不卑不亢，缺乏主动交际精神。

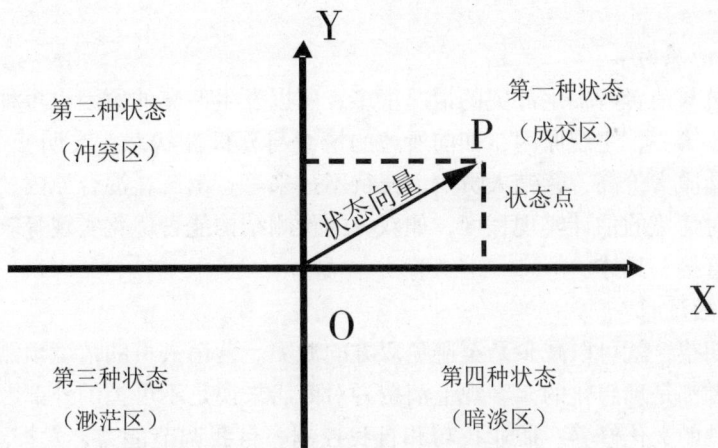

图 15 - 1　营销人员与消费者的态度结合状态

　　一般说，处于第一种状态，如果状态向量越大，则买卖成交的可能性越大；处于第二种状态，如果状态向量越大，则买卖成交的希望越渺茫；处于第三、第四种状态的状态向量（X 轴以下），买卖成交的前景较暗淡，营销人员应以自己的热情和积极性去影响和感染消费者，力争多成交。如果消费者状态点处于第四状态象限区时，营销人员就要以高度的积极性去接待，可能激发出他们选购商品的积极性，这种状态如图 15 - 2 所示。

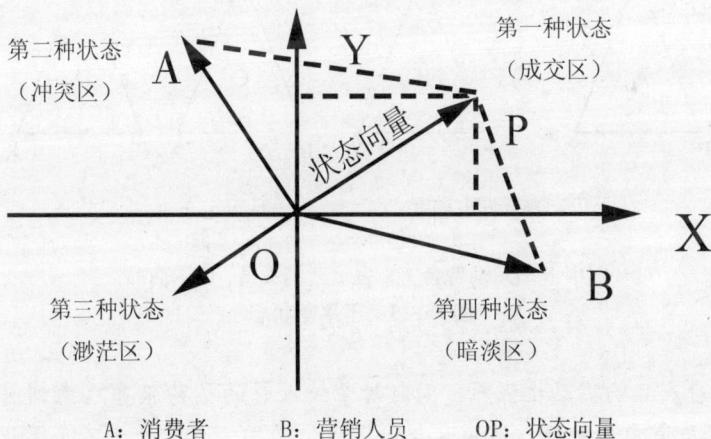

A：消费者　　　B：营销人员　　　OP：状态向量

图 15 - 2　营销人员与消费者的相互作用

二、营销人员与消费者的冲突

　　营销人员与消费者在接触交往中发生冲突是个别现象，但也是客观存在的，营销人员是很难做到不与消费者发生冲突的。因此要研究营销人员与消费者冲突产生的原因以及解决冲突的办法。

1. 冲突产生的原因

由于营销人员与消费者发生冲突的情况很多，所以发生冲突的原因也多种多样，可以归结为这样几个方面：第一，主观原因，如前所述的情绪与积极性状态，文明修养不够等；第二，客观原因，如产品质劣价高，营销人员少，接待不过来等；第三，混合原因，如商店经营管理不善等；第四，对情境的估计实现程度，如双方的预测结构能否优化实现等。其中第四方面的原因表现得最为直接、具体。

2. 解决冲突的过程

满足消费者期望，就可以减少乃至避免双方的冲突。营销人员的情境预测结构表明，他们期望进店的消费者都是理想化的。客观上消费者对商店来说是不可控的外部因素，解决冲突的关键在于营销人员的文化修养、职业技巧和自我控制、自我调节能力，发挥这些素质与潜能，达到出售产品和提供服务的一致性，改变消费者态度的不平衡状态。

消费者在商店里，产品与营销人员相结合构成他们的行为对象。当消费者对产品与营销人员的喜恶、赞成或反对的感情评价协调一致时，他们可能会消除心理倾斜，处于心理平衡状态，反之则处于不平衡心理状态。

按照消费者对产品与营销人员的感情评价是否协调一致，可以有四种不平衡状态和四种平衡状态。平衡状态和不平衡状态分别见图 15 - 3 与图 15 - 4。

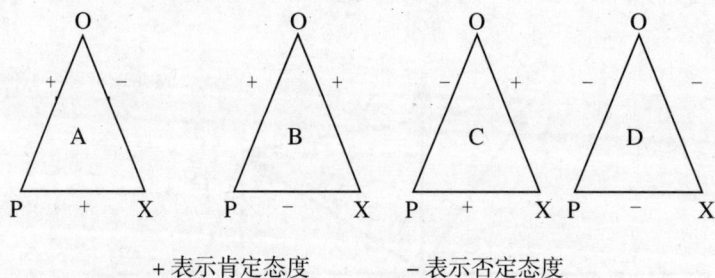

+表示肯定态度　　　　 -表示否定态度

图中 P 表示消费者，X 表示营销人员，O 示商品。

图 15 - 3　不平衡状态

说明：

A. 消费者者对产品购买动机强烈，同时对营销人员的接待服务也感到满意，但营销人员对产品的评价意见与消费者相反，消费者会出现犹豫动摇，心理处于不平衡状态。

B. 消费者对产品满意，营销人员对产品也持肯定态度，但消费者由于某种原因对营业员不满意，由此产生心理不平衡。

C. 消费者对营销人员的服务甚感满意，但产品不能令其满意，营销人员极力推荐产品，消费者进退两难，心理状态也难于平衡。

D. 消费者对产品不中意，营销人员又对他冷嘲热讽，并对产品也持否定态度，消费者会怒火中烧，极为不悦。

心理不平衡状态下的消费者，由产品因素体验到的不良感受，带来的结果是失望而归，由服务因素体验到的不良感受，带来的结果是放弃购买并对商店产生成见。这些对商店形象、经济效益的影响不可低估。避免、解决、减少消费者与营销人员的冲突，是现代商业企业营销中有意义的课题。

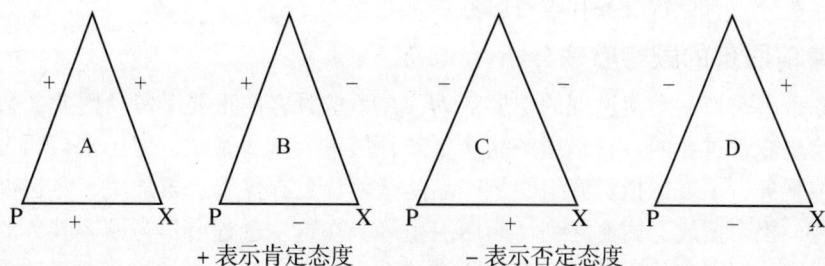

+表示肯定态度　　　－表示否定态度

图 15 - 4　平衡状态

说明：

A．消费者很喜欢产品，营销人员服务态度热情，仔细介绍产品，耐心帮助挑选，并肯定这种产品，消费者会实现满意的购买，心理状态很平衡。

B．消费者感到产品中意，但对营销人员不满意，营销人员又对产品持否定态度，消费者会感到不快，但由于产品称心如意，得到极大的心理安慰，心理状态也能平衡。

C．消费者对产品不满意，营销人员也对产品持否定态度，很体谅消费者心情，消费者没有购买产品会觉得决策是正确的，虽然有遗憾，但心理是平衡的。

D．消费者讨厌产品，由于某种原因对营销人员也反感，营销人员极力推荐，促其购买，但消费者并不为之动心，是一种"我行我素"式的心理平衡。

所以要解决冲突就需要营销人员充分了解自己的产品，发现产品与顾客需要的结合点，为顾客提供优质的服务是解决冲突最为有效的办法。

三、销售服务对顾客心理的影响分析

（一）产品销售服务的内容与类型

服务是产品销售的重要环节与手段。销售服务过程中的顾客心理是影响营销效果的重要因素。销售服务是指产品在销售中及销售前后为进一步满足消费需求所采取的各种措施，是伴随着产品转移而提供的劳动服务。

1. 销售服务的主要内容

销售服务主要包括三个方面的内容：第一，提供与变换价值形式有关的服务。例如，在产品销售过程中向顾客推介产品、结算货款等服务。第二，提供与增加产品价值有关的补充加工和其他形式的生产性服务。例如，产品分装、冷藏、防火、防潮等。通过加工是添加了产品的价值或者使产品免受损失等，均是生产过程的继续。第三，为生产者和顾客提供内容复杂的服务。例如，按不同顾客的不同要求，安排产品的流通渠道、产品分配和网点；开展赊销、退货、免费送货、电话订货以及其他服务活动等。

2. 销售服务的主要类型

按服务时间分，销售服务有售前、售中、售后服务；按服务地点分，有固定服务和流动服务；按服务收费分，有免费服务和收费服务。

（二）售前服务的顾客心理分析

售前服务是整个产品交换过程的重要活动，是争取顾客的重要手段。因此，售前服务对顾客的心理影响是非常重要的。它是指产品从生产领域进入流通领域，但还未与顾客见面的这段时间里的各种服务，主要包括货源组织、产品的运输、贮存保管、再加工，零售部门的广告宣传与拆散分装、柜台摆放、橱窗陈列、商店卫生等。在这一过程中，为顾客服务的工作主要体现在为顾客买好、用好产品所做的准备与预先控制上。顾客购买产品的心理活动首先总是从对产品或商店的注意开始的，进而逐步对产品产生兴趣，产生购买欲望。而售前服务的心理影响正是要达到引起顾客注意，并对产品产生兴趣和购买欲望的目的。售前服务心理主要体现在利用售前广告引起顾客的注意，产品陈列力求使顾客产生兴趣，售前服务货源准备、产品质检等各项工作。

顾客由于需要而产生购买动机，这种购买动机受时空、情境等因素的制约，有着各种各样的心理取向，故对售前顾客的心理进行分析对于做好售前服务工作十分重要。

研究了售前顾客的心理需要及特征之后，就可以有针对性地采取心理策略。

1. 建立目标市场服务档案，把握顾客心理需要

市场经过细分以后成为各种各样的子市场，相同的细分市场具有同质性，不同的细分市场具有异质性。企业深入研究目标市场顾客的心理需要，为做好更具针对性的服务提供依据。

2. 促使顾客认知接受产品

顾客认知接受产品需要一个过程，消除顾客的戒备心理，使顾客认知企业所销售的商品，这需要通过三个途径来解决：

（1）帮助顾客树立新的消费观念。

随着科技的发展，商品中的科技含量越来越高，顾客通过自身认知较困难，这就需要不断引导顾客学习新的知识和技术，顺势推销产品，帮助顾客树立新的消费观念，正确选购和使用产品。

（2）利用广告宣传与咨询服务等手段，增强顾客注意力。

在宣传产品方面，利用广告可以给顾客留下深刻的印象，促进顾客在购买态度上产生积极的影响。同时，企业还可以开展咨询服务以及通过店堂布置、商品陈列、美化购物环境使人得到艺术上的享受。

（3）售前进行产品质量检查，是确保售前服务质量的有效措施。

这是确保柜台产品质量的有效措施，一旦做好了，对顾客心理可以产生重要影响，能够消除其戒备心理，增强对产品和商店的安全感。

2. 最大限度满足顾客相关需求

顾客的需求往往不是单一的，有时除了主要需求以外，还有许多相关需求。最大限度地满足顾客的相关需求，会让顾客产生一种意外惊喜，从而促使其购买产品。

从服务的角度看，售前服务是一种以交流信息、沟通感情、改善服务为中心的工作，必须

全面、仔细、准确、实际。在竞争日益激烈的市场上，企业应把售前服务看作是企业成败、企业产品能否得以畅销的重要的一环。这就要求以独特、新颖、与众不同的形式来吸引顾客的注意，并引导其完成购买活动。

（三）售中服务的顾客心理分析

售中服务是指商品买卖过程中，直接或者间接地为销售活动提供的各种服务。传统的销售观念把销售当作简单的买卖行为，现代商业销售观念认为销售过程既是满足顾客购买商品欲望的服务行为，又是不断满足顾客心理需要的服务行为。服务的好坏不但直接决定买卖成交与否，更重要的是为顾客提供了享受感，从而增强顾客的购买欲望，在买卖者之间形成相互信任、融洽而自然的气氛。售中服务在更广泛的范围内被企业家们视为商业竞争的有效手段，正如一个著名的商店经理曾经告诫雇员："如果一个雇员在销售过程中没有能够体现出优秀的服务业绩，那么他带给商店的损失就不仅仅是一笔未能做成的买卖，而是损害了商店的信誉。这样做，企业丧失的利润可能微不足道，但是这样做的后果将使企业丧失竞争能力，这是令人不能容忍的。"售中服务的主要内容包括：介绍商品、充当参谋、付货与结账。

做好售中服务，要求营业员必须掌握顾客购买过程中的心理活动，提供有效的服务，使顾客高兴而来，满意而归。顾客在接受售中服务的过程中，大致有以下需要希望得到满足：希望获得详尽的产品信息，希望寻求决策帮助，希望受到热情接待与尊敬，追求方便快捷。

了解顾客的心理对于售中服务至关重要，顾客是企业销售过程中的核心因素，只有顾客对他们在商店中受到的接待完全满意，销售活动才算成功。

（四）售后服务的顾客心理分析

售后服务是商店为已购产品的顾客提供的服务。传统的观点把成交或推荐购买其他产品的阶段作为销售活动的终结。在市场经济条件下，产品到达顾客手中，进入消费领域以后，企业还必须继续提供一定的服务。因为这可以有效地沟通与顾客的感情，获得顾客宝贵的意见，以顾客亲身感受的事实来扩大企业的影响。它不是一种简单的形式，而是把顾客的利益看成是企业自己的利益，竭力为顾客提供完美的服务，促进销售。

有些企业认为，售后服务就是把"产品出门，概不退换"改为"包退包换"，以及提供免费送货、安装、维修等服务。事实上，售后服务作为一种服务方式，内容极为广泛。目前愈来愈受到工商企业的重视，服务的范围也不断扩大。售后服务主要有两个方面：第一，提供知识性指导及咨询服务，通过实行"三包"服务使顾客树立安全感和信任感；第二，帮助顾客解决安装与运输大件产品服务等常常使顾客感到为难的问题，为顾客提供方便。

企业需要获悉顾客对商品使用后的感受和意见。为了争取回头客，企业对这些必须有深入的了解。美国顾客事务局曾经作过这方面的调查：主动关心顾客，为顾客提供良好的服务，能变成一个巨大的利润中心。调查结果显示：零售业通过寻找和处理顾客的购买感受与意见，得到的投资回报率达到400%，是众多行业之冠。由此可知，零售业的经营者应该比任何行业的经营者更加重视服务，特别是顾客买后的心理体验。

顾客在进行购买以后，无论是要求退换商品，还是咨询产品使用方法，或是要求对产品进行维修等，他们的心理活动是各不相同的。其心理状态表现为求助心理、评价心理、试探心理、退换心理几个方面。

当前，许多企业都把"重视售后服务"当作一条成功的经验。完美的售后服务能同顾客建立亲密的关系，其心理策略就是要针对售后顾客心理状况，调节顾客的心理平衡，努力使其建立信任感与满足感。

1. 提供优良售后服务，提供企业信息，以解顾客后顾之忧

许多顾客挑选产品，在其他条件相当时，售后服务往往成为决定是否成交的关键。对于高档耐用的消费品尤其如此。许多商家为减少顾客的后顾之忧，在产品包装纸上印着该商家的电话号码、地址和名称。如果不满意，可包退换。售后服务周到不仅使顾客放心满意，而且还可以争取更多的潜在购买者。如日本某家用电器贩卖公司非常重视售后服务，公司里各员工按产品销售区域分区包干，建立用户档案，定期访问。具体的做法是：

（1）产品出售后一个月内实行用户家庭访问。访问内容是安装情况是否妥当，操作情况是否满意，并向顾客表明"竭诚为您服务"的态度。

（2）在售后 3~6 个月内进行访问。随带清洁、修理工具，将产品整理得光亮如新；检查各部位的运行功能；指明平时保养的注意事项。

（3）在售后 1~2 年内进行访问。对产品功能进行全面检查，发现问题及时修理；对产品性能进行评价。主要目的是为了巩固与顾客的联系。

（4）在售后 3~4 年或更长时间进行访问，评价产品性能，推荐新产品，激发其更新欲望。

2. 提升 CS 经营理念，进一步完善企业服务工作

CS 是英文"customer satisfaction"的缩写，译为顾客满意。作为现代企业的一种经营手段，常被称为 CS 战略或顾客满意战略。其基本指导思想是：企业的整个经营活动要以顾客的满意度为指针，从顾客的观点而不是企业的观点来分析考虑顾客的需求，针对顾客需求个性化、情感化的发展趋势，尽可能全面地尊重和维护顾客的利益。

在 CS 的理论中，顾客满意代表了如下含义：顾客满意是顾客在消费了企业提供的产品和服务之后所感到的满足状态，这种状态是个体的一种心理体验；顾客满意是以顾客总体为出发点的，当个体满意与总体满意发生冲突时，个体满意服从总体满意；顾客满意是建立在道德、法律、社会责任基础上的，有悖于道德、法律、社会责任的满意行为不是顾客的本意；顾客满意是相对的，没有绝对的满意，因此企业应该不懈地追求，向绝对满意靠近；顾客满意有鲜明的个体差异，因此不能追求统一的满意模式，而应该因人而异，提供有差异的满意服务。

顾客满意的构成内容，可以简单分成三种：

（1）与商品有关的项目。

其中包括价格、质量、优点和缺点等。产品和服务的价格都是顾客要考虑的重点，然而质量、优缺点不像价格一样有客观的评价标准。对于商品及服务的好坏感受，都是由顾客主观上的认识来确定的。

（2）与印象有关的项目。

其中包括顾客对经营实际状况的评价、对商品的评价以及对企业形象方面的看法。并且顾客看问题的角度会因为所在的位置不能看到企业的全貌而有所偏颇，但他们一定会根据眼睛所看到的、耳朵所听到的以及亲身所感受到的服务去评价一家公司，从经营管理、商品到企业形象，顾客都会以此作为评价的标准。换句话说，就是口碑的建立。

（3）与服务有关的项目。

其中包括公司对顾客提供人员服务、产品服务以及有关增进顾客关系的种种活动设计。

四、消费者与营销人员之间的价格沟通

价格沟通是指买方（消费者）与卖方（营销人员）在交易过程中反复相互递价，直至达成成交价格协议的过程。在产品经济模式下，价格被人为地固定，使价格既不体现价值，又不反映供求关系，卖方初次报价就毫无协商余地，因此价格沟通极为简单。在商品经济条件下，成交一笔买卖，需经过双方相互递价，价格沟通司空见惯，往往反复几次。

（一）买卖双方价格沟通策略

1. 卖方价格沟通策略

（1）最初出价策略。

这是指最初报价的高低，一般视产品质量、市场供求关系、买方身份而定。

（2）价格退让策略。

这是指向买方还价幅度的大小、频率的快慢、次数的多少。

（3）回让策略。

这是指退让价格的条件，如增加购买量，只有当买方退让后才回让。

2. 买方价格沟通策略

（1）最初回价策略。

这是指第一次向卖方回价的高低。

（2）议价态度策略。

这是指价格沟通中所持态度是竞争性还是合作性。

（3）议价方式策略。

这是指价格沟通中是硬式议价（每次退让价格幅度小、退让次数少），还是软式仪价（每次退让价格幅度大、退让次数多）。

3. 影响价格沟通结果的因素

（1）买卖双方对价格的反应根据，如预期协议价格，寻找对方拒绝退让点和拒绝议价点等。

（2）买卖双方性格、性别差异及相互关系状况。

（3）时间限制。如有时间限制条件，硬式议价较有效。

（4）价格沟通媒介。如当面议价、电话议价、电报议价、电传议价、信函议价等。

（二）价格沟通过程

（1）卖方首次出价不能超过买方的拒绝议价点。在买卖双方议价过程中，卖方自然希望出售产品的价格越高越好。但买方一般来说有个拒绝议价点，由于超过了买方预算的价钱，买方不会接受，价格就不可能再议下去。

（2）买方第一次问价也不能超过卖方的拒绝议价点，因为这个点是卖方的生产成本或进价，大多数距成本不远。在拒绝议价点之上，是最佳的最初回价点。

（3）期望点会影响整个议价过程。买卖双方在相互出价、来回议价过程中，总有一个期望价，就是每次出价后心里想到的可能成交的价格。显然买卖双方的期望价会在拒绝议价点内变动。当期望点高时，议价人使用硬式议价法较为有效，期望点低时，又常采用软式议价法。一般软式议价容易达成价格协议，硬式议价容易得到有利的最后议价结果。

（4）硬式议价法可以同时用于买卖双方。开始时起价较硬，那么期望实现交易的期望点就高。面对硬价，有时买方会想：不肯降价，产品可能很不错。这样，买方的期望点会升值，增大了成交的可能性。如果卖方想迅速售出去做其他事情，买方用硬式议价法会达到较好效果。例如，市场上消费者边讨价边做出要走的姿态，就是用时间来逼迫卖方降价出售。

●课堂训练

请列举自己一次购物经历，你是如何讨价还价的？你希望有什么样的销售服务，为什么？

●案例分析与讨论

顾客第一

当你在考虑你心目中那些位居前列的公司时，你会想到在计算机等技术领先市场中，IBM公司也许是目前的高科技领导者。但是追溯到20世纪五六十年代，当它正在商用计算机市场中为争取中场份额而忙碌时，并不能成为什么领导者。实际上，专家一般认为，在某些时候，IBM公司并不是技术方面的权威。曾经有一位股票分析人士告诉《华尔街日报》的记者："长期以来，每一个人都感到，IBM是计算机方面最好的市场经营者，但他们并没有最好的技术。"

彼得和瓦德曼在《追求卓越》一书中表示，IBM"几乎不落后于时代，但是大多数评论家认为，它在过去数十年中并非是技术方面的领导者"。同许多竞争者相比，IBM公司由于其在产品技术特征方面的固执，而在许多专家眼中显得相形见拙。

然而，IBM公司是怎样保持其在行业中的领导地位的呢？依靠其另一种固执：在提高效率、生产率和可获利性的前提下，向顾客提供产品和服务。

在20世纪五六十年代，与准备为其顾客把他们的工作资料输入计算机和准备在必要时改变他们设备的公司相比，IBM公司更注意的是努力帮助客户们有效地安装和使用商用计算机，其结果是IBM公司为使一个大型工商企业的计算机得以有效运行时要投入大量的成本和时间。IBM公司致力于对顾客的服务，主要采取以下一些步骤：

（1）训练其客户成为计算机程序员；

（2）提供系统工程人员到企业去帮助解决应当由计算机处理的工作类型，以及如何在计算机上处理这些工作；

（3）开发简化的计算机程序语言，使最终的程序更容易为客户公司所掌握。

这些帮助顾客提高效益的做法看来付出了一定的代价，然而，20世纪50年代，智力保险公司向IBM购买了700多台电子计算机，据说IBM公司花费了相当于100多万美元的设备和人工来保证智力公司的计算机能为其客户有效地工作。30多年后，智力公司仍然主要使用IBM的计算机设备。

今天，IBM公司在计算机主体市场上占据65%份额的事实表明了它同时在技术和装备的高质量上占据领导地位。它继续以顾客为导向，在能否满足顾客的需求上，彼得和瓦德曼坚持认为，IBM公司的"统治地位基于它的服务措施"。

一个咨询企业的总裁告诉记者："IBM没有单为技术而引进技术，他们有一个商业计划，如果技术不能与此计划相一致，他们就将其束之高阁。"就像IBM公司一样，美国许多其他以市场营销为导向的公司是以适应顾客兴趣、而不是适应纯技术观点来提高技术水平的。有这样市场营销观念的企业通过市场调研去寻求：他们的顾客想要什么样的产品和服务；企业怎样才能最好地提供这些产品和服务；他们的顾客什么时候需要这些产品和服务；公司应当怎样进行其产品和服务的促销。

问题：

1. IBM公司怎样将"服务第一"的观念融入其生产经营活动之中？它迎合了顾客哪些心理？

2. 是哪些原因维持了IBM公司在计算机市场的统治地位？

3. 你怎样理解把"公司应当怎样进行其产品和服务的促销"放在企业要寻求和解决的问题的最后？

一位汕头移动通信用户的投诉信

经济日报汕头记者站：

我是汕头移动通信公司的用户，我的通话量不是很多，但话费很高，故到移动通信业务窗口索取电话用户清单，经核对发现通话记录和我的记忆相差较多，因电话记录涉及个人隐私，大部分通话无从核实，只有我爱人的电话可以比对。通过对去年10月份用户清单比对，发现下列问题：

1. 我与爱人的电话清单记录不符。我的双向通话累计次数为51次，时间累计1 452秒。我爱人电话清单记录是双向通话次数累计为36次，时间累计为816秒。故我的电话记录多了15次，时间多了636秒。

2. 短信同样存在多计的问题。典型的问题是去年10月16日从10：58到15：30四个半小时发了36条信息，且在同一时段两种收费。

我发现上述问题后，立即向汕头移动通信公司客户经理反映，回答却是她生病了。时至今日已两个月仍毫无音信。我想平时移动通信公司表面上服务较好，为什么向他们公司提出实质性问题就未能给用户满意合理的答复呢？也许是计较此收费事宜太小了吧。

为了维护消费者的合法权益，明白消费，特向贵报反映上述情况，恳请贵报给予核实调查，让通信用户放心消费。

汕头移动通信用户×××

问题：

1. 用所学的服务市场营销理论分析导致该移动用户不满意的原因。

2. 对该案例发生的深层次原因进行分析。

●补充阅读资料

营销人员和消费者对营销情境估计的差异

对情境的估计，是指消费者与营销人员对买卖活动中可能出现的现象的预测。

消费者对情境预测结构一般如表1所示。

营销人员对情境预测结构一般如表2所示。

表1和表2只是列出了消费者和营销人员情境预测结构的一般内容，而不是标准化模式。事实上，每位消费者与营业员由于能力、气质、性格、兴趣的不同，常常养成习惯性的、自己特殊情境的预测结构，或者是非常重视和突出其中的一些项目，而舍弃其他一些项目。

当消费者与营销人员各自情境预测结构中的某些项目不能实现或不能完全实现时，期望落空而不能自控，双方的冲突就会由潜伏准备、渐进表现到猛烈爆发。

表1　消费者对情境预测结构

预测项目	是（估计）	可能是（担心）
提供的服务	1. 迅速　2. 全面　3. 技术熟练	1. 缓慢（长时间排队等）　2. 片面 3. 技术生疏、外行
营销人员	1. 全神贯注　2. 客气　3. 和蔼可亲 4. 勤快　5. 熟知产品 6. 诚实	1. 漫不经心　2. 生疏　3. 怀有恶意 4. 懒惰　5. 一知半解 6. 欺骗
所需要的产品	1. 现货供应　2. 物美价廉 3. 花色品种齐全　4. 新颖流行	1. 有陈列品，但不出手或无货 2. 质劣价高　3. 无选择余地 4. 陈旧淘汰
其他方面	1. 环境优美　2. 设施先进 3. 多功能	1. 肮脏混乱　2. 设施落后 3. 功能单调

表2　　　　　营销人员对情境预测结构

是（估计）	可能是（担心）
1. 和蔼可亲的　2. 客气的　3. 容忍有耐心的　4. 安静的　5. 一般挑选的　6. 富有同情感的　7. 谦虚谨慎的 8. 买而不挑的	1. 怀有恶意的　2. 粗暴的　3. 爱咋呼、毛手毛脚的　4. 容易激动的 5. 吹毛求疵的　6. 不通情达理的 7. 高傲自大的　8. 挑而不买的

●课外训练

以小组为单位，模拟或实地销售、购买产品，并分析自己如何处理异议、解决冲突，如何讨价还价取得较好的销售效果。

●本章小结

　　本章主要介绍了销售服务过程中营销人员如何提高销售服务水平；提高产品销售量应该具备的心理素质；营销人员在销售服务中如何与消费者沟通，解决销售过程中的冲突，达成销售的目的；消费者对营销人员的销售服务有哪些心理需求和营销人员对消费应采取何种销售心理策略；从售前、售中、售后服务中消费者的心理需求入手分析营销人员应该采取的心理策略。

●复习思考题

1. 营销行为类型及其与心理品质的关系是什么？
2. 营销人员应具备哪些心理品质？
3. 自信的特征是什么？如何培养营销人员的自信心？
4. 分析营销人员与消费者的相互作用以及给我们的启示。
5. 分析冲突产生的原因。
6. 简述解决冲突的方法和技巧。
7. 对讨价还价进行分析。

参考文献

1. 马士华，林勇. 供应链管理（第2版）[M]. 北京：机械工业出版社，2005

2. [美] 森尼尔·乔普瑞等. 供应链管理：战略、规划与运营（第2版）[M]. 北京：社会科学文献出版社，2003

3. [美] 唐纳德·J. 鲍尔索克斯，戴维·J. 克劳斯. 供应链物流管理 [M]. 北京：机械工业出版社，2002

4. 万志坚. 供应链管理运营实务与案例分析 [M]. 北京：中国物资出版社，2006

5. 孙元欣. 供应链管理原理 [M]. 上海：上海财经大学出版社，2003

6. 陈荣秋，马士华. 生产与运作管理 [M]. 北京：高等教育出版社，1999

7. [英] 莱桑斯，法林顿. 采购与供应链管理（第7版）[M]. 鞠磊等译. 北京：电子工业出版社，2007

8. [美] 蒙克萨（Monczka, R.）等. 采购与供应链管理 [M]. 北京：清华大学出版社，2007

9. 刘丽文. 生产运作管理（第3版）[M]. 北京：清华大学出版社，2006

10. 时春明. 生产计划与控制 [M]. 北京：高等教育出版社，2005

11. 张成海. 供应链管理技术与方法 [M]. 北京：清华大学出版社，2002

12. [英] 沃尔斯特（Waters, D.）. 库存控制与管理 [M]. 李习文，李斌译. 北京：机械工业出版社，2005

13. 王瑛，孙林岩. 供应链物流平衡分析 [M]. 北京：清华大学出版社，2005

14. 赵林度. 供应链与物流管理理论与实务 [M]. 北京：机械工业出版社，2002

15. 吴晓波，耿帅. 供应链与物流管理 [M]. 杭州：浙江大学出版社，2003

16. 徐章一. 企业供应链的优化 [M]. 北京：清华大学出版社，2006

17. 张阿娟等. 一体化供应链管理 [M]. 上海：立信会计出版社，2006

18. 蒋长兵等. 现代物流理论与供应链管理实践 [M]. 杭州：浙江大学出版社，2006

19. 骆温平. 物流与供应链管理 [M]. 北京：电子工业出版社，2002

20. 迈克尔·波特. 竞争战略（第1版）[M]. 北京：华夏出版社，1997

21. 江林等. 现代市场营销管理 [M]. 北京：电子工业出版社，2002

22. 黄震海. 供应链与供应链管理及其战略 [J]. 改革与战略，2008（3）

23. 王洪伟. 论供应链理论的演变与发展 [J]. 科技经济市场，2008（1）

24. 王海萍. 供应链管理理论框架探究 [J]. 经济问题，2007（1）

25. 陈冬冬，杨春. 简述供应链管理中的供给管理及实施方法 [J]. 现代商业，2007（13）

26. 彭怡，朱金福. 供给小于需求时的供应链容量分配研究 [J]. 预测，2007（4）

27. 高倩. 信息共享条件下的供应链需求管理 [J]. 物流科技，2008（6）

28. 王炬香，王庆金. 随机需求下供应链回购契约设计研究 [J]. 运筹与管理，2008（3）

29. 黄光明，刘鲁. 两阶段价格和需求变动产品的供应链协调 [J]. 中国管理科学，2008（1）

30. 冯花平，吕廷杰. 基于需求偏差的供应链协调问题 [J]. 控制与决策，2008（5）

31. 王焰. 供应链延迟理论的形成与发展研究 [J]. 物流科技，2008（5）

32. 焦永兰，毕晓航，吴海滨. 敏捷供应链构建模型研究 [J]. 物流科技，2008

33. 何勇，何炬. 供应链管理中的供应链选择和构建 [J]. 物流技术，2008

34. 易海燕，叶怀珍. 弹性供应链的构建原则及框架设计 [J]. 商业时代，2008

35. 程晋烽. 现代企业竞争的新特征 [J]. 企业研究，2006（2）

36. 钟萍萍. 如何建立我国企业供应链战略联盟 [J]. 商场现代化，2005（11）

37. 马士华. 论核心企业对供应链战略合作伙伴关系形成的影响 [J]. 工业工程与管理，2000（1）

38. 喻金鑫. 如何构建供应链联盟中合作伙伴的战略关系 [J]. 商业时代，2005（14）

39. 张秀萍，孙洁. 供应链战略联盟关系研究 [J]. 开发研究，2004（2）

40. 陆金伟等. 虚拟企业的特点和案例分析 [J]. 管理工程学报，1999（3）

41. 谢海英，唐文晶. 我国制造业基于 ERP 的供应链业务流程重组整合研究 [J]. 企业科技与发展，2008（12）

42. 孙衍林. 论供应链管理与业务流程再造的关系 [J]. 生产力研究，2007（3）

43. 常丹，王金银. 应用业务流程整合（BPI）方法设计供应链管理系统 [J]. 微型电脑应用，2007（7）

44. 邵扬. 供应链中核心业务流程重构及评价方法研究 [J]. 物流技术，2006（1）

45. 曹洪军，陈鹏，韩显. 供应链管理与企业业务流程再造 [J]. 经济师，2006（8）

46. 韩明星，凌鸿. 面向供应链管理的业务流程重组 [J]. 物流技术，2003（9）

47. 谢永建. 供应链中的信息管理问题研究 [J]. 企业经济，2007（10）

48. 姜华等. 供应链管理的信息技术支撑体系 [J]. 商场现代化，2006（2）

49. 陈铭. 供应链资源计划：VLC 与企业 ERP 的对接 [J]. 经济经纬，2007（4）

50. 俞海宏，朱凤华. 供应链资源计划及其应用背景 [J]. 企业改革与管理，2006（9）

51. 马士华. 供应链运作管理的框架模型 [J]. 计算机集成制造系统，2002（8）

52. 赵羽. 基于供应链管理战略的企业组织结构设计 [J]. 技术与创新管理，2006（5）

53. 刘小平，李洪福. 供应链绩效评估策略及其指标体系 [J]. 管理现代化，2002（8）

54. 姜阵剑，张园. 供应链绩效评价模型研究 [J]. 供应链管理，2007（1）

55. 徐贤浩，马士华，陈荣秋. 供应链绩效评价特点及其指标体系研究 [J]. 华中理工大学学报，2000（5）

56. 李贵春，李从东，李龙洙. 供应链绩效评价指标体系与评价方法研究 [J]. 管理工程学报，2004（1）

57. 高萍，黄培清，张存禄. 基于 SCOR 模型的供应链绩效评价与衡量指标选取 [J]. 工业工程与管理，2004（5）

58. 张敏顺，宋艳. 基于核心理念的供应链绩效评价体系 [J]. 哈尔滨工业大学学报（社会

科学版），2005（5）

59. 陈国庆，黄培清. 供应链中的信息共享与激励机制［J］. 上海交通大学学报，2007（12）

60. 郭敏，王红卫. 合作型供应链的协调和激励机制研究［J］. 系统工程，2002（7）

61. 陈志祥. 电子化供应链研究的国际动态与述评［J］. 计算机应用研究，2005（3）

62. 孙涛，丁荣贵，刘岗，宋成玉. 电子化供应链管理实施方法研究［J］. 中国管理科学，2004（3）

63. 李壮阔，李伟娜. 绿色供应链管理的内涵及理论基础［J］. 商场现代化，2007（6）

64. 孙薇. 对柔性供应链管理的思考［J］. 商业研究，2002（12）

65. 但斌，张旭梅，黄河. 虚拟供应链体系结构和运作模式研究［J］. 工业工程与管理，2000（5）

66. 李军，张红旺. 虚拟化策略与企业的供应链管理［J］. 科技进步与管理，2002（9）

67. 杜娟. 闭环供应链运作模式分析［J］. 上海管理科学，2006（3）

68. 邱若臻，黄小原. 闭环供应链结构问题研究进展［J］. 管理评论，2007（1）

69. 尤建新，隋明刚. 闭环供应链的经济学解释［J］. 同济大学学报，2005（5）